Содержание

Через тернии Экстаза — к звездам

Собирайся, Читатель! Времени нет...

Наша цель слишком велика, чтобы откладывать ее на потом. Тем более что все пути назад уже отрезаны: книга открыта — и этот момент волшебен, ведь он открывает в твоем пространстве новое измерение.

Предыстория события, которое навсегда изменит образ твоей жизни, уходит корнями в те времена, когда **Папа и Борода**, авторы знаменитых бестселлеров «Сам себе волшебник», «Фейерверк волшебства» и «Трусы на люстру — деньги в дом», играли с Космическими Энергиями забавы ради.

Играли себе, играли, никого не трогали... Ну, хулиганили маленько: бывало, на семинаре как заставят всех смеяться, так потом на этой волне у народа желания одно за другим сбываются! Или в объятия свои пылающие как заключат, так душа вдруг в пляску пускается! А на йоге всеми телами своими такие энергетические узоры плели, что ни в сказке сказать, ни пером описать — кому подглядеть удавалось, налюбоваться не могли...

Вот, играли они — и доигрались, пока не обнаружили в йоге потайную дверцу, ведущую к необыкновенным состояниям, красоту и глубину которых можно передать только искрящимся словом «Экстаз»! Книга, которую ты держишь в руках, приглашает тебя переступить за этот порог.

Только подумай: всего лишь один шаг — но сколько будет открытий?!

Экстатическая Йога напоминает о безграничной свободе выбора в Игре, которую мы привыкли называть «жизнь». Некоторые называют ее: «Ох, жысть...», или: «Эх, жизня...» Но думал ли ты когда-нибудь, что «жизнь» — это «Жизнь!»? Игра, бросающая вызов творческому началу, жаждущая скорости, непредсказуемости и смелости в экспериментах!

Ты уже вырос, так что быть лялькой в тугом пеленании тебе уже не к лицу: освободи свое тело, пробуди свою энергетику, зажги в себе огонь — и мир вокруг озарится светом! Ведь Кундалини дремлет лишь до тех пор, пока ты не пригласишь ее взглянуть на звезды. Йога — это путь к тому, чтобы стать Мастером Осознанной Жизни, танцующим Шивой, что создает блистающие миры плавными движениями тела, растворяясь в блаженстве йогических асан под чарующую музыку флейты.

Похоже на фантастику? Да, это похоже на фантастику! И именно поэтому стоит попробовать!

В твоих глазах замерцало любопытство? Или это удивление? Предвкушение? Страсть? Ну, конечно, выразить такой каскад эмоций с помощью всего лишь одного лица — задача не из простых! Вероятно, ты ожидал, что под обложкой этой книги скрываются всего лишь приключения морских пиратов, какие-нибудь эпохальные войны космических монстров или томные вздохи очередных героинь своего времени?

Но что бы ни влекло тебя — сокровища, оргазмы или энергетические чудеса, ты получишь такое, о чем даже не мечтал встретиться в этой жизни! Всего-то нужно — дотронуться до этой книги и окунуться в ее магическую суть, сотканную из тончайших нитей опыта людей, чьи жизни обрели новую глубину благодаря Экстатической Йоге.

Такая перспектива открывает глаза, проясняет смысл жизни и — действительно! — возвращает в магическое состояние «здесь и сейчас», освоившись в котором, ты способен не только на создание теории относительности, но и на преодоление всемирного закона тяготения. Причем — что особенно важно! — в буквальном смысле.

Ну что, Читатель? Готов ли ты к путешествию?

Паспорт и зубную щетку можешь оставить дома. Время на то, чтобы вспомнить свое имя и почистить зубы, у тебя всегда будет. Главное — будь открытым: к новым впечатлениям, опытам, знаниям, талантам и прочим открытиям о самом себе и том невероятно глубоком красочном мире, который наполняет тебя изнутри и простирается до необозримых пределов. Эти открытия устремятся к тебе в ту же секунду, когда ты согласишься принять их в свою жизнь.

И... давай договоримся! Звезды из глаз и прочие восторги — это все, конечно, прекрасно и романтично, но на сцене жизни надо ***работать!*** Поэтому, впитывая энергетическую пищу со страниц этой книги, день за днем реализуй ее потенциал в практике. Только практика может стать ключом к новым измерениям.

Йога наполняет путь человека смыслом, целеустремленностью и величием сознания. Быть может, ты слышал об этом много раз. Неудивительно, ведь из глубины веков идет к нам эта мудрость, но еще ***никогда Йога не была такой увлекательной и соблазнительной!***

Попрощайся с миром из молекул и атомов, потому что наш путь пролегает глубже уровня элементарных частиц, устремляясь за пределы обозримого космоса. Папа и Борода приглашают тебя в неизведанное...

И да пребудет с тобой Экстаз!

Предисловие

В 1991 году произошло историческое событие: встретились два торчка – Борода и Папа. И пришли они в одну группу йоги, и занимались неистово, и докопались до экстатических состояний. И уже предчувствовали они неминуемое скорое просветление, да не тут-то было. Настоящий полковник ВСП (Вселенской Службы Просветления) Коля, обучавший торчков, внезапно был отозван для очередного повышения по службе, и остались Папа с Бородой однинешеньки. И не к кому было обратиться с очередным дурацким вопросом, и не у кого было стрельнуть внутреннего Огоньку. Стали Борода и Папа искать другого агента ВСП. И в индийское посольство ходили, и в разные школы йоги заглядывали, но не попался им агент высокого чина. И посему приугас у торчков пыл йоговский. Все реже делали они йогу, движимые не куражом и экстазом, а привычкой и намерением токмо тело поддерживать в форме.

Много праны утекло с тех пор мимо торчков. Но однажды поехал Папа на берег турецкий к сарацинам. Те решили его со света сжить приемами басурманскими: опоить до беспамятства напитками дармовыми да запотчевать яствами заморскими до запоров, дабы навсегда усыпить едва пробудившуюся змейку Кундалинию. Но скучно стало Папе бревном лежать на шезлонгах пуховых. Стал он йогой заниматься три раза в день. И потекла к нему прана со всей Вселенной-Матушки. Напился Папа животворной Сомы и вспомнил удаль молодецкую.

И вернулся он домой не заплывший жиром, а постройневший и налившийся Силой. И попалась ему грамота князя киевского Андрея (Сидерского) «Око возрождения для новой эпохи» с позами диковинными. Выучил Папа комплекс и действительно возродился. Стал снова с азартом йогой заниматься, и Бороду своим куражом пронял.

В один погожий летний день занимались два торчка йогой на берегу сказочного озера в окружении могучих корабельных сосен. И нахлынул на Бороду экстаз буйный, и выгнуло его дугой, и стал он крутить башкой аки молотобоец молотом. Озадаченно смотрел на это Папа, чуя, что колбасит Бороду не по-детски. Решил Папа повторять действия Бороды, токмо головой крутить поостерегся. Прогнулся в груди и почему-то затаил дыхание. И небывалая Силища обрушилась на Папу, и охватил его кайф невиданный.

И стали Папа с Бородой практиковать задержку стоя, и уразумели, что является она золотым ключиком, открывающим потайную дверь в дивные неведомые состояния. Эти состояния, вместе с самой задержкой, были преданы анафеме на XXV съезде партии классической йоги. По одной версии, при задержке перекрывается таинственная «мозговая помпа», находящаяся под мозговой косточкой, которая поднимает энергию из нижних энергетических центров. По другой – «пережигаются» нейроны головного мозга. Есть еще двенадцать причин, по которым нельзя делать задержку...

К сожалению, об этой анафеме торчки узнали слишком поздно, когда поделать уже было ничего нельзя. Не бросать же задержку посреди пути?! Что она там будет делать одна? Технику стоячей задержки мы впоследствии обнаружили в древнем манускрипте одного проходимца, которого и йогом-то не назовешь, несмотря на то, что он умудрился-таки просветлиться.

Делается задержка на вдохе так. Медленно вдыхаем воздух через нос маленькими порциями, при этом так же медленно прогибаемся в области груди, голова постепенно отклоняется назад. Глубина прогиба определяется согласно должностной инструкции ВСП по технике безопасности № 911-бис.

Благодаря задержке на вдохе йога из тяжкой трудовой повинности превратилась в источник невероятного наслаждения, в способ познания себя и мира, в способ путешествия по мирам. Мы наконец осознали, для чего мы занимаемся йогой. **«К Просветлению – через Экстаз!»** Стали понятны древние йоговские тексты, описывающие запредельные экстатические состояния (Ананда).

Почти сразу мы включили экстатическую, **Оргазмическую йогу** в программу наших семинаров и фестивалей. Причем мы стали делать задержку на вдохе после любого энергетического действия. Например, после духовных танцев, описанных в нашем романе «Фейерверк волшебства». Теперь мы рассматриваем танцы как простой и быстрый способ передачи йоговской энергии.

Оказалось, что задержка на вдохе быстро раскрывает энергетический потенциал человека, он начинает чувствовать и видеть энергию. Часть людей «прошибается» – с ними происходит глубинная трансформация, которую можно назвать вторым рождением*. Мир начинает сверкать новыми красками, появляется кураж, усиливается жажда жизни...

К настоящему времени сложилась настоящая гвардия прошибленных торчков. Часть из них мастерски описывает свои состояния и переживания в «Энергетических дневниках» на нашем форуме **http://www.simoron.ru/forum/**

В этих состояниях включаются принципиально другие способы восприятия, недоступные большинству людей в обычном состоянии сознания. Как в калейдоскопе, с большой скоростью мелькают грандиозные миры, разворачиваются и переплетаются ярчайшие многомерные картины, открываются знания об устройстве мира и твоем предназначении. Ты испытываешь озарения, обретаешь (точнее, вспоминаешь) безграничные возможности и начинаешь искусно играть энергетическими потоками.

Метафора такая: идет скачивание информации по сверхскоростному кабелю в виде пакетов гигантского объема. И ты воспринимаешь весь пакет полностью, причем без помощи ума, в состоянии отключенного внутреннего диалога. Открывается целостное Знание.

---

* Конечно, далеко не каждый сразу почувствует энергию или испытает второе рождение. Некоторым придется для этого потрудиться: очистить организм, позаниматься энергетическими практиками (йогой, цигуном, рейки и т. д.). Людям с жесткими картинами мира, больным сердцем, повышенным давлением, склонным к психическим расстройствам, делать задержку на вдохе рекомендуется в присутствии врача-терапевта, учителя русского языка, инспектора ГИБДД и дипломированного инструктора йоги.

Зачастую не хватает осознанности и скорости восприятия, чтобы запомнить эти приключения. После путешествия в памяти сохраняются лишь обрывки захватывающих переживаний, кусочки мозаики, ее мизерная часть. Остается чувство трепета и восторга от прикосновения к тайнам мироздания. И легкое сожаление, что Тайна опять ускользнула у тебя из-под носа.

Расшифровать информацию, открывающуюся в таких путешествиях, а уж тем более описать ее словами в ограниченных понятиях пространства-времени очень непросто. И чем дальше, тем сложнее. В том, что удалось блестяще изложить уникальный опыт **Оргазмической йоги,** – огромная заслуга наших гвардейцев.

Мы решили, что пришло время издать эти дневники, дабы вовлечь новых игроков в счастливую, полную неведомых тайн и загадок, захватывающую Игру.

Осторожно, двери открываются...

Благодарности

Особая благодарность и низкий поклон *московским гвардейцам:* Тантре, Маленькой Фее, Белому Ангелу, Лисенку, Кошарику, Ля ля ля – Хочешь праздника, Агапе (Прекрасная Леди), Василисе.

Огромное спасибо и *Мастерам из других городов:* Тай (Рига – Самара – Питер – Москва – Везде), Ленуське Энерджайзер (Самара), Бодрецу (Ульяновск – Самара), Щуке (Екатеринбург), Купэле Щастя (Щасталка) из Нижнего Новгорода, Мадонне Кэт (Иркутск), Эрту (Киев), Сереге Д. (Днепропетровск), Смайлику (Псков – Москва), Ольге Стрекоза (Ульяновск), Ыапс йеиг (Симферополь), смоленским партизанам – Влюбленному дервишу (Романтик) и Ветру странствий (Ветер в парусах).

Благодарим *Московский центр «Помоги Себе Сам»* за материнскую заботу и прекрасный зал для наших семинаров, танцев и занятий йогой.

Безмерная благодарность *новосибирскому йогу Владимиру Калабину,* подарившему нам свои великолепные комплексы.

Эрт сделал потрясающие рисунки к обложкам, мастерски передав экстатическую энергику!*

Спасибо, дорогой!

---

* Книга вышла в двух оформлениях. В одном из них использованы иллюстрации Евгения Черняева (Эрта). – *Примеч. ред.*

Крымский дневник. Тантра в горах Кавказа — (август – сентябрь 2005)

Борода

Дневник Чудес в конфе есть, в теме «Давайте складывать удачи».

Пора завести Энергетический дневник, в который можно помещать свои ощущения, видения, переживания, наблюдения, озарения от йоги и других энергетических практик.

«Самонаблюдение и описание – двигатели энергетического прогресса XXI века».

Лозунг, начертанный углем
на Великой китайской стене.

Для вдохновения – записи о йоге в Крыму.

Да я за этот текст пот проливал под палящим южным солнцем!

И на этот текст тоже. Папа – свидетель. Даже раза три сиесту задвинул, строчил вместо дневного сна.

• Крымский дневник

Материализовать инет-кафе в Новом Свете – это как банкомат в Сахаре!

Папа писал:

В прошлом году благодать накатила на нас в Крыму во время штиля. Мы занимались йогой на краю большого плато, обрывающегося в море. Терпкий аромат реликтового можжевельника и крымской сосны смешивался с запахом чабреца и других трав. Чистейший воздух, ласковое солнце, блики от которого образовывали в море огненный калейдоскоп, потрясающей силы скала Сокол с Чертовым Пальцем, пение птиц, ну и конечно йога создали захватывающее переживание. Тотальное единство с миром, когда сердце поет в унисон со всем мирозданием. Как будто ты мягко ласкаешь весь мир, вместе с ним поешь грандиозный гимн.

Эх-ма! Жаль, поленились тогда с Папой описать свои крымские путешествия. Космодром покруче Байконура!

26.05.05. *Утро*
Жар

Первое утро. Лень было записывать.

Йога на пляжике в Синей бухте (эти места описаны в «Учебнике Везения»).

Испепеляющий, точнее растворяющий, жар изнутри. Облился сто семью потами и быстрей поскакал нырять с валуна.

«Буйный йо#гин шустро сту#дит тело жгучее в заливе».

27.05.05. Утро
Царский Космодром

Взобрался на крошечную ровную площадку, плато, нависающее метрах в 60 над Царским пляжем (о Новом Свете можно прочитать в «Учебнике Везения», глава 5, рассказы «Отпуск в Крыму» и «Поход за грибами»).

От лишних глаз меня скрывает раскидистый, опьяняющий забористым хвойным запахом куст можжевельника.

Первая задержка на вдохе, в глазах темнеет, несет вверх – в небо, вперед – на море, мотает вбок, швыряет вниз, на крутые склоны.

Эффекты йоги в горах описаны Папой в конференции, в теме «Ташкент – Самарканд»:

Папа писал:

Светлана из Ташкента, фанатка гор, повезла нас с Бородой на своей машине к подножию горы Чимган, километрах в ста от Ташкента, где есть подъемник протяженностью около километра...

Мы оказались на плато, и перед нами открылся величественный вид. Впереди – почти отвесные скалы Чимгана, в расщелинах которых виднелся снег. Впереди и справа были вертикальные обрывы, сзади очень крутой спуск и лишь слева был пологий склон, поросший колючей травой.

Нас охватил восторг, мы будто парили над землей. Решили сделать «Око Возрождения Сидерского»* (из 45 позиций), а потом пранаямы**. Предварительно решили сделать несколько полных дыханий стоя, с отклонением головы назад при задержках на вдохе.

Только я распрямил спину, намереваясь сделать вдох, как почувствовал, что неведомая Сила сейчас подхватит меня и понесет вперед на скалы. Сверху наваливался поток страшной силы, от которого задрожало все тело и возник невероятный страх. Ноги подкосились, и я глубоко присел, чтобы не упасть. Посмотрев на своих спутников, я догадался, что с ними происходит то же самое.

Мы взялись за руки и сделали несколько полных вдохов с задержками, причем с открытыми глазами (обычно на задержках мы глаза закрываем). Невероятная мощь обрушилась на нас, но мы выстояли, проявив несгибаемое намерение устоять на ногах. Когда я запрокинул голову, небо резко «поменяло» цвет с голубого на фиолетовый. Ощущалась сильная тяга вверх, захватило дух, тело стало невесомым.

Затем, попривыкнув, мы с Бородой стали делать «Око». Плато имело небольшой покат влево и назад, что затрудняло

---

* «Око возрождения» – йоговский комплекс А. Сидерского. Опубликован в книге: А. Сидерский, А. Привалов. «Око возрождения для новой эпохи». (Не путать с другим комплексом, из книги Питера Кэлдера «Око возрождения», известным еще как «Пять тибетских движений».)

Далее и везде будет упоминаться именно комплекс «Око возрождения» Сидерского, к тому же значительно измененный нами с целью усиления экстатической энергетики. В тексте этот комплекс часто будет называться «Око».

** Пранаямы – дыхательные упражнения йогов.

выполнение комплекса, в котором множество асан* на равновесие. Мы стали делать комплекс с открытыми глазами, так как было трудно держать равновесие на покатой поверхности. От животного страха улететь или раствориться дрожали ноги, причем ноги просто отказывались высоко задираться и были сильно согнуты в коленях в соответствующих асанах. Накатило состояние невероятного восторга и страха одновременно.

Особенно запомнились несколько моментов. На задержке на выдохе в наклоне вперед я наслаждался великолепным пейзажем: бездонным голубым небом и горами, находящимися от нас километрах в пятидесяти (хотя расстояние в горах определить практически невозможно).

А что творилось с восприятием неба на вдохе, когда голова отклонена назад, невозможно описать. Когда я выпрямлялся после задержек и голова принимала горизонтальное положение, перед глазами возникала махина Чимгана, и я «видел» спиральные вихри энергии белого цвета, наворачивающиеся на различные пики, как бы образующие крепостную стену вокруг главной вершины. Я даже подумал, что это облака, но, когда взгляд фокусировался, облака пропадали. Как выяснилось, все трое «видели» эти спиральные вихри.

Еще несколько раз мелькали золотистые полосы перед глазами наподобие паутины. Но откуда в это время в горах паутина? Не иначе как «нити мира», хмыкнул я про себя. Опять же, все трое созерцали эти нити.

Небо то фиолетового, то черного цвета падает сверху. Картинка мерцает, расплывается, качается. Восходящий поток отрывает от земли. Горизонтальный поток несет, тянет на горы, вперед, за отвесный обрыв и норовит швырнуть в пропасть. А если площадка небольшая, то страшно делать асаны, особенно перевернутые, и выпады с прогибами, – кажется, полетишь под откос, хотя вроде бы понимаешь, что места достаточно.

Сильнейшая дрожь в теле от мощи, экстаза и страха разбиться.

Вишу на своем ковре-самолете в пустоте, отдельно от всего. Окружающие красоты крымской природы – это декорации на сцене Большого Академического Театра Иллюзии.

---

* Асана – положение тела.

Выдох – восторг! На полусогнутых трясущихся ногах – вся йога. Почти Иссык-Куль! (Да, волей-неволей мы с Папой сравниваем испытываемое с высочайшей планкой, заданной этим запредельным, фантастическим местом силы.)

Повернулся лицом к торчащему из-за утесов клыку Караул-Оба, горного массива, напоминающего носорога.

1-й круг «Ока Сидерского», задержки. Понимаю десятым чутьем: «Финиш!»

Термоядерная вспышка! Бешеная сила обрушивается сверху, кружит, подбрасывает (кажется, топочу) и вжимает в утоптанную тропинку с мелкими острыми камешками.

Добро пожаловать во второе внимание!

Танцую в нем какой-то неистовый танец Шивы.

Пум-с! – первое внимание. Обнаруживаю себя в позе вареного рака, крепко и глубоко вцепившегося скрюченными пальцами-клешнями в серую пудру грунта. Мышцы ног закаменели, кроссовки прикипели к Матери-Земле. Тело, пришпиленное к плато, как бабочка к холсту коллекционера, трепещет от вибраций СВЧ.

Вот это да!

Собравшись, в сильной измененке и с замирающим сердцем, сделал второй круг, попел. Хороший космодром!

Второе внимание

Картинка мира следующая. При помощи йоги, форсированного дыхания и зикров* мы увеличиваем частоту воспри-

---

* «Зикр» в переводе с арабского – это воспоминание о своей божественной природе. Суфии считают, что, выполняя зикр, то есть делая определенные телодвижения и пропевая мантры, можно достичь особого состояния сознания, которое именуется в разных источниках просветлением, нирваной, блаженством, кайфом, приходом и т. д.

Основная мантра суфиев «Ла Иллаха Ил Алла» означает «Нет Бога, кроме Бога». Здесь есть несколько смыслов. Один из них: «Не существует ничего, кроме Бога» или «Все есть Бог». Другой смысл: «Нет другой реальности, кроме Бога, и все теории о нем – иллюзия». Можно часами говорить много общих слов о вечности, беспредельности, свободе и бессмертии, строить изощренные теории, грузить картиной мира. А можно обойтись практически без слов, испытав прикосновение к чему-то запредельному. В зикре можно уловить дыхание Нагваля, неизвестного, того, что выходит за рамки ума и его представлений о мире».

В. Долохов, В. Гурангов. «Фейерверк волшебства»

ятия (сдвигаем точку сборки в другой диапазон). Мир остается таким же, но воспринимаем мы его по-другому: видим привычные объекты в непривычном виде и объекты, которые не воспринимались в обычном состоянии.

Возможно, мы воспринимаем мир дискретно, покадрово, как в кино. Когда мы повышаем частоту вибраций, то начинаем различать каждый кадр отдельно и видеть промежутки между кадрами (Пустоту). В них проглядывают другие миры, отличные от привычного, которые мы назвали Блистающими Мирами.

Чем выше скорость восприятия, тем больше промежутки между кадрами.

В течение июня – июля 2005 года мы провели шесть фестивалей по экстатической йоге и танцам с мощнейшей по энергетике командой, созданной на наших семинарах. Это настоящий отряд «космонавтов»! Да еще и проходили фестивали в местах Силы (подмосковный Звенигород, Крым, Новороссийск, Поволжье, Урал, курорт Боровое в Казахстане). В результате мы освоились в мирах сверхвысокой частоты вибраций, как у себя дома.

Во время фестиваля на Иссык-Куле в августе 2005 года мы достигли такой скорости вибраций, что вошли в интересное состояние, которое назвали «второе внимание» (термин К. Кастанеды). В разогнанном состоянии мы созерцаем какие-то картины или чувствуем экстаз, или все это вместе (иногда и запахи, и вкусы). И вдруг что-то мелькнуло, какая-то вспышка. Кайф в том, что эта вспышка разворачивается в целые миры, абсолютно недоступные для восприятия в обычном состоянии.

К примеру, мы форсированно дышим, я (с открытыми глазами) слева внизу замечаю светящуюся точку и созерцаю ее боковым зрением. Неожиданно она начинает двигаться, выписывая замысловатые траектории. В процессе дыхания возникает много таких глюков. По окончании дыхания пытаешься вспомнить хоть что-нибудь, ведь скорость восприятия резко падает (как и на выдохе после задержек). Удалось вспомнить лишь эту светящуюся точку. Тут обрушивается осознание, что это точка сборки, и я созерцал ее движение.

Описывать словами второе внимание затруднительно, а действовать в нем можно легко и непринужденно, будто всю жизнь только этим и приходилось заниматься! В теле при этом чувствуется небывалый экстаз, оно объято сильнейшим, обжигающим жаром и СВЧ (сверхвысокочастотными) вибрациями.

Ныряя в межкадровые дыры, оказываешься в бешеном калейдоскопе: с огромной скоростью мелькают, разворачиваются и переплетаются ярчайшие многомерные картинки, содержащие знание об устройстве мира. Испытываешь озарения и обретаешь (точнее, вспоминаешь) сиддхи (сверхспособности), виртуозно жонглируешь и управляешь энергетическими потоками.

Поначалу не хватает скорости восприятия, чтобы разглядеть и запомнить грандиозные миры второго внимания, просторы Заастралья. После путешествия в памяти остаются лишь обрывки захватывающих переживаний, кусочки мозаики, ее мизерная часть. Остается чувство трепета и восторга от прикосновения к одной из тайн мироздания. И легкое сожаление, что она опять ускользнула из-под носа при малейшей попытке расшифровать ее, перевести в термины, понятные уму.

Но постепенно учишься фиксировать эти состояния непосредственно в момент их переживания, цеплять своим намерением картинки или ощущения, кодируя их на языке Матрицы. Эти коды потом можно использовать как ключ для разгона и входа во второе внимание.

28.08.05. Утро
Твердость

Сегодня, кроме стихий жаркого солнца, лазурного моря с бурыми островками колышущихся водорослей, отлично видными сквозь кристально-чистую воду, ярко-зеленых пушистых сосен Станкевича с длинными иголками, живописных растрескавшихся скал, на йоге добавилась могучая, игривая стихия Ветра.

Мы с Папой уже не раз играли с энергией ветра. Но если раньше ветерок своими кудрявыми завитушками ласкал и щекотался, то сегодня Сила ветра буквально пронизывала тело. Когда скорость ветра стала максимальной, я нарочно развернулся лицом к нему, наслаждаясь тугими струями.

Воздушные потоки прошивали тело насквозь, и, расфокусировав взгляд, можно было созерцать энергетические струны, вибрирующие голубоватые волокна, на которых покачивалось мое тело. Стремительные стрелы пронзали меня и уносились дальше, причудливо закручиваясь и извиваясь в пространстве.

Острое ощущение, будто я подвешен в пустоте, на этих нитях.

Вдохи-выдохи упругие, со свистом. Текучие, прокачивающие горячим потоком движения. Хочется продлить удовольствие в каждой растяжке, прогибе или наклоне. Хочется созерцать, наблюдать, смотреть и любоваться во все глаза на пушистое ущелье, по которому несется ко мне энергия; на бликующее море, подернутое тончайшей сеточкой волн; на бездонное небо, темнеющее и падающее сверху на задержках; на камни и островки, торчащие из воды; на белесый ломтик Луны (специально поворачивался, чтобы месяц оказывался на траектории моего взгляда); на лошадиную гриву мыса Капчик; на рассекающие пространство горные хребты, подобные острым зубчатым пластинам на спине динозавра, дремлющего здесь с незапамятных времен.

Звуки шагов по гальке, снизу, с почти пустынного в это время Царского пляжа, доносятся гулко, неестественно, точно из глубокого колодца, словно из другого мира...

Тихое ликование, глубинная радость от того, что это все существует вместе со мной, дышит, живет и поддерживает меня, щедро делится и наполняет крепкой, осознающей себя Силой.

Это не Благодать и не сумасшедшая буйная Мощь, это нечто Другое, незнакомое доселе. (Опять сложности с формулировочкой.)

Пожалуй, это спокойная, ровная, крепкая, уверенная в себе Твердь, незыблемая скала, поющая на низкой, басовой ноте (даже звук «Эль» пел ровно, насыщенным шаляпинским басом).

«My Lord is Rock in weeryland!»*

Тело не дрожит. Необычайная устойчивость и твердость, гудение Потока. Монолит тела отлит из скальной породы.

---

* «My Lord is Rock in weeryland!» (Мой Бог – скала на зыбкой земле) – слова танца. In weeryland (на зыбкой земле) – по слухам, староанглийское слово. Написание может быть ошибочным.

Что это – закрепление на уровне иссык-кульских вибраций, устойчивое овладение безумными энергиями? В ответ из-за мыса на предельной скорости вылетает катер, снежными бурунами взрывая гладь вокруг себя.

Вперед, друзья, труба зовет!

А пока писал эти строки, в заливе показалась стайка дельфинов. Да как разрезвились, высоко выпрыгивая из воды!

Напоследок созерцаю солнечные блики на поверхности бухты – игрушка, знакомая по прошлогодним крымским экспериментам.

Расфокусировав глаза, смотрю на солнечную дорожку. Изображение заколебалось, чуть поплыло и нависло над морем в горизонтальной плоскости. Мириады кипящих расплавленным золотом искорок, каждая – неповторимой формы, устремились по волнам ко мне, гонимые энергетическим ветром. Золотая река вспыхивала и текла сложнейшим орнаментом изумительной красоты, живым и мгновенно меняющимся.

Привычно перевел фокус внимания в Третий глаз и стал созерцать всю эту прелесть оттуда. Изгибающийся блистающий поток живого Огня устремился в межбровье, щекоча его и заполняя сладостным, игристым «Новосветским шампанским» безумного розлива.

Ну, за созерцание!

Спускаюсь по сыпучей тропинке, пьяный вдрабадан. Мир качается, как палуба «Летучего Украинца». С разбегу – в прохладное, нежное, изумрудное зелье! Похоже, вода вокруг тела вскипает на доли секунды и лопается веселящими пузырьками.

Хочется орать какую-нибудь залихватскую песню, типа «Из-за острова на стрежень!..»

28.08.05. Вечер
Орел

В полшестого, когда жара спала, полез на гору Орел.

Ветерок приятно охлаждал тело, я быстро шагал по широкой тропе через можжевеловую рощу. Подъем пологий, тело, накачанное девятью летними фестивалями и ежедневной двухразовой йогой в местах Силы, легко пружинило и радовалось приятной нагрузке. Дыхание даже не сбивалось.

В наушниках – Бутусов, «Биометрия». «Когда умолкнут все слова». Азарт от восхождения и предвкушение новых приключений, кровь кипит!

Подъем стал круче, по красивейшим скалам, заросшим пышными, узловатыми деревцами можжевельника.

Подымаясь, делал пранаяму: форсированные ритмичные выдохи носом. Легкость необыкновенная, почти лечу, касаясь подошвами слоистых каменных «ступенек».

Эта Походка Силы открыта нами с Папой в прошлом году на Иссык-Куле, когда мы поехали на экскурсию в горное ущелье. Подымались к водопаду «Слезы барса», с ритмическим ребефингом, выдыхивая ртом ритм «Хуху, хуху, хухухуху!» Шли с тяжелым рюкзаком, по 45-градусному склону, по хаотичному нагромождению крупных острых камней на дне распадка. Двигались легко, быстро, упруго, вибрируя от энергии, почти не глядя под ноги, да еще крутя обеими руками объемные восьмерки, причем в противофазе!

Промежуточная площадка, высота метров 200. Роскошный вид. Подо мной синее-синее море, сзади загогулина Капчика с бухтой. В ней – катера рассекают волны, оставляя белый пенистый след. Сзади темный силуэт лежащего носорога Караул-Обы, над которым пылает диск заходящего солнца.

Слева подсвеченная бухта Нового Света. Чуть дальше массивная громада Сокола, окаймленного по верху коническими скалами-свечками, отбрасывающими длинные тени.

И ярко освещенный, сужающийся гребень Орла впереди.

Синь моря, желто-серая выпуклость утесов, красные стволы и малахитовая зелень сосен – все цвета неестественно яркие, интенсивные! Я таких красок не знаю.

Пританцовываю и пою от счастья.

И где бы мы ни прятались от других,
Всюду будет виден наш белый свет,
Мир, покрытый пятнами всех цветов,
Станет нам укрытием здесь, на Земле.

Последний, стремительный рывок, и я – на вершине. Курю, усевшись на теплый камень, на самом носу «корабля» –

на клюве гигантской птицы, нависающем над морем. Впереди по курсу – ярко-желтая гряда мыса Меганом.

Под ногами – пропасть. Восто-о-орг!

Шум ветра да крики чаек, мастерски держащихся в струях воздушных потоков. Полет над морем, полет над миром.

И в тот же миг твоя рука
Раздвинет огненные шторы,
И мы увидим за окном
Моря и голубые горы.
И мы увидим за окном
Уже расправленные крылья.
Не уязвимые стрелой.
Тобой оставленные утром.
...Когда умолкли все слова...

Затрымка на вдоси, страшно даже запрокидывать голову, несет с огромной скоростью, небо кружится, как миксер. Но зато какой кайф!

Чайка над моей головой совсем сдурела, завернула «бочку», мгновенно перевернувшись на спину, и тут же как ни в чем не бывало вернулась в исходное положение.

Солнце заходит, надо жахнуть йогу, пока оно не скрылось.

Выбираю более или менее горизонтальную полоску на самом пике, на длинном узком гребне шириной 1,5–2 метра, высотой 250–300 метров. По бокам и сзади гребень отвесно уходит в морскую пучину. Бешеные порывы ветра сдувают, громко хлопая шортами и раздувая их, как парус.

Ладно, пора. Встаю лицом к солнцу, к Караул-Обе.

Еще одна затрымка. Голову отклоняю назад, этого более чем достаточно. Качает на крылатых качелях, вокруг «только небо, только ветер впереди».

Небо какого-то странного цвета. Жутковато. Поджилки трясутся. Главная задача – не обкакаться. Вот ведь неймется, сидел бы тихонько в просветлении, с благостной мордой. Так нет, все адреналинчика подавай! Экстрима, приключений на свою Муладхару!

Прошу поддержки у духа Орла. Расслабляюсь, унимаю дрожь, ноги на ширине плеч (поставить пятки вместе даже в голову не приходит), утаптываюсь в камушки поустойчивее, врастаю в скалу.

Делаю 4 круга «Сурьи»* очень аккуратно, сильно не прогибаясь. Порывы ветра бьют в правый бок.

Задержка. Что же это за цвет у неба? Явно не голубой. Стальные разводы, объемная беловатая сетка, а в узлах ее кристаллической решетки – мельчайшие черные точечки, крапинки бархатистой Бездны, проходы во второе внимание, дырочки в вуали Матрицы, ведущие за купол видимого мира.

Правое «Око», левое. Немного осмелел, стою прочно (вот и пригодилась утренняя Твердость). Ноги – как два могучих дерева, пустившие корни глубоко в недра. Голову запрокидываю все дальше назад. По мере преодоления страхов ликование все сильнее!

На задержке разворачиваюсь лицом в открытое море. Ветер свирепствует. Чайки величаво парят, нарезая круги над нашим утесом. Выдыхаю.

Мама, что я здесь делаю?!

Тени все длиннее, солнце совсем низко над краем Карaул-Обы, испускает радужные круги.

Первый «Эль» раскатисто распарывает небо, нарастает, звенит всеми колоколами обкома партии Нагваля.

Второй «Эль» еще мощнее, бесконечно долгий. Кто поет, чем и как, неизвестно. А может, то клокочет Орел, хлопая крыльями, и чайки, почуяв это, вьются уже по-другому, резко и тревожно.

Проскользнуть мимо Орла...

Третий «Эль» – звук совсем незнакомый. («Блин, я так громко не умею!») Наверно, весь Новосветский пляж в недоумении задрал головы: «Что это за гул?» Дожимаю, дожимаю «Эль», голову задирает потоком все выше в небеса, и на излете пения вижу, как ближайшая ко мне чайка срывается в глубокое, молниеносное пике. Выходит из падения. Ух! Морозец по коже.

Разворот к солнечному диску, лежащему на хребте.

Задержка. Ох, и круто! Другая. Сейчас что-то будет. Щелчок.

---

* «Сурья Намаскар» – «Поклонение Солнцу» на санскрите, йоговский комплекс. С этого гениального и простого комплекса, состоящего из двенадцати сменяющих друг друга простых положений тела, обычно начинают знакомство с йогой. Обычно выполняется несколько кругов подряд.

Вы когда-нибудь видели оранжевое небо? Нет, не закатное свечение и оранжевые облака (небо идеально чисто), а густо-оранжевое небо, на всем своем протяжении. Небо, как на далекой планете из фантастического фильма.

Я видел в первом внимании голубое небо, и, одновременно с этим, во втором – оранжевое. Они будто наложены одно на другое и взаимно проникают друг в друга.

Когда я вернулся в первое внимание, в солнечном плетении бабахнуло, и в нем завращалось целое Солнце. Ощущение, словно я воспринимаю все из центра живота.

Светило медленно опустилось за край горы, испустив серию дрожащих радуг. Резко похолодало, я натянул футболку и закурил, обозревая окрестности. Оранжевый туман постепенно растворялся.

Спускаюсь. В ушах на полную громкость безумствует «Spongle 3», в солнечном сплетении – вулкан. Эмоции переполняют!

На полдороге остановился, полез в задний карман шортов за мобильником и узрел на тропинке, прямо у моих ног, розовую купюру, сложенную вчетверо: 10 гривен, – а внутри них еще четыре по 50, итого 210 гривен. Первая мысль – выпали из кармана, когда вытаскивал телефон. Нет, мои «юани» на месте. «Так это внеочередная премия!» – осенило. Робкая мысль: «А может, кто обронил?»

Для очистки совести дожидаюсь двух парочек, гуляющих по Орлу, которые оставались наверху после того, как я начал спуск. Конечно, никто из них не терял деньги.

На этом призы не закончились. Когда совсем стемнело, над заливом грохнул салют, посвященный... Угадайте, кому!

29.08.05. Утро
Миг Сурка

В это утро царствует Сила, абстрактная, безличная, концентрированная. Первач. Горилка з пэрцем.

Забрался повыше, на полянку метрах в ста пятидесяти над Царским пляжем. В сухой траве зашелестела ящерица. Наклонился, пригляделся: зеленая в черную крапинку ящерка сжимала в пасти большого желтоватого кузнечика с прозрачными крылышками, едва ли не такого же размера, как сама. Крупная добыча!

Вспомнился бедолага Карлушка, которого шутник дон Хуан заставлял ловить ящериц, зашивать им пасть и проделывать с ними кучу абсурдных манипуляций. Чем бы дитя ни тешилось, лишь бы разделило шизофреническую «реальность» плутоватого мага (а «реальности» все шизофренические).

Встал в тени пышного можжевельника. Ветер сегодня не такой сильный, а на небе ни облачка. В mp3-плеере вновь Spongle, «Nothing Lasts».

Вдох, задержка. Тело звенит Силой в прогибе, как туготуго натянутый лук. Выдох... Плавно отпускаю тетиву, и... Голубое небо приобретает ту же раскраску, что вчера на Орле – белые кляксы с черными микроскопическими дырочками. Воздух вокруг заполонили капельки праны, очень явно видные на Иссык-Куле – молочного цвета мушки, совершающие быстрое броуновское движение.

После «Сурьи», жгучей и красивой, на небе появляется розовато-оранжевый туман из «гуляющих» орнаментов, – опять вчерашние Орлиные подарки.

На прогибах назад сквозь узорчатую крону можжевельника пробиваются лучи солнца и морская лазурь – волшебство, да и только!

Пою «Ом» прямо в выпуклую каменную стену Караул-Обы, похожую скорее на горб верблюда, чем на спину носорога. Звук-энергия собирается в узкий пучок, отражается от почти гладкой поверхности и усиленной волной пронизывает пространство, делая его дискретным.

На «Оке» отчетливо видны дыры между кадрами – тоннели во второе внимание. На задержке ныряю туда. Глубокая потеря самоидентификации, ступенчатый возврат – вспыхивание кусков окружающей картинки, но ничего из произошедшего во втором внимании не удалось запомнить.

Второе «Око» с закрытыми глазами, концентрация на нарастающем с каждой асаной потоке.

Как часто бывает, во время самой раскрутки, на дух Нагваля притягиваются наблюдатели – «случайные» прохожие, шныряющие по тропинке рядом с моим «древом Жизни». У соседнего можжевельника откуда-то из воздуха соткался поджарый загорелый дедок с гладкой, как бильярдный шар, и блестящей на солнце головой. Дед старательно машет руками, приседает, быстро ходит вперед-назад, делает еще какие-то странные смешные движения, что-то вроде «Тенсегрити для тех, кому за 70», или «ЛФК для ветеранов астральных полетов».

Музыка меняется. Бурные ритмы Хаоса переходят в проникновенные, нежные всплески фортепьяно, в слегка ностальгическую мелодию, под которую, наверно, классно прощаться с этим чудесным миром перед осознанным уходом.

И вновь напор Силы, барабанная атака, безоглядный нырок в Непознаваемое!

Длиннющая задержка с глубоким прогибом и многими до-вдохами выносит во второе внимание. Рядом Папа и несколько ведьмочек, которые были на наших летних фестивалях – в Самаре, на Иссык-Куле, Байкале. Мы поглощены какой-то мощной энергетической практикой. Сильные вибрации сотрясают тело, мягко затухают. Очухиваюсь на своей стартовой площадке, руки согнуты в локтях, кисти выставлены, как ковбойские кольты, вперед, в напряженной Джнани-мудре. Недоумение: «А где остальные, почему я один? А, вспомнил!»

«Эль». Дедок невозмутимо колбасится.

Одна из задержек.

«Ой, где был я сейчас, не найду днем с огнем...»

Зафиксировал лишь процесс возвращения в первое внимание (назовем этот процесс «Дубль 1»). Вот основные параметры этого процесса:

- материализация физического тела, ощущение его;
- крупные волны дрожи с макушки до пят (совершенно не похожие на те, что были раньше), будто меня мягко вколачивают в землю;
- собирание визуальной картинки Матрицы из кусочков мозаики;
- «просыпание» из пространства, подобного сновидению;
- переход от дискретности к непрерывности;
- появление перед глазами сероватой глинистой земли с острыми камешками и желтой травой, пыльных кроссовок, опущенных кистей рук, яркость и объемность кино, осознавание своей личности.

Острое переживание тайны, мистичности перехода. Это как воскреснуть из небытия. Разглядываю горы, море. Тонкий месяц на месте, дедок тоже. Все о'кей. Вроде вернулся. Но куда?

Следующая задержка.

Ой, где был я сейчас, не пойму, хоть убей...

Возвращаюсь **«оттуда»**. Назовем это возвращение – «Дубль 2». Ловлю себя на какой-то нелепости, несоответствии происходящего основополагающим «законам» природы. Какой-то сбой в Матрице, еще не могу врубиться, в чем именно дело. Смутное ощущение, что сейчас заколебались и могут рухнуть столпы, на которых покоится этот мир, знакомый и надежный. (Это все очень быстро проскальзывает в сознании, за время одной мысли, пожалуй.)

Вдруг вспышка, озарение: «Дубль 2 = Дубль 1». Идентичен. Абсолютно. Во всем. Нет разницы, ни малейшей. Процесс возврата с предыдущей задержки точно совпал с процессом возврата с этой задержки. Все до мельчайших деталей, те же пыльные кроссовки, та же дрожь, тот же непостижимый переход...

Миг Сурка!

Страх – отсутствует. Загадочнейшее осознание полного переворота в восприятии, будто мир перевернулся вверх ногами и, продолжив это вращение, крутится со скоростью, не воспринимаемой глазом, оставив вместо себя клубок света, свернувшись в точку нуля.

Сейчас, анализируя переживание и включив линейное Матричное мышление, я могу объяснить, что вернулся в прошлое абсолютно реально, средь бела дня. Или, по другой версии, воспроизвел прошлое, перенес его в настоящее. Однако линейное время здесь не действует.

Фишка в том, что «Дубль 1 = Дубль 2 = Дубль М», и существует одновременно, всегда. Время циклично, а не линейно. Лента Мебиуса.

Коан такой:

> То, в чем вы сейчас, было минуту назад,
> появившись из того, в чем вы сейчас.

Кстати, подобных временны#х коанов, даже позаковыристей, напрочь завешивающих компьютер биоробота, на Иссык-Куле родилось несколько. Пока руки не доходят набрать их с диктофона.

Ощущение такое, что я оказался внутри этого цикла, не на поверхности ленты времени. В точке без прошлого, в точке 0.

Опять замаячил Самарский Человек Без Прошлого. Теперь в другом ракурсе.

Напомню. «Человек Без Прошлого» – наше сильнейшее переживание на Самарском фестивале в 2005 году. Об этом мы расскажем в продолжении романа «Фейерверк волшебства». Один из кодов:

> У Человека Без Прошлого реальное всемогущество – он может создать любую реальность, но не творит никакую.
>
> Это безумно скучно. И тогда Бог становится человеком.

Однако тут же вспоминаю, что между «Дублем 1» и «Дублем 2» было что-то еще. Осознать это мне не хватило скорости восприятия или, возможно, смелости. Что-то неуловимое, что «утекает сквозь пальцы, как бисер». Быстро мелькнувшее... Какая-то вспышка, поразившая меня, похожая на Большой Взрыв, одновременное сворачивание и разворачивание Вселенной.

There is the Secret one inside us,
All the stars and all the galaxies,
Run throw hands like beads... *

Тайна опять ускользнула.

30.08.05. *Утро*
Благодать

Прибыл Папа.

Встреча двух цивилизаций состоялась ранним утром на старом добром космодроме № 1, на диком пляже в одной из уютных бухточек между Новым Светом и Судаком.

---

* Слова зикра.

Знаменитая красная панамка издалека сигнализировала проплывающим лайнерам, пролетающим бакланам, проезжающим «роллс-ройсам» и спускающемуся от автодороги по крутому склону Бороде о предстоящем Жахе.

А как прелестно окунуться в костюмчике Адама в чистую и соленую, как слеза не вернувшихся с задержки, воду! Плывешь себе и приветственно помахиваешь рыбам, осьминогам, крабам и водорослям. Дикие люди – купаются на Царском и городском пляже в плавках и купальниках! А ведь сказано: *«Будьте, как дети малые»*.

Едва мы с Папой вскарабкались на просторную ВПП космодрома (плато метрах в 20 над пляжем) и встали на задержку, как роскошная панорама – можжевельники, сосны, глинистый склон, дорога, отвесная гладкая стена горы Сокол – замерцала, окутавшись энергетическим маревом.

Солнце совсем низко над горизонтом, мягко ласкает своими лучами сквозь дымку облаков. Ветра совсем нет, на морской глади легкие колебания, почти полный штиль.

Благодать, в прошлом августе посетившая нас в этом чудесном месте, вновь коснулась своим тончайшим крылом.

«Сурья» лицом к Солнцу – медленная, тягучая. Двигаюсь, будто в плотном желе. Вдохи-выдохи как звуки большого насоса.

Стою, запрокинув руки в прогибе назад. Руки открыты, распахнуты.

Это колонны древнего храма, удерживающие его свод, – голубой небесный купол со снежными фресками облаков, розоватой позолотой и звездочками из черного бархата. Чувствую Силу, питающую меня соками из земных глубин, Силищу, позволяющую держать на руках тяжеленный небесный свод. Да я – Атлант, б...я!

Задержки – в сторону деревьев и возвышающегося под бирюзовыми небесами Сокола.

Папа улетает от созерцания причудливого можжевелового дерева с тремя стволами, крона которого смахивает на зонтик или шляпу. Я – от кустиков можжевельника, маленьких островерхих пирамидок, сбившихся в кучку. Мы оба – от пышной, как пена облаков, сосны, находящейся в центре панорамы, прямо перед глазами.

Взглядом охватываем всю панораму целиком. Объемное зрение. При этом можно приблизить отдельные фрагменты, как «зумом», или как будто навести бинокль на них. («Тоннельный эффект зрения», открытый в Новороссе, сопровождающий состояние просветления*.)

Навожу «зум» на верхушку могучего Сокола, птицы, лежащей в профиль к нам. Крайне отчетливо вижу и мельчайшие трещинки, выступы, впадинки, откосы, темные вымоины, буро-желтые пятнышки лишайников.

Красота, божественная Красота, Джамил Алла!

Тихий плеск вод, редкий писк чаек. И тишина. Даже разговариваем тихим голосом.

Благость.

Вся жизнь священна,
Горы и моря,
Вся жизнь священна,
Священна вся земля.
O-oh, all my relations,
*O-oh, all my relations!***

Поем «З», нагнетаем звук в пространстве перед собой, в пространстве между собой, Соколом и деревьями. Вот уже поем всем пространством – можжевельниками, соснами и скалами. Все сливается в едином, могучем, вибрирующем хоре Мироздания.

«Око», с обеих ног.

Благодать благодатью, а энергии-то сверхвысокой частоты! И легко выдерживаем эти вибрации, которые раньше подкашивали нас стремительным ударом молнии.

Наклон вперед в самом начале «Ока» – это пиковая точка комплекса. После иссык-кульского беспредела уже предвкушаем, как на этом наклоне шарахнет и навалится из космоса неведомая и неописуемая Мощь, авангард Нагваля.

О, вот оно!

– Ловите, ребятки!

– Стоять, Зорька!

---

* Об этом – в новом романе.

** Слова индейского танца.

ем помидорку и не узнаю вкуса... Час от часу не легче... Умылась холодной водой, вроде въехала. Ну! С приездом!

Ну, Борода, ты и закинул меня! Обалдеть! Теперь и Папа приехал, что дальше-то будет? А пусть будет, оно ведь уже было, потому что сейчас есть! С нетерпением жду продолжения! Пошла делать утренний комплекс.

Борода

Ага, Ленуська, Иссык-Куль покоя не дает?!

Классно, что крымские тексты хоть кого-то двинули к новым переживаниям или вспоминанию пережитого во втором внимании!

Для того и выложил, чтоб забросить на другие орбиты. И чтобы народ стал вести энергетические дневники и помещать свои переживания на форум.

Ленуська Энерджайзер писала:

Дохожу в тексте до «в точке О» и... **Отъезд!**

Я вижу и проживаю с молниеносной скоростью множество вариантов себя. Одновременно. Опять соты, грани которых складываются в кристаллическую решетку, как на Иссык-Куле. Восприятие, как у стрекозы, и сфероидное, и в то же время в каждой ячейке разные варианты меня. Нет эмоций. Идет обработка информации. Она стекается ко мне в центр, по каналам решетки и одновременно изливается из меня во все стороны.

Знакомо.

1. Новоросс. Одно из переживаний состояния просветления.

Огненным вихрем меня размело на миллионы красивейших радужных искорок, по миллионам миров. Я рассеян одновременно во множестве миров. Каждая искорка – это я в отдельном мире. Точнее, наверно, мое радужное тело.

Они закручивались по гигантской спирали, включающей тысячи спиралек поменьше – вверх, вверх, к заостренной вершине, к точке нуля. И оттуда можно было сигануть в любой мир. В любое воплощение.

Услышал звук водного мотоцикла. Тут же стал мотоциклистом (стоял с закрытыми глазами), прыгнув в его тело.

Промчался по волнам. Реальнейшие ощущения! Брызги, скорость, грохот, напор ветра, мокрый костюм, облегающий тело, чувство полета.

Потом вернулся на вершину пирамиды.

Обалденный способ путешествовать по мирам!

2. Самара. Мир сиддхов.

Ключ – фраза:

> В этом мире возможно все,
> на что у вас хватит фантазии.

Стал экспериментировать: перевоплощался во что хочется, лепил из тела разные формы. Превратился в комара, который жужжал над ухом, в монстра (это прозвучало в репе). В каком-то странном, далеком мире был плоским синим человечком (не путать с зелененькими!)... Много других образов.

Любой созданный образ можно было зафиксировать и остаться в нем. Понимал, что это вполне возможно, только дай команду. Но не стал, вернулся в привычное тело.

Потом ощущение, что я – все эти формы сразу.

Ленуська Энерджайзер писала:

Переход.

Снова передо мной знак, полученный на Иссык-Куле, и становится более понятной расшифровка, пришедшая в медитации после вечернего «Ока» уже в Самаре: ***«Тройственное изменение параметров осознавания ведут в Небесный Свод»***.

Получается, в Небесный Свод ведет осознавание себя на трех уровнях внимания одновременно. Причем на каждом из уровней свои три подуровня: в первом внимании изменение восприятия звука, картинки и кинестетических ощущений переводит во второе внимание. А какие параметры изменения во втором внимании, я пока сформулировать не могу. Понимаю только, что «зум» еще отодвигается, и ты не просто видишь энергии, а видишь и понимаешь их взаимосвязь, и осознанно ими управляешь. Это переводит в третье внимание, а там мы уже совсем-совсем нелюди...

Да, для тебя это код. Коды – вообще штука индивидуальная, шифр для того, кто их выудил, хотя и для других отлично работают.

Любопытно, нашел нечто похожее в своем опыте.

Обычно переход – это молниеносный скачок.

На байкальской йоге, как раз, по-моему, в то утро, когда осенила всемогущая Сила, перед тем как спеть звук «З» или «Ом», высказал намерение: «Сейчас медленно, осознанно войду во второе внимание и запомню механизм входа».

Пою. Восприятие замедлилось многократно (т. к. частота увеличилась). Плавно пошли изменения.

Кажется, первым распался на «составляющие» звук: на отдельные частоты. Каждая – уникальная. Промежутки между частотами – проходы во второе внимание.

Кинестетика. Тело раздробилось на «элементы», каждый из которых вибрировал по-своему. Щели между ощущениями – проходы.

Изображение, цельная мозаика, рассыпалась на «фрагменты», причем каждый фрагмент имел свое ощущение и свой звук. Пустоты между фрагментами – проходы.

Это было ново: что каждая частичка тела пела и дрожала на своей, очень высокой, частоте.

Вот такой вот глюк. А может, и ключ.

Тут непонятно, как сформулировать, что такое второе внимание. А тебя в третье понесло. Одно слово – женщины!

Давай, давай!

Потом я третье за ним ищу,
Потом четвертое вниманье,
Ну, я на пятом сокращу
До Нагваля расстоянье.

31.08.05. Утро
Сила. Экстаз

Космодром над Царским пляжем. Еще выше предыдущего.

Вдвоем с Папой.

Горная тропинка. Сильный ветер. Необъятные просторы. Парение над горами и морем.

Достаточно одних задержек. Больше ничего делать не нужно.

Задержки с открытыми глазами. Задержки с закрытыми глазами.

Крутимся во все стороны. Задержка на Караул-Обу. Задержка на можжевельник. Задержка на тропинку-аллею. Задержка на Сокол. Задержка на Орел. Задержка на Капчик. Задержка на море. Итого: полный оборот на 360 градусов.

Прет. Отовсюду. Сила. Экстаз. Несет. Уносит. Накатывает волнами. Ударяет разрядами. Подкидывает. Прижимает. Вращает, как песчинку в водовороте. Выгибает. Встряхивает. Наполняет. Раскачивает. Течет. Бурлит.

Море «вверх ногами». Наклонное. Под ним небо. Сквозь хвойные ветви с синими ягодами арчи.

Сносящие башню картины. Марусич*, какие сюжеты! Неузнаваемый мир. Смена Отражений. Сверхвысокие частоты. Сила. Экстаз. Второе внимание.

Большой куст можжевельника. Слева вдали коническая горушка. Ку-Клукс-Клан! Вылитый. Тот же колпак с прорезями для глаз. У основания пещера – открытый рот.

Папе не видно за вышеупомянутым кустом. Показываю. Папа выходит для обзора.

«ККК улыбается». Живой! Разговаривает. У нас восторг, смятение. Из глаз Его – такое струится! Смешной и жуткий. Старый дух. Меняет форму то и дело.

Папа кайфует от остовов двух сухих можжевеловых деревьев – изогнутых, ветвистых и сучковатых «коряг». Крокодилы... Кого и чего в них не увидишь! Крутые ребята. Стражи!

Меж ними врата. Проход. Во второе внимание.

Поем «Ом». В коряги. Фокусируем звук в узкий пучок. Направляем струи термоядерной, нечеловеческой силы в проход.

Он оживает, мигает. Плавно, текуче изменяется кино в этой аллее, в тоннеле, у входа в который – раскоряки. Интригующие, фантастические кадры «Нагвальфильма»! Затейливые растения, звери, существа, сюжеты.

---

* Владимир Марусич – предводитель лагеря Тайцзи Цюань на южном берегу Иссык-Куля. В этом чудесном месте мы проводили три фестиваля по танцам и йоге.

Еще «Ом». Теперь персонально – левому Раскоряке. Что помассивней, пораскидистей.

Вот это Силища! Научились фокусировать энергию безудержной силы. Папа молвит:

– Гиперболоид инженера Гарина!

Раскоряка шизеет от напора, сейчас смоется.

«Ом». Слов нет. Появляются наконец.

Папа:

– Ну, мы их и накачали. Что с ними будет! Новое рождение.

Борода:

– Расцветут розовыми лепестками!

Папа:

– Мы сами все это оживили.

Сила. Мощь. Экстаз. Фейерверк. Упоение. Несет. Уносит. Задержки, задержки, задержки.

Спускаемся. Нижний Царский космодром, запущен в эксплуатацию утром 27.08.05.

Созерцаем блики в Голубой бухте. Островки бликов.

Большой, основной остров, вплотную с пляжем. Искры сусального золота мерцают. Завораживают.

Бум! – Бешеная сверхчастота мерцания. **Наша частота!**

Новая игрушка. Экстаз, экстаз, экстаз! Все течет. Огненная река сверхчастоты. Неописуемые картинки. Дышит Нечто.

Раздваиваю изображение. Между картинками «прибрежная» полоса. Ничейная земля. Полоса меж мирами. Захватывающее дух астральное кино, насыщенное. Бездонная глубина. Экстрацвета. Все в ореоле ослепительного света.

Надоело держать в фокусе две картинки. Просто созерцаем.

Дальний, маленький островок бликов. Мерцание вроде медленное. Быстрее, быстрее. Есть! СВЧ.

Оторваться невозможно.

Папа:

– Можно час созерцать, и все время Оно разное. Сами себя развлекаем.

Борода:

– Ага. А как еще?

Спускаемся. Благодарим за подарки Силы. Всех местных ребятишек.

Сила. Экстаз.

Окончание СлеДУЕТ.

Щосталка (Щастя)

Борода писал:

Сейчас, анализируя переживание и включив линейное Матричное мышление, я могу объяснить, что вернулся в прошлое, абсолютно реально, средь бела дня. Или, по другой версии, воспроизвел прошлое, перенес его в настоящее. Однако линейное время здесь не действует.

Фишка в том, что «Дубль 1 = Дубль 2 = Дубль М», и существует одновременно, всегда. Время циклично, а не линейно. Лента Мебиуса.

Коан такой:

> То, в чем вы сейчас, было минуту назад, появившись из того, в чем вы сейчас.

Ну вы и дуууете...

Начинаю читать... легко включаюсь, словно бы проникаю в Бороду и проживаю эти же ощущения. Словно бы узнаю.

Хочется прыгать и вопить: «Знакомо! Знакомо! Знакомо!».

Еще бы не знакомо.

Игрушки со временем или времени со мною уже не сводят с ума, но восхищают и удивляют, как в первый раз, даже мощнее, чем в первый раз.

Пару дней назад я получила вполне реальный в матрице ответ на свой бессознательный импульс, так, кстати, и не выраженный в действие на 4 минуты раньше (!!!), чем якобы совершила действие.

Я уверена, что это действие было совершено лишь ментально, на уровне желания (даже не намерения).

Но для другого человека оно материализовалось на физическом уровне. Зато у меня остались подтверждения, что ответная реакция на мое ментальное действие пришла на 4 минуты раньше самого действия.

Здесь та же фишка. Читая сообщение, я проживаю его вместе с автором и ощущаю, что все это уже было... уже знакомо!

Вот уж воистину: **«То, в чем вы сейчас, было минуту назад, появившись из того, в чем вы сейчас».**

Спасибо, Борода! Теперь поняла (подгрузила... ну, нужны мне пока подгрузы!), чем вызвана моя роль «уже знаю».

Ленуська Энерджайзер писала:

Становится более понятной расшифровка, пришедшая в медитации после вечернего «Ока» уже в Самаре: **«Тройственное изменение параметров осознавания ведут в Небесный Свод».**

Получается, в Небесный Свод ведет осознавание себя на трех уровнях внимания одновременно. Причем на каждом из уровней свои три подуровня: в первом внимании изменение восприятия звука, картинки и кинестетических ощущений переводит во второе внимание. А какие параметры изменения во втором внимании, я пока сформулировать не могу. Понимаю только, что «зум» еще отодвигается, и ты не просто видишь энергии, а видишь и понимаешь их взаимосвязь, и осознанно ими управляешь. Это переводит в третье внимание, а там мы уже совсем-совсем нелюди...

Там я помню только осознанное дыхание. Остальное не удержалось в сознании при возвращении.

Интересная расшифровка...

С первым вниманием – да! Похожие ощущения. Идут картинки, ощущаются совершенно невероятные запахи. Звуки, запахи, мысли становятся видимыми и осязаемыми, пространство меняет плотность, и когда резким скачком, а когда медленным плавным кружением или скольжением переносишься во второе внимание. Очень часто у меня это сопровождается едва слышным шипящим звуком. Словно змея ползет по пенопласту.

Осознание, что я нахожусь во втором внимании, приходит, когда перестаю видеть окружающие предметы и людей как физические тела. Это совсем не аура. Это сгустки энергии разной интенсивности. Они меняют цвет и плотность, кружатся, вступают во взаимодействие друг с другом. Очень похоже на осознанный сон с перемещением по моему желанию внутрь каждого персонажа.

Интересно наблюдать, когда Борода и/или Папа танцуют торсионные танцы в помещении.

Красиво! Обалденно красиво. Только смотреть глазами совершенно невозможно – слишком ярко, текут слезы и режет глаза. Зато, полуприкрыв веки, наслаждаюсь такими картинками! На природе картинки менее интенсивные, но ощущения более уловимые, более осознаваемые.

На йогу в зале я ни разу прийти не решилась. Один раз была в зале в Нижнем, когда проводил Борода. Сама заниматься не смогла, но, даже находясь просто в зале рядом с занимающимися, поняла, что проваливаюсь... быстро закружился зал, испытав легкий приступ тошноты, я поняла, что сижу на потолке и смотрю сверху на лысину Бороды... Гм... Извиняюсь, но была именно энергетическая лысина... Плотное, ровное, слегка выпуклое пространство, вокруг которого плескался фонтан буйной разноцветной энергии.

Почему-то мыслеформа «лысина» меня очень развеселила, я увидела свой смешок как маленький фейерверчик разноцветных искр. Стало интересно, захотелось проникнуть внутрь, я понеслась внутрь этой лысины, очень быстро кружась. Погружаясь в тоннель, названный мною «лысина» и превратившийся в воронку, ощутила недоумение от твердости проходимого мною... Кого? Чего? Пространства, что ли? Не могу подобрать слов... Свое недоумение увидела опять же визуально в виде сероватого облачка. Потянулась (чем?), чтобы ощутить его, и брякнулась на пол... В висках пульсирует, уши заложены. И великолепный костер из переплетающихся энергий, занимающихся передо мной. Растерла уши, сильно надавила точку в ямке под носом – пришло обычное видение, вернулась в матрицу.

А третье внимание? Что это? Кто-нибудь может описать свое третье внимание?

Это то состояние, когда ты расширяешься и вмещаешь в себя Мир? Опять не знаю, как сказать... Ощущаешь какой-то континент, или травинку, или световой поток как частицу своего Я. Когда одновременно это все в тебе на уровне... Не картинок, не энергии... Не подбираются слова... Ну, мы же не видим глазами свою берцовую кость изнутри, но ощутить ее можем. Особенно если какие-то процессы в ней отличаются от привычных нам. Так же и это состояние. Все – мой организм, только мое Я существует непонятно где, лишь на уровне сознания.

Борода

01.09.05. Утро
Любовь

Розовая пелена на востоке. Тишина полнейшая. Пустой поселок, пустая дорога через можжевеловую рощу, пустые пляжи.

1 сентября. День Знаний. Все рванули за Знаниями. Знание – Сила. И знание – слабость. Узнаем ли когда-нибудь Тайну? Не знаю.

Обрывистый спуск. Цепляюсь подошвами кроссовок за пористую, как пемза, вулканическую породу.

Сегодня днем отъезд. Папа на космодроме № 1. Я в маленькой бухточке на самой оконечности Капчика, напротив Разбойничьего пляжа, в Синем заливе. Отсюда ближе до дома, можно побольше побалдеть. Да и потянуло что-то сюда.

Последнее пристанище голышей. Даже соседний пляжик, совсем махонький, издавна бывший «голым» (описанный в «Учебнике Везения» и «Сам себе волшебник»), оккупировали «конкистадоры» в полосках ткани.

Замечательное место. Тенечек. Уединенность. В метре впереди – кромка моря, в полуметре сзади – отвесная каменная стена, уносящаяся ввысь метров на 70 и нависающая над пляжем массивным слоистым козырьком.

Сила. Струится. Течет. Пружинит в теле. Упаковывается в алмаз. Ограняется и шлифуется в сверкающий бриллиант.

Мягкость. Ласковый, негромкий плеск волн. Едва ощутимый ветерочек. Материнская люлька. Покачивает.

Небо! Какое небо! Снежные мазки облаков образуют веер лучей-дорожек, прочерчивающих все небо, исходящих из одной точки. Центр излучения – строго на востоке. Над холмами между мысом Алчак и Меганом.

По краям – узенькие, трассирующие штрихи облаков. В центре, прямо надо мной – широченная дорога в Небеса, Трасса Т-60, Млечный Путь, проявившийся днем. Салам алейкум, Иссык-Куль!

На задержках просто зависаю, созерцая эти дороги. Меня нет. Кто делает «Око», не знаю. Биоробот, пожалуй. Бортовой компьютер запущен, тело все делает само.

Жесткие диски чакр крутятся, жужжа, закладывая ушные микрофоны. Процессор разогнан до сверхвысокой частоты. Операционная система отдает команды стальной оболочке, выкрашенной в цвет бронзы. «Тотальный Командир» в фоне копирует файлы, «Фотошоп» с лету обрабатывает картинки. Просмотровщик листает кадры в режиме слайд-шоу, «Винамп» проигрывает супермодный альбом в стиле chill out – «Mutter of sea waves». Все о'кей.

А пользователь где-то шляется. Может, срулил покурить и хлебнуть из запотевшего бокала терпкого домашнего винишка «Бастардо», рожденного от Солнца и Грозди винограда.

На задержках цепляюсь астральным телом за карниз, вишу в огромной получаше на краю. Сползаю по стене, упираюсь в отвесный серый бок чаши.

Задержки лицом к морю, к Орлу. Птица возлежит на пузе, во всей своей красе, боком ко мне. Присмотрелся. Оказывается, я тогда делал йогу не на клюве, а на загривке Орла. У подножия его вьется тропа Голицына. Дальше вправо виден мысок с недостроенным санаторием, Генуэзская крепость, Судак, мыс Алчак, Меганом и открытое море.

Лицо вверх. Облачный тракт уводит. Чуть в стороне, между ним и краем чаши, высоко-высоко, – авиапарад.

Звено из трех чаек двигается в одной плоскости, параллельно поверхности моря. Они образуют идеальный равносторонний треугольник. Затем одна из чаек бросается точно посередине между двумя другими, и вся троица опять, торжественно и красиво, перестраивается в правильный треугольник. Затем в «ворота» ныряет следующая, и все повторяется.

Ну и ну! Воздушные асы Красной Армии и Люфтваффе, равнение на средину!

Эх, а ведь этой демонстрации Силы мог никто и не увидеть.

Лю-ди! И почему вы не смотрите в небо, а все больше – под ноги, чтоб не споткнуться о камни? Почаще подымайте голову Туда!

Надолго замираю на задержке, с задранной башкой.

Вдруг справа, из-за верхушки Капчика вынырнула огромная толпа чаек. И тут я понял: трио авиаторов – это не чайки! Крылья шире, хвост другой формы, полет размашистей и царственнее. Орлы или соколы!

Тем временем стая чаек, кружа и горланя, опустилась на крутой, левый склон получаши, противоположный моему. Издавая гортанные звуки и бесцеремонно толкаясь, «зрители» занимали места в ложах и амфитеатре. Замерли.

А парад продолжался. Троица пилотов выступала теперь с произвольной программой.

Центральный облачный тракт раздвинулся и уже достигал полнеба в ширину. На востоке он сужался и, сливаясь с тонкими, ставшими совсем призрачными лучиками, все так же сходился в точку нуля.

Трепет, благоговение перед волшебством этого мира. Детское ликование, благодарность. Единение с актерами и зрителями. Выступление во всех ролях сразу. Растворение. Любовь.

Меж тем мастера ангельского пилотажа по одному покинули сцену. Зрители продолжали сидеть, молча, не шелохнувшись. Они ждали следующего действия пьесы.

Время петь (и пить) прощальный «Эль». Захлестывает нежностью и счастьем. Эти чувства не вмещаются ни в скафандр тела, ни в поднебесную полусферу. Они проникают из меня всюду. Ловите!

Передо мной каменный островок. А спою-ка я на нем! Со всех сторон вода, наверняка поймаю необычные ощущения.

Несколько коротких прыжков с камня на камень, и я на островке. Почти горизонтальная плита, дрейфующая в море Любви.

Я – на границе. Пограничник. По-грани-чник. Надо же, совсем другой смысл. Не тот, кто стережет границу, а тот, кто ходит по грани.

По центру плиты, через меня, проходит граница света и тени. Солнышко, высунувшись ровно наполовину, подглядывает из-за вертикального среза Капчика, отбрасывая тень на воду – передо мной и на островок. А впереди, за скалой, на воде искрится половинка солнечной дорожки, с любимыми бликами.

Вот это шоу! Вода – пополам, камень – пополам. И небо – пополам – облачной дорогой. И тело – пополам. Марусич, дорогой, какое кино можно было бы отснять! А с какими комментариями!

Левая половина моря от меня и вперед, до оконечности Капчика – подсвечена, играющая, яркая. Она переходит в Воздух, в небо. Справа – темная, таинственная, глубокая половина. Вода, переходящая в Камень, в скалу. Тональ и Нагваль.

Граница на воде – нечеткая. Колышется, извивается, гуляет туда-сюда. Щель между мирами. Проходит сквозь тело. Намеренно создаю эту границу, прочерчиваю внутри тела, по позвоночнику. Развиваю шизофреническую «реальность». А как тут можно поспекулировать картинами мира! Тут тебе и правое-левое полушария, и логика-интуиция, и Инь-Ян, и четырехзубчатые нагвали, и пошло-поехало.

Конечно же, картина мира «подтверждается» ощущениями. Чувствую разные половинки тела, левую и правую. Горячую и прохладную. И границу. Она дышит. Она не разъединяет, а наоборот, сливает в одно целое.

Слияние. Любовь. Тихое, невнятное бормотание прибоя, лижущего мой островок.

Sun is Wine,
Moon is Cup.
Pour the Sun into the Moon.
Love s wine is endless,
*Keep on pouring it forever**.

«Эль». Негромкий, рокочущий и распевный, сливающий все и вся. Размывающии все границы.

Божественный «Эль». Любовь. Согласие мира.

Стайкой у подножия островка вьются бычки-мальки. Они аплодируют плавниками. Зрители-чайки, кажется, сейчас тоже захлопают крыльями. Млечный Путь из облаков раздался еще шире.

Прощание. С этим местом, с Крымом. Легкая грустинка. Благодарность. Камням, водорослям, рыбешкам, медузам, гальке, соснам, можжевельникам, чайкам, воздуху-коктейлю, облакам, морским волнам, Орлу, Соколу, Капчику, всему, всему, всему...

---

* Слова танца (автор Susan Sheely), с нежнейшей музыкой.

Прикладываюсь лбом к плите, губами (какая роль!)... Запах моря.

Спектакль окончен.

Патриции, распахнув белые плащи, стартуют со скамей Колизея и, свершив круг почета, уносятся за Капчик.

Занавес.

Аплодисментов не надо. Лучше ведите свой энергетический дневник и пишите сюда. Отмечайте и описывайте переживания от йоги.

Слово предоставляется генерал-лейтенанту Любе Рыкель*:

«Нужно научиться фиксировать самонаблюдение. Выделить вечером время и записать. Надо заносить любой энергетический факт. Восприятие мира не должно быть расплывчатым».

Ленуська Энерджайзер

Знаешь, Борода, после хорошего спектакля зрители не плещут аплодисментами. В зале стоит звонкая тишина. Все, замерев, молчат. В глазах у многих стоят слезы от переполняющих душу переживаний, от восторга, благодарности, грусти расставания и осознания того, что теперь это живет в них. Каждый чувствует и понимает: его жизнь уже никогда не будет прежней, все будет иначе. Появилась решимость, ведь принято нечто очень важное. Пока едва уловимое... только сердцем.

Вот примерно в таком я сейчас состоянии... Из ноутбука льется «Дхарма кафе», моя любимая композиция «Seaside Travelling». Как раз в тему, и еще больше усиливает эффект присутствия. Страничка уже давно дочитана, а я все еще лечу над морем по радужным ослепительным бликам, навстречу Солнцу, и, распахнув крылья своей души, нежно обнимаю весь мир!

Сказать спасибо тебе, Борода, – ничего не сказать. Благодарю!!! Надеюсь, это чувствуется между написанных мной

---

* Л ю б а из Израиля. Мастер баловства ума, жонглер стратегическими картинами мира. Обаятельная дама, для которой Жизнь – это большой Прикол. Общение с ней и ее двухчасовые проповеди на Самарском фесте оказали на нас огромное влияние.

строк. Тебе уже можно астральное турагентство открывать, думаю, будет хороший спрос!

Tantra

(Я это писала в тему «Охота за энергией», но после открытия такой темы... Короче, скопировала сюда, потому что будет продолжение.)

Так сложились обстоятельства последних двух месяцев моей разноцветной жизни, что я была отлучена от «трех источников, трех составных частей» Энергетической Картины Мира – Па, Бо и Гая. Об этом, конечно, сожалею безмерно. Пришлось выкручиваться и отправиться на охоту в одиночестве.

Мои трофеи и наблюдения.

Энергия в разных местах разная. Не новость, конечно, но я не имела не малейшего представления, что она может быть разной по вкусу и цвету.

Кавказ, Армения. Озеро – огромное, как море. Горы... Высота над уровнем моря 2000 м. Палящее, иссушающее солнце, вечером очень сильный ветер. Утром, когда солнышко только показывается из-за гор, его лучи, отражаясь в спокойной глади озера, заполняют меня до макушки мерцающим потоком бледно-голубого цвета. Я и глаза открывала, и раскрашивала вручную в другие цвета, бесполезно. Мятный привкус во рту, холодок в горле...

А вечером, когда сквозь тело одновременно проносятся потоки ветра и лучи солнца, и совершенно невозможно удержать равновесие даже с открытыми глазами, на задержках солнечное сплетение взрывалось ярко-оранжевыми всполохами, а потом все снова становилось бледно-голубым.

Я делаю «Око». Прогиб назад с открытыми глазами и поднятыми вверх руками. Вижу: сзади стоит Борода в такой же позе. Я так обрадовалась! Потом это оказался фонарь двуглавый, но это ко мне никакого отношения не имеет. Бо я точно видела. Может, он в это время то же самое на Байкале делал. По датам совпадает...

Развлекалась я так десять дней, а потом вернулась в город и сделала комплекс дома. Хорошо, что мебели было мало. Грохот стоял такой, что я с большим удивлением обнаружила себя абсолютно целой. При этом я слышала звук от падающего тела, но ничего не чувствовала... Над головой проплывали облака, а я думала только о том, что мне нужно встать и вернуться в коттедж, пока спасатели (бассейн там был) не прибежали. Или санитары... Народ здесь не пуганый. Кроме как от домашней тутовой водки, других измененных состояний сознание не знает. Так, сама себя развлекая, заметила лишь странность, что с таким шумом упала в траву. Встаю, ощущая эту самую траву ладонями, открываю открытые глаза... Да-а... Дома я, дома. Бешеная разница температур на разных участках тела... Центр стоп и ладоней, низ живота и Третий глаз горят, как от ожога, локально. При этом по всему телу дикий озноб, пальцы рук вообще не чувствую. А за окном +42 °С, и кондиционера у меня нет.

Следующим местом для охоты оказался Карабах. Красотища совершенно неземная! Я как увидела, так сразу убежала от большой и теплой компании, подключаться.

Потоки были оранжевые и желтые, очень красиво и мягко все втекало в тело. Перетекание из одной асаны в другую происходило без всякого моего участия. Вот только на «Оке», когда ладони, сложенные в намастэ, опускались к макушке, я падала почему-то. Такое невинное и простое движение... Но сознание отключалось полностью. Я, конечно, поднялась и завершила комплекс. Я очень упрямая. Сделала «плуг», или как он там называется. И если раньше поток накрывал все тело, поднимаясь из нижних чакр, то в тот момент все сконцентрировалось в горле... Такой оргазм и вибрации!

Я потом целый час разговаривать не могла. Медовый привкус во рту, а я ничего сладкого не ела. Я вообще ничего не ела. Я же знала, зачем еду. Не за шашлыком же, честное слово. Да. Вот еще, что из странного было. Мы в такую глушь забрались, что ни о какой мобильной связи и речи не могло быть. И только у меня было пол-антенны, поэтому приходили SMS. Ответить я, правда, не могла. На второй день меня это достало, и я залезла на дерево. Теперь связь работала в обе стороны. Остальные тоже лазили, и ни фига... Все-таки нужно на безмолвную речь переходить. Телепатическая связь, она надежней. А то деревья, телефоны, скала Связи – столько сложностей.

Потом были горы. Сначала я делала комплекс у подножия в лесу. На задержке я почувствовала себя деревом,- с корнями, глубоко уходящими в землю, с ветвями, касающимися неба. Я его быстро отыскала среди других, обняла и слилась с ним так, как будто я часть его ствола. Фантастическое ощущение! Бреду к своим и по дороге встречаю гриб: «Ой, грыб!» Абсолютное счастье, ничего не нужно!

По канатной дороге поднимаемся наверх. Макушка уже отключилась, и я сделала только пранаямы. Подышала ртом. Ага. Экстрим. Цвет потока белый. Металлический привкус во рту.

Еще один уровень вверх. Подышала носом, с открытыми глазами и недолго. Уехала сразу и навсегда. Так с открытыми глазами и уехала. Вкус металла во рту просто нестерпимый, не глотается и не запивается. Вода тоже не глотается... Горло, оно живет отдельной от меня жизнью. Посидела на камушке. Самоидентифицировалась и потопала на фуникулер.

Третий уровень. Последний. Тело тяжеленное, руки-ноги – вообще молчу... Холод собачий. Наверное, -3 °С всего, но я же приехала три часа назад из +40 °С, да и у подножия было градусов +15 °С.

В общем, стою. Вздохнуть боюсь, потому что сзади есть обрывчик, и мне туда очень хочется. «Ах, почему люди не летают»... Медленно поднимаю голову вверх, смотрю на небо. Не нужно было этого делать. Но так красиво! Ошеломляюще! Ладно. Смотрю перед собой, складываю руки в намастэ и делаю один только вдох. Ослепительная вспышка в Третьем глазе. Свет. Поток уже не белый даже, а... Ну, не знаю. В операционной такой свет или у стоматолога... Я понимаю, что это не очень романтично, но более близкого описания я не нашла. Меня крепко держат за руку, и я не падаю. Но я очень хитрая и обхожу спасителя за спиной. Подхожу к заветному месту. Очень хочется лететь, оглядываюсь, меня усадили на камушек. Все в порядке. Но я так и не разобралась, где я, и рисковать не стала. Закрыла глаза и пошла обратно. Мысленно. Я там, оказывается, не дышала долго. Волнуются уже...

P.S. Все, что я описала, является моим личным глюком, к которому я, по совету Любы, «отношусь индифферентно, не отвергая и не принимая».

* * *

Папа, Борода! Спасибо! Я, конечно, уже вам это тысячу раз говорила, но такого сочинения на тему «Как я провел лето» у меня еще не было. Да и лето у меня еще не кончилось.

Все – Энергия. И Везде.

* * *

Вторая поездка в Цахкадзор была короче, но мощнее. Времени на мои «глупости» мне дали мало, все почему-то хотели плавать в закрытом бассейне. Дикие люди. Ничего не понимают.

Поэтому я сразу уехала на подъемнике на третий уровень. Это дорога длиной 7,5 км. Высота – 2500 м. Подышала носом минут 10 и поняла, что не могу остановиться... Можно так десть лет дышать вместо десяти минут. Голова гудит, уши заложило, и ощущение, что ради разнообразия, наверное, сегодня энергия вливается или переливается через них. Сделала задержку. И если до этого случая я считала, что у меня тело на йоге и на танцах вибрирует, то это было что угодно, только не вибрации. Резкий удар в ноги, и от икр вверх по всему телу дикая дрожь. Глаза открыты, но это ничего не меняет. Через фиолетовые потоки с яркими серебристыми вспышками вглядываюсь в небо... А неба нет! Все пространство надо мной залито ровным оранжевым цветом! Смотрю во все глаза, проверяю себя, действительно глаза открыты, а небо – оранжевое!

С трудом перевожу взгляд в горизонталь. Прану можно черпать горстями! Передо мной необыкновенное по красоте Разданское ущелье, и меня тянет туда со страшной силой. Опускаюсь на четвереньки, потом ложусь. Дрожь усиливается. Но это уже от холода. Ползу в сторону подъемника. С трудом поднимаюсь и, дав себе строгий приказ: «Смотреть только под ноги!», добредаю до кресла. Хорошо, что не сезон. Вокруг ни души. На спуске наслаждаюсь неземной красотой гор. Все впечатления, краски, вся природа воспринимается намного ярче, я чувствую себя единым целым с вершинами гор, бесконечной синевой неба и деревьями под моими ногами...

На следующий день дома, утром йогу делала осторожно. Глаза не закрывала, сильно не «задерживалась», но опять все изменилось. Ладони нагрелись на первом намастэ «Сурьи».

Каждый прогиб, даже с открытыми глазами, уносит в горы! На меня снова валится оранжевое небо. На втором (левом) «Оке» стою на задержке. Глазки закрыла... Ко мне тихо-тихо подошел Тигрик (это имя, с тиграми не путать!) и уткнулся носом в живот. Стоим. Выдыхаю. И на следующей задержке вылетаю из тела, понимая, что его тащу с собой. Улет! Я видела, чувствовала, ощущала не только своего энергетического двойника, но и его! Фантастическое ощущение!

Все это я писала для себя, после первых моих экспериментов с дикой природой. Первые впечатления отправила в конфу, а лишь через день, в очередной раз, спустилась с гор и увидела дневник Бороды. Синхро! И небо тоже! Потрясающе!

Продолжение есть уже. Нужно только разобрать записи, а то они очень измененные. Прямо как мое сознание.

Борода

Мощно!

Если б ты на Иссык-Куль приехала, тебя бы уносили с пляжа, где мы йогу делали.

Или так и оставляли бы там. Чего каждый раз таскать? Жила бы там. Отдельную юрту вокруг тебя поставили бы. Еду бы носили...

Tantra писала:

И если до этого случая я считала, что у меня тело на йоге и на танцах вибрирует, то это было что угодно, только не вибрации. Резкий удар в ноги, и от икр вверх по всему телу дикая дрожь.

Это они, родимые, – сверхвысокие частоты!

Tantra писала:

Такого сочинения на тему «Как я провел лето» у меня еще не было... Да и лето у меня еще не кончилось...

Увидел сегодня в метро рекламу принтеров Epson: классическая училка в очках и с волосами, стянутыми на затылке в пучок, тычет указкой в доску, где мелом написано:

Задание на дом.

1. ...

2. ...

3. Рассказ на английском «Как я провел лето», с фотографиями, в трех экземплярах. Сдать завтра в распечатанном виде!

Ленуська Энерджайзер

Тантра! Летоописание на *6+!* И все одна, сама! Большая, самостоятельная!

Tantra писала:

Бешеная разница температур на разных участках тела. Центр стоп и ладоней, низ живота и Третий глаз горят, как от ожога, локально. При этом по всему телу дикий озноб, пальцы рук вообще не чувствую. А за окном +42 °C, и кондиционера у меня нет.

У меня тоже иногда после вылетов бывает озноб наряду с испариной и жаром в отдельных местах.

Тантра, ты пишешь, что чувствуешь холодок и вкус меда во рту, а у меня под небом во рту возникает что-то типа воронки и тоже холодит, как будто я конфетку «Снежок» съела (в моем детстве такие были).

И еще бывает двоякое ощущение Потока: он одновременно и горячий, и холодный. То ли такой горячий, что холодит, то ли такой холодный, что обжигает. Но это очень классное ощущение. И если я его ловлю, то замираю, стараясь удержать как можно дольше. У кого-нибудь есть подобные ощущения? Я пока только одного встретила, сегодня, «совершенно случайно».

Ленуська Энерджайзер

Щасталка (Щастя) писала:

Осознание, что я нахожусь во втором внимании, приходит, когда перестаю видеть окружающие предметы и людей как физические тела. Это совсем не аура. Это сгустки энергии разной интенсивности. Они меняют цвет и плотность, кружатся, вступают во взаимодействие друг с другом. Очень похоже на осознанный сон с перемещением по моему желанию внутрь каждого персонажа.

А третье внимание? Что это? Кто-нибудь может описать свое третье внимание?

Это то состояние, когда ты расширяешься и вмещаешь в себя Мир? Опять не знаю, как сказать... Ощущаешь какой то континент, или травинку, или световой поток как частицу своего Я. Когда одновременно это все в тебе на уровне... Не картинок, не энергии... Не подбираются слова... Ну, мы же не видим глазами свою берцовую кость изнутри, но ощутить ее можем. Особенно если какие-то процессы в ней отличаются от привычных нам. Так же и это состояние. Все – мой организм. Только мое «Я» существует непонятно где, лишь на уровне сознания.

Привет, Щастя! Ты просишь рассказать тебе, что такое третье внимание. Я заикнулась – мне и отвечать, хотя толком нечего.

Но сначала по поводу второго. Когда начинаешь воспринимать окружающее в виде сгустков энергии, испытывать и видеть то, что испытываешь, менять по желанию – да, это второе внимание. Я тоже перемещаюсь в пространстве с помощью мысли, становлюсь любым объектом, направив на него свое внимание, как ты и многие из нас. Года два назад впервые испытала ощущение, как чувствует Бог. В меру своего восприятия, конечно. Это когда осознаешь себя Всем, одновременно везде и нигде непосредственно. Тогда же перестала ощущать себя как одного человека, начала узнавать себя в других, и не только в людях. В связи с этим отпали за абсурдностью такие эмоции, как ревность, боль от всевозможных потерь, обиды, т. к. пришло осознание, что нас много и мы разные, но на самом деле нас только Один, «вечно Играющий в Вечном Саду». Но мне кажется, это испытывает добрая половина наших, и это все-таки тоже относится ко второму вниманию.

А третье внимание... Если бы я помнила то, что мне показали на миг, и могла еще и объяснить, то навряд ли я бы здесь находилась. Ну если только каким-нибудь боддхисаттвой заделалась бы... Оттуда я помню только ощущение, что было нечто совсем Другое, на человеческий язык не переводимое, но мы все туда идем, даже не осознавая этого, и это как-то связано с Дыханием. Показали для затравки, чтобы я не останавливалась на достигнутом, не сбавляла темп, ведь все только начинается!

Но сначала нужно хорошо освоиться во втором внимании. Все нужно делать основательно, а то падать больно будет. Так что наметила себе план действий, переписываю и систематизирую свои обрывочные записи в общий энергетический дневник, чего и всем желаю. Пишите, делитесь!

Tantra

• Йога с видом на Арарат

Красиво. Величественно. Мощно.

В долине несколько возвышенностей (язык не поворачивается назвать это горами, библейский вид Масиса превращает их в холмы). На первом холме, самом ближнем к горе, стоит старая армянская церковь Хор-Вирап, второй склон чуть повыше, и на самом верху – какая-то железная штуковина в виде треноги, похожая на антенну. Не знаю, что это, но мне явно туда. Прямая связь с космосом. Забираюсь наверх, дышу. Здесь невысоко, поэтому на быстрые спецэффекты я не рассчитываю. Решила только, что глаза закрывать не буду. *Такое* нужно видеть и вбирать в себя с каждым вдохом.

Делаю «Сурью», все 12 кругов.

При этом каждое движение осознанно – ловлю любое изменение ощущений в теле, в сознании, в моем восприятии окружающего пространства. Я где-то вычитала недавно, что «осознавание» выпрямляет кривое и расширяет узкое, освобожденная энергия начинает двигаться свободно и естественно. Вот и осознаю изо всех сил. Делаю задержку на вдохе. Мгновенно уносит глубоко в небо, выдыхаю – уносит в заснеженную вершину Арарата, опускаю взгляд – уносит в камни, рассыпанные под ногами. Отцепляю взгляд и делаю еще одну задержку...

Затем «Око». Оба, естественно. Если уж смотреть на Мир из измененного состояния сознания и измененным взглядом, то двумя глазами. Огромное наслаждение от каждого движения, от полной потери себя, от абсолютного растворения, соединения с этим потрясающим местом.

Зависаю в каждом положении, при движении ладоней к макушке отключаюсь на какую-то долю секунды, но каким-то непостижимым образом выполняю весь комплекс.

С пальцев вниз стекают горячие струи... Чего? Не знаю названия, только ощущение очень четкое и острое. Все тело горит. Горло, Третий глаз и макушка существуют отдельно, сами по себе, соединенные лишь похожими ощущениями в них... Горячо. Нестерпимо жжет. Опять металлический привкус во рту, а кончик языка щиплет, как в детстве, когда облизывала батарейку, проверяя наличие в ней заряда. Слишком много разных ощущений для одной головы.

Сознание ускользает, картинка расплывается. Возвращаюсь, ловлю новые ощущения в солнечном сплетении. Обычно я это место ярко чувствую только на обнимашках, а сейчас... Солнце в животе. Горит, вибрирует. И ощущение пустого пространства внутри меня, которое втягивает, вбирает, впитывает Силу.

Еще одна задержка.

Присутствие Бога. Переживание очень короткое по времени, но очень сильное и яркое.

Нет, я не вижу мультиков про Ноя, не вижу «Самого Главного Начальника» или «дедушку на облаке с нимбом». Я лишь ощущаю присутствие Божественного в этот момент, в этом месте, где соединены Творец и его творение, где все проникнуто, пропитано божественной энергией творчества. Ничем другим невозможно объяснить эту Силу, Совершенство и Красоту.

Маленькая Фея

Борода писал:

Классно, что крымские тексты хоть кого-то двинули к новым переживаниям.

Двинули. И еще как. И очень многих. Почему не пишут? Робеют, наверное. Планка-то задана высокая.

Борода писал:

Для того и выложил, чтоб забросить на другие орбиты. И чтобы народ стал вести энергетические дневники и помещать свои переживания на форум.

Идея с дневником на форуме давно уже в голову пришла. Но решила, что не время. Пишу пока в стол. Через неделю еду в Крым. А какая там йога, сами знаете. Предвкушаю. Вот тогда и обещаю опубликоваться.

Борода

Люба: *«У меня никогда не было времени на лишнюю скромность».*

Да взмоет ввысь смотрящий не на планки, а в Небо!

Секретные архивы – достояние общества!

Время ходить под стол, время писать в стол, и время доставать столы из-под полы.

Папа

(Борода, диверсант, подбил-таки. Для кого выкладываем? Да хоть для себя! Пусть будет кусок в роман).

Запищал будильник, Вовка проснулся и, нашарив мобильник, нажал какую-то клавишу. Телефон угомонился, а Тараканов нехотя открыл глаза. Было пять часов утра, и Вовка собрался сегодня сделать йогу на восходе солнца. Он выглянул в открытое окно. Несмотря на кромешную темень, можно было рассмотреть, что небо на востоке чистое, а на юге был темный плотный ковер из облаков. Дул холодный пронизывающий ветер. Вовка поежился и стал собирать рюкзак, укладывая коврик, полотенца, сланцы, солнцезащитный крем и еще кое-какие необходимые мелочи.

Тут закипел чайник, и Вовка заварил свой любимый чай «Черника в йогурте». Он с наслаждением потягивал ароматный напиток, слизывая с ложки крымский горный мед.

Вскоре йог уже ехал на такси в сторону дикой бухты. Сбежав по тропинке с крутого склона, поросшего кряжистыми можжевельниками, пушистой крымской сосной и еще какими-то лиственными кустарниками, Вовка оказался на большом плато, возвышающимся над водой метров на тридцать и резко обрывающимся в сторону моря.

До восхода оставалось минут десять. Картина была величественной. Плотная пелена облаков над морем была раскрашена в различные цвета. Прямо по центру на темно-свинцовом фоне красовалось большое розовое облако, спускающееся тонкой золотистой дорожкой в море. Слева над ним в бело-желтой подсветке плыло облако в виде крокодила, разевающего пасть на еще невидимое солнце, а справа красовался огромный перистый скорпион.

Наконец из-за невысокой горы показался край ярко-малинового диска, а в море появилась едва заметная багровая дорожка. И чем скорее поднималось солнце, тем шире и ярче становилась дорожка. Вовка сделал задержку на вдохе, расфокусированным взглядом созерцая отражение восходящего светила. То есть фокус был направлен в центр солнечной дорожки, а боковым зрением йог созерцал ее края. Тараканов отчетливо видел блики света, играющие на воде. Они имели форму латинской буквы «V». Блики быстро появлялись и исчезали, отчего казалось, что дорожка вибрирует с большой частотой. Вовке захотелось, чтобы частота вибраций увеличилась. Он что-то сделал, возможно, еще больше расфокусировал взгляд, и блики послушно запрыгали с ошеломляющей скоростью. Экспериментатор увидел всю дорожку целиком.

Она меняла цвета, становясь то оранжевой, то насыщенно-золотой, то фиолетовой.

Не закрывая глаз, Вовка стал делать поклонение Солнцу, переводя взгляд с солнечной дорожки на облака, гору Сокол, можжевельники. После четырех кругов «Сурьи» Тараканов сделал задержку на вдохе, созерцая дорожку, которая значительно расширилась и стала более яркой. Неожиданно она «встала» вертикально, приняла овальную форму и с большой скоростью стала вращаться против часовой стрелки. Сверху на Вовку обрушилась невероятная сила. Мелькнула мысль, что его тело — это полый сосуд для энергии, солнечная дорожка, состоящая из мелких энергетических бликов, вибрирующих с большой частотой.

Йогин решил спеть один из своих любимых звуков: «З». Сначала сделал задержку на вдохе, и, когда все тело завибрировало, он не сразу стал выдыхать, а сначала усилил вибрацию до невероятной частоты, а потом на выдохе запел этой вибрацией священный звук «З». Пел, направляя к солнцу энергетический луч (такую же вибрирующую светящуюся дорожку в виде цилиндра, вращающегося против часовой стрелки). От солнца шла дорожка к Вовке, и получился замкнутый контур, по которому йог стал нагнетать энергию, увеличивая частоту вибраций. В теле нарастал невероятный экстаз, центр которого находился в области горла. Вовка ощутил себя невероятно огромным. Огненный светящийся эллипс уходил от шеи в бесконечность, а энергия спускалась на йога плотными слоями.

Во время второго пропевания было ощущение, что цикады стрекочут в центрах стоп, да и во всем теле. А Вовка превратился в гигантскую цикаду и начал петь вселенский гимн мирозданию. Все тело воспринималось целостным единым организмом.

Трижды спев «З», Вовка сделал задержку на вдохе, предвкушая небывалый кайф, который начнется с выдохом. Предвкушением йог еще сильнее раскрутил энергию. Когда вибрации достигли такой силы, что казалось – еще секунда и тело разлетится на атомы или на энергетические блики, – Вовка начал выдох. На мощную вибрацию наложилась другая, более тонкая, сверхвысокой частоты. Эта вторая вибрация доставляла невыразимое наслаждение. В голове пронеслось: «Оргазм – внутри оргазма!» Следующий вдох Вовка делал уже с этими двумя частотами.

В центрах стоп будто распустились огромные огненные цветы, испускавшие красно-оранжевое сияние. Вовку охватил восторг и ликование: «Неужели это со мной происходит?» И он перешел во второе внимание, описать словами которое практически невозможно.

Tantra

Арагац. Высота – 4090 метров.

Свершилось. Перед подъемом я чувствовала такое же возбуждение и азарт, которое обычно испытываю перед поездкой на наши фестивали.

Мы подъезжаем к Черному озеру и начинаем восхождение оттуда.

Исходная высота – 3200 м, и преодолеть нужно «всего» 800 метров. Но это по вертикали. На самом деле пройти нужно около 5 километров. Группа поддержки делится на две части, меньшая (нас трое) уходит в горы, остальные расположились внизу.

Взяв за основу «вешалку» от Любы Рыкель, форсированное дыхание и походку Силы от Бороды, я очень быстро оторвалась от своей компании. Под ногами появился первый снег, оглядываюсь – никого... Решила подождать и сделала задержку на вдохе. Тело мгновенно нагрелось. Радость в каждой клеточке. Хочется бежать вперед – настолько мощно и свободно я себя чувствую! Пока ждала друзей, слепила Симорозко (посвящается Весте). Абсолютно детское состояние беспричинной радости, солнце, снег и ни одной мысли в голове.

Иду дальше. Подъем становится круче, дышу ртом, с акцентом на выдох, карабкаюсь по камням, выдыхаю и зависаю... Прямо передо мной – поляна с желтыми цветами. Красотища необыкновенная! Собираю взгляд, фокусирую... Нет, это большой плоский камень, покрытый маленькими островками желтого мха. Ползу вверх, цепляясь пальцами за теплые камни и проваливаясь то и дело в снег. Новый уровень, и какое-то время можно передвигаться на ногах. Встаю, перевожу дыхание, и, без всяких задержек, из копчика в позвоночник выстреливает горячая струя. Голова кружится. Причем голова кружится отдельно от макушки. Ощущение такое, что они вращаются в разные стороны... «Нижняя часть моей головы суть рельсы». Ну да, ну да...

Мои опять отстали, но ждать их мне не хочется. Вверх, вверх, вверх! Постоянное ощущение себя в двух временах. Сейчас и год назад. Они текут параллельно, и я перепрыгиваю из одного в другое, сравнивая ощущения от подъема...

Это состояние спонтанно и неконтролируемо. Или это я не хочу контролировать. Возникло первый раз во время поездки в Израиль, где я перепрыгивала «в себя 4 года назад». Иногда не соображая, где же я на самом деле, удивлялась только, когда обнаруживала себя в другом платье или машине другого цвета... То есть в «сейчас». Пляж, «каньон», ресторанчик в старом Яффо, пробка на трассе Тель-Авив – Иерусалим, любой разговор могли мгновенно перенести меня в «тогда», все протекало на одном плане, а когда я делала йогу на пляже, меня стало сносить еще и в Египет к Па и Бо... В конце комплекса все время удивлялась, что их нет рядом. «Так крыша у него и поехала»...

От этого броуновского движения я порядком устала за две недели... Оно ушло, и вернулось снова уже в Звенигороде, где я все время попадала в Воронеж. Дышу на йоге, прыгаю... Прыжок влево – Воронеж, прыжок вправо – снова в Звенигороде. Караул!

Отвлеклась.

Ноги давно и безнадежно промокли и замерзли. В прошлом году в это время снега не было, и я притопала сюда в летних кроссовках. Каждый выдох направляю в ступни. Через несколько минут они нагрелись. Класс! Продолжаю подъем, снова карабкаясь по камням. Села передохнуть. Внутри во всем теле очень частые глубокие вибрации. Каждая часть тела ощущается отдельно. Отдельно вибрирует мизинчик, отдельно кончик носа и т. д. Потрясающее ощущение себя не в целостности, а в частях! Вибрации в Третьем глазе. Хотя не понятно, чему там вибрировать. Затем почувствовала, что камень подо мной тоже вибрирует. И снег... Улет! Встала, опять ползу вверх, ощущая эти вибрации в каждом уступе, в каждом камне, за который цепляюсь. Весь мир как единая вибрация! Сумасшедшее ощущение!

Дальше путь ведет через горный хребет. И справа, и слева – Бездна. Самый страшный страх. Макушка гудит, уши заложило. Какая мощь, какая энергия у страха! Я и не представляла, насколько это состояние может быть ресурсным. От каждого шага из Муладхары вверх поднимается обжигающая волна, заполняет все тело, вырывается через макушку. Возбуждение – покруче сексуального. Нужно пройти 200 метров. Расфокусировав взгляд, дышу, как учили, и иду вперед... Возникла картинка в картинке, или кадр в кадре. Я иду, а с двух сторон картинка с бездной движется в обратную сторону. Лихорадочно ищу ключ. Есть! «Подстригись, что ли, умойся... А то смотреть страшно», – говорит бездна. И снова отворачивается... На этой фразе прохожу весь кусок пути. Выдыхаю.

* * *

Сейчас приведу весь кусок. Может, кому пригодится. Разные бывают Бездны. Особенно во всеми любимом втором внимании.

Эта книга посвящагтся бездне, в которую я порой вглядываюсь, следуя общеизвестному рецепту. Жду. Когда же она, бездна, начнет вглядываться в меня. Мне ведь обещали, что так будет! Ну, вот я и стараюсь.

— Ты все-таки в порядок, что ли, себя приведи, — наконец говорит бездна. — Подстригись, что ли, умойся. Чаю, что ли, попей с медом... А то ведь смотреть страшно, — говорит бездна.

И отворачивается.

Макс Фрай, «Книга одиночества»

* * *

Дальше все время приходится карабкаться вверх по склону. Голубое небо благополучно осталось позади. Я иду или ползу по дороге в облаках. Они, конечно, очень красивы, когда смотришь на них с земли. Но находясь внутри этого облака, я ощущала себя тем самым ежиком в тумане... Есть, правда, одно преимущество. Прану можно видеть без всяких усилий. Бесконечное множество светящихся капелек, красота и плотность необыкновенная. Можно черпать горстями. Незабываемое зрелище!

Ноги проваливаются по колено в снег, камни предательски шевелятся под замерзшими пальцами. Дышать все труднее. Понимаю, что забыла, как дышат в обычной жизни. Такая паника на одно огромное мгновение... Смешно, да?!

В голове уже давно ни одной мысли... Совершенно замечательное состояние, именуемое в йоге «недеянием». Не думать о том, что делаешь, а просто делать... И в момент, когда мне было совершенно не понятно, сколько еще идти, потому что вокруг туман, я вижу крест! Кричу, воплю, смеюсь подползающим спутникам: «Мы дошли!»

Весь путь занял три часа. А я думала, что чуть больше часа. Никакой усталости и жажды. Восторг! Ликование! Я здесь!

Оставшееся расстояние проскакиваю за несколько минут. Тело горит и гудит. Раздеваюсь и падаю в снег. Нет слов, чтобы описать это состояние. Экстаз? Но эмоции, испытываемые мной в этот момент, настолько фееричны, что даже солнышко выглянуло из-за облака. Я стала делать «Сурью», чтобы приветствовать Светило. Вокруг туман, обрыв не виден, и если бы не снег и разряженный воздух, то было бы непонятно, что это вершина горы. Словом, не страшно. После второго круга упала лицом в снег. Хорошо! А Солнце снова вышло! Ура! Ах, ну как же одним глазом не посмотреть теперь на это чудо? Правым, например? Делаю «Око». Хи-хи... Надо было видеть лица группы поддержки. На меня давно рукой махнули, но это...

Наверное, йога для меня – это способ вобрать в себя пространство и его энергетику настолько, насколько я это могу вместить. Делаю задержку на вдохе.

Я не ждала инсайтов. А инсайт не ждал меня...

Состояние удивительно мощное и спокойное. В этом тумане ничего не существует. Пустота. И сама Реальность – нереальна. Она за гранью любого моего представления о ней. Она бесформенна.

Мыслей нет, все ощущаю только телом. Ощущаю свое соединение с вершиной, с солнцем, с небом, с облаками... Соединение с первозданностью, с Божественным, заполняющим в этот момент весь мир и меня, как часть этого мира.

Переживание скорее духовного плана. А не энергетического. Хотя «Все – Энергия». Да.

Мой взгляд скользит по многочисленным каменным пирамидкам, которыми отмечено покорение этой вершины. На верху одной из них я вижу камень, вложенный один в другой.

Глазам своим не верю! Мы же не в Индии! Не знаю, что имел в виду тот путник, который оставил после себя этот символ. Один камень слегка округлый, с естественной выемкой посередине, второй, продолговатый, вставлен в него.

Лингам в йони... Я, конечно, понимала, что на вершине меня будут ждать... Но так...

Посмотрите, как красиво и медитативно это описано в символах Тантры:

«Универсальный принцип единения Шивы и Шакти символически воплощен в лингаме, или шивалингаме (фаллический символ, олицетворяет Шиву), и йони (женский символ, олицетворяет Шакти). Лингам в йони символизирует сексуальное соединение. Лингам в йони – это модель любой вещи и даже всей Вселенной. В отношении человека этот символ означает следующее. Лингам – это атман, т. е. Божественное Сознание, присутствующее в человеке. Йони – это сам человек: его

тело, его энергия, его сознание. Лингам в йони означает, что в человеке Божественное Сознание присутствует так же естественно, живо, сильно и органично, как мужчина в женщине в момент сексуального соединения. Это Божественное Сознание и дает жизнь всему остальному».

Андрей Лапин, «Тантра»

Господа Ракетоносители, за вас!

Ракетоносители

Ракетоносители (краткое руководство для тех, кто не прошибся, но имеет намерение. Прошибленным тоже будет полезно. Стратегическая картина в стиле Любы из Тель-Авива).

Чтобы почувствовать ***энергию,*** нужно просто сформировать намерение ее почувствовать. Ничего нет, кроме изначальной ***Пустоты,*** в которой содержится все. Одна реальность создается человеком с рождения, это привычная картина мира (ПКМ). Создаем другую картину мира, в которой ***энергия*** правит бал, в которой есть энергетическое тело, центры концентрации ***энергии*** – чакры, каналы, по которым ***энергия*** движется, и т. д.

У человека может быть способность или дар с рождения чувствовать ***энергию***. Если такая способность не была закрыта социумом или каким-то страхом (скажем, от спонтанных вылетов), то такого человека можно быстро подключить к энергетической картине мира (ЭКМ). На мой взгляд, сейчас, в эпоху Duралея, в России рождается поколение с большим процентом людей, чувствительных к ***энергии***. Женщины, как правило, более восприимчивы, зато если уж мужчина почувствовал вкус праны, то может раскрутить поток невероятной силы, который большинству женщин недоступен.

Словом, КМ такая: мужчины – ракетоносители, женщины – приемники. Мужчина может годами и десятилетиями раскручивать поток, проявляя несгибаемое намерение, а женщина может хапнуть этот поток за несколько часов (подключившись по сверхскоростному кабелю и скачать все наработки) ***прямой передачи*** от ракетоносителя, выводящего ее на качественно новую орбиту. Она даже может увидеть и, как правило, видит такие вещи, которые были недоступны донору-мужчине, тем самым расширив и уточнив его КМ. Мужчина может при этом перейти на качественно новый уровень.

Женщина показывает или отражает мужчине уровень его ***энергии***.

Когда женщина принимает поток, отзывается на малейшие посылы мужчины, то это сильнейшим образом стимулирует ракетоносителя. Он нагнетает энергетику, женщина испытывает невероятный кайф, маховик все раскручивается и раскручивается...

Тогда оба переходят на новый уровень. Если женщина не испугается и идет до конца, то оба приходят к ***источнику любви*** (Матери Мира).

Можно раскручивать не только во время тантрического кекса, но с кексом очень круто!

Если чувствительность тела слабая, то для ее развития нужно... уделить телу внимание! Есть несколько приемов. Любые энергетические практики показаны: йога, цигун, рейки и т. д. Неплохо их сочетать с регулярным голоданием, хотя бы раз в неделю, можно перейти на вегетарианское питание или уменьшить потребление мяса и мучного. Конечно, дыхательные упражнения – сильнейший ключ к развитию чувствительности. Главным средством развития способности воспринимать Энергию является самонаблюдение.

Вы делаете какую-нибудь энергетическую практику (к примеру, йоговский комплекс или пранаяму) , а часть вашего сознания наблюдает за происходящим. Улавливайте все интересное или необычное в своем самоощущении: мурашки, вибрации, изменение температуры участков тела, протекание энергетических потоков, необычные звуки (например, гул в ушах), яркие картинки, проходящие перед внутренним взором, необыкновенный привкус во рту или пощипывание кончика языка, непривычные ароматы и т. д. Просто наблюдая и описывая эти ощущения, усиливайте их и запоминайте, делайте доступными для обычного сознания и тем самым открывайте дорогу для новых состояний.

К примеру, вы решили заняться пропеванием звуков, типа «Ом». Вдохнули, сделали задержку и ждете, когда возникнут энергетические ощущения, когда **сила** коснется вас. Как только поймали их, усиливаем, продолжая задержку или начиная пропевание. Кого **сила** не коснулась, просто поет.

Не надо думать, что я изложил какие-то истины. Это просто мои соображения. Можете придумать что-то свое. Например, женщины – ракетоносители и т. д.

WHITE_ANGEL

Почти полночь. Дочитала дневники.

Борода, ты – Гений...

Ты не Борода, Ты – Маэстро, Великий Путешественник Нагваля, Пионер Астральных Прерий...

Вдохновляет ли? И вдохновляет, и возвышает. Поднимает, приближает к Тайне, ее Разгадке... Чтобы не было потом сил остановиться на пути к ее Разгадке. И нет сил оторваться.

И завороженно смотришь в ее Бездну.

Вдохновение и Любовь были тобой в каждом слове.

Бесконечно благодарна за возможность читать, проживать и переживать Такое!

Каждая секунда и каждое мгновение как Вечность.

Борода

Ну что Вы, княгиня! Зачем Вы так обо мне? За что Вы так со мной??

Я не гений и не великий путешественник.

Я просто «пизабол» (© Бодрец).

Обнимаю.

WHITE_ANGEL

Ой, Борода, ну шо ты такэ кажэшь?!

Яка я тобі «княгиня»!

А чому на «Вы», цэ ж так далэко? (непереводимый неместный диалект)

Скромняга. А болишь ты хорошо... Талантливо... Вишь, как меня занесло... Вверх...

Обнимаю взаимно.

Маленькая Фея:

Папа писал:

Борода, диверсант, подбил-таки. Для кого выкладываем? Да хоть для себя!

Да, он такой... Кого угодно подобьет.

Краткие ощущения от ежедневной йоги.

Закрываю глаза. Руки в намастэ. Вдох-выдох. Сразу же вижу круглый диск. Солнце. В рассветной дымке или в тумане. А может быть, полная луна? Я так люблю полную луну. На вдохе в ступни вливается горячий поток, проносится жаркой волной по телу и вихрем вырывается через макушку. Взрыв. На выдохе водопадом, сумасшедшим шквалом падает на меня с высоты. Кончик языка начинает пощипывать. Я чувствую солоноватый вкус, родом откуда-то из детства.

Снова вдох. Раскаленный поток вливается в ступни с такой неимоверной силой, что отрывает меня от пола. Я зависаю на носочках. Тело. Оно проводник. Проводник для этой колоссальной силы, вливающейся снизу, быстро и мощно поднимающейся по позвоночнику и уносящейся вверх, увлекая меня с собой. Где я? Где-то очень далеко сейчас...

Выдох. Обрушивается. Сначала затылок. Но водопад очень широкий. Я ловлю его грудью. Он проходит легкой, но сильной волной через мое наслаждающееся под ним тело, уходит вниз. Я продолжаю стоять. Тело не вибрирует. Поток спускается волнами. Тело отвечает ему. Как дерево, вросшее корнями в землю, раскачиваясь под порывами ветра. Язык немеет уже целиком, пощипывает.

Ложусь в «Шавасану» и понимаю, откуда это ощущение из детства. Такой вкус был у железок в большой прямоугольной батарейке. Такой солоноватый и колющий. Вкус электричества. Внезапно понимаю, что чувствую, как пахнут все вещи, находящиеся вокруг меня в комнате. Я ощущаю запах каждой из них, независимо от расстояния...

Тай

• Раззеркаливание миров

Сегодня пережила очень сильные ощущения. Хочу поделиться.

Я стою в ванной, и вдруг реальность вокруг разделяется на два отражения. Мимо проплывает два изображения: мир, который я привыкла видеть, начиная от ванной (в которой меня нет!), и все остальное – дома, реки, небо и т. д. Это примерно как плоский киноэкран, к которому снизу приставили зеркало. Но изображения не только зеркальные, но еще и движутся в разном направлении. Между ними – полоса, стык. И я вишу как раз в этом стыке, физически ощущая легкое тело в невесомости, в нигде, одновременно наблюдая течение изображений и созерцая ванную, где вроде бы должно быть мое тело. Но его нет!

Я себя очень реально чувствую зависшей между плоскими зеркалами, изображением ванной и всего мира, но себя не вижу нигде. Меня нет! Спасла фраза-выручалочка: «Я доверяю Мирозданию».

Раньше на задержках у меня были раззеркаливания в картинках, но это со стороны, без участия. Был еще момент: несколько дней не могла смотреться в зеркала, уносило в какой-то коридор из глаз в глаза. Брррр! Но сегодня это что-то новенькое, даже не понимаю, как все это пишу... И запомнила же.

КЛУБ «33 ОРГАЗМА» (г. Москва) начинает свою работу. Открытия ____________ (сентябрь 2005)

Маленькая Фея

Недолго я думала, куда поместить впечатления от сегодняшних танцев. Тут им самое место.

Да, таких танцев я еще не видела. Энергетики такой силищи не ощущала. Все стало другим. Зикры другие. Папа и Борода другие.

По залу волнами расплескивается прана, проходит через тела, заполняет пространство. Канон... Что-то потрясающее! Мой любимый зикр. «Ла Иллаха Ил Алла»... Но мы поем его на четыре партии. Женские голоса сливаются, перетекают, уносят. Стая белых птиц поднимается в небо и летит к солнцу.

Другой зикр. На моих глазах распускаются белые цветы... Лотос. Роза.

На вальсовом зикре рядом Папа. Я ощущаю мощную спокойную энергетику. Задержка. Меня словно тянут куда-то. Яркая вспышка. Внезапно чувствую рядом присутствие чего-то колоссального и величественного. Откуда-то приходит слово – ***Сила***. О, это она! Энергия идет снизу не потоком. Это огненный столп сумасшедшей плотности. Я вдруг ощущаю себя на краю *бездны*. Но страха нет. Есть благоговение перед Величественной Мощью! Начинают дрожать колени, хотя у меня уже давно нет вибраций на домашней йоге.

В перерыве делаю несколько шагов и чувствую, как что-то тяжело давит сверху на макушку. Давление настолько реальное, что я с трудом переставляю ноги. Меня буквально прижимает к земле.

Последний зикр. Рядом Борода. До меня доходят теплые, ласковые волны, окутывают, проходят насквозь, идут дальше по кругу... Я жду встречи с *Силой*. Хочу продолжения. И вот закрутило, понесло. Я разлетаюсь разноцветными брызгами... Колени дрожат, подгибаются. Откуда-то изнутри появляются частые-частые мелкие вибрации. Сверху через тело проходит Огонь, струится по рукам, уходит через ноги.

Финал – объятья. С каждым неповторимо! Здесь ощущения никогда не повторяются. А уж тем более – сегодня...

Вадим (Волгоград)

Я себе придумал «объяснялки» – почему именно замедленное до предела выполнение привычной «Сурьи Намаскар» (которую я и так крутил по 10–15 раз в качестве разминки) нагнетает, разгоняет столь мощный энергопоток? И почему именно задержки на вдохе с отклонением головы назад (это изобретение ПаБо) позволяет его так явственно проявлять?

Главным потребителем энергии в человеческом существе является неконтролируемая мыслительная деятельность (или белый шум, или мыслемешалка), которая постоянно несется у нас в голове, привязывая нас к привычной картине мира и пожирая всю свободную энергию, способную разрушить ПКМ. Так вот, выполняя йогу в привычном режиме, почти не удается остановить этот белый шум, поэтому, хотя и происходит некоторое накопление энергии, она мало ощутима. И только очень замедленное выполнение асан с дыханием на грани индивидуальных возможностей концентрирует все наше внимание и останавливает эту «мыслемешалку», в результате чего энергия потоком поступает в наше эфирное тело.

А почему задержки? Энергия в основном вращается в нашем теле по малому космическому кругу (большой, это когда происходит соединение с партнером): от нижней челюсти по центральному нисходящему энергоканалу до копчика, и оттуда вверх по позвоночнику, по центральному восходящему каналу. И когда мы делаем задержку на вдохе, запрокидывая голову, мы как бы запираем обратным замком восходящий поток. И раскрученная предварительной йогой (или танцами) энергия начинает накапливаться. А после выдоха освобожденный поток, вибрируя, радостно взмывает в небеса, унося и наше восхищенное сознание.

WHITE_ANGEL

Думала, в какую тему определить, по сентябрьскому семинару или в дневники. Решила в дневники.

«Опять уж полночь близится... « Глаза просто склеиваются, слипаются, но я все-таки села записать по «горячим» (очень «горячим») следам свои ощущения, впечатления от танцев и йоги после сентябрьского семинара в Москве.

Прочитала, что народ накропал, и села писать, а то сотрется.

Были мы и на концерте после сентябрьского семинара. Не, ну как не прийти?! Мы же так соскучились!

Танцы на следующий день – это что-то... Поддается описанию с трудом... Конечно, обнимали каждого, кого давно не видели... Прижимаешь сердце к сердцу, целуешь и что-то говоришь каждому, а любовь уже витает в пространстве, уже притаилась и ждет...

Начали с энергичной «Бисмиллы», в роковом стиле – живо, задорно! И горячо. Ой, как горячо! Рядом, слева, в радиусе метра – кипяток просто – Борода. Ого, вот это температура! В сердце забурлил вулкан. И пошло, и поехало!

Я не помню уже отчетливо, что за чем шло. Но температура в зале поднялась на несколько градусов точно! Открытые окна не помогали. Ох, и дали жару! Сердце расширялось, и в конце концов на одном из зикров я увидела, как обнимаю своим сердцем всех – до одного! Любовь разжигала вихрь, закручивая, поднимая и накаляя атмосферу до предела.

Я видела эти поднимающиеся вверх вихри-столбы – сиренево-серебристо-голубые жгуты. Они вырывались, проходили сквозь потолок! Я увидела наше здание с улицы, со стороны метро – оно полыхало! Энергетический огонь поднимался над зданием в виде языков пламени! На секунду мне даже стало страшно: а не сожжем ли мы его? Возврат в зал. Слева и справа – мои товарищи-«ветераны». Ох, какие руки – цепочка слилась воедино...

Тела нет, физического тела нет...

Какая идеи..., иденти..., ижентификация... Шо це такэ?

Краем уха слышу – просят перерыв на пять минут.

Ничком, спиной (это где-то сзади) на землю. Туман. Тело сотрясают судороги в области брюшины, снова и снова.

Где я была? Я ничего не помню.

Подъем... Это не подъем – это просто выползание. Девчонки подают руки. Ох, спасибо, мои хорошие!

И стали в ряд Фея, Тай, я, Лена-Заклина и Борода. Ну, вы представляете! В общем, это был единый организм (не очень хорошее слово, лучше – Дух. Да, да, Дух!) А что же мы будем петь? Ой, нет... «А-а-алла, А-а-алла, Ла-Иллаха-Ил Алла».

Все – стон из груди: «А-а-а!», – как крик любви из самого сердца, из самой Сердцевины, из самой сокровенной сущности. «А-а-а» – можно сойти с ума только от одной этой ноты нежности.

С сердца сняли кожу – грудной клетки нет – оно совершенно обнажено, величиной с туловище. Каждый вздох как удар этого сердца. Я чувствую и слышу мысли тех, кто рядом. Нежность обжигала, разрывала Душу на мелкие осколки чего-то, чему нет Названия. Так щемяще... Черпаешь всем сердцем этот Хмель, это Шампанское Любви. Ты в нем, и оно пьянит и обжигает тебя!

Каждый наклон вперед сердцем – еще глоток, наклон – глоток.

И тебя нет, ты уже растворился. Ты – Нежность, Ты – Любовь, Ты – Блаженство! «А-а-а...»

Такого еще со мной не было. Никогда. Куда, куда же я теперь это все дену? Даже если буду одаривать все и вся вокруг, я не смогу растратить – я уже без границ, и я уже бездонна.

Задержка... Сколько же Любви может вместить моя Душа?

Бездну...

Конец задержек... Я наклонилась и медленно села на колени, голова на полу.

Все, абзац! Я умерла и снова родилась...

Я так уже несколько рождений пережила на семинарах и фестивалях Па, Бо и Гая.

А потом еще был замечательный «Я – Хакам».

Обнимания. С каждым – Любовь, с каждым – откровение. С каждым – новый оттенок... Вот Любовь-Нежность, вот Любовь-Ласка, а вот Доброта, а вот Забота («Кошарик, пойдем, полетаем, это совсем не страшно, не бойся», – так я и нарезала круги вокруг нее, пока другая «Я» ее обнимала).

А вот Любовь-Открытие: «Ты кто́ такая?»

А вот Любовь-Страсть... Ядерный взрыв... Нет, несколько ядерных взрывов! Моя Вселенная взорвалась несколько раз – жизнь берет отсчет с неизвестной точки. Ты другая, ты вновь сотворенная...

В чем суть мужской природы? Творить все вокруг, в том числе Женщину. А в чем суть женской? Вдохновлять, вдыхать и растворяться в Нем, родном и Бесконечном.

Зикры закончились...

Но мы еще долго, долго, долго не расходились. Сидели, ходили, обнимались, прощались. Честно скажу, доза принятого на грудь Энергетического Хмеля сильно превышала норму (хотя, а где норма-то? Нет ее, нет и не должно быть).

В общем, пела я еще долго уже после того, как зикры закончились: «А-а-алла, А-а-а-лла, Ла-Илла-ха, И-лл Ала». Кружилась и пела, обнимала всех и пела. Смеялись. Шутили.

Провожали Папу и Бороду... Опять пела. Я не могла остановиться. Медленно шли по лестнице, и я пела на весь мир: «А-а-алла... Жизнь! Как я люблю тебя!»... Зашли в метро. Стояли.

В вагоне я любила даже поручни, за которые держалась!

Экстаз? Да. Продленный в несколько часов. Вот как бывает.

Я не ехала домой, я плыла в Океане Нежности и Любви на лодке Счастья, под парусами Удачи, во врата Свободы и Желания, усыпанная лепестками роз душ людей, с которыми общалась. Плыла в Неизвестное, у которого одно название – Любовь.

У нас в метро можно плавать!

Пришла домой. Вместо кровати – волны!

А утром...

* * *

Йога, 13-е...

Какое счастье, вечером – йога! Ура!

Весь следующий день как на крыльях. Вечером – снова йога!

Люди, делайте йогу! Делайте, люди! Когда угодно, днем, ночью, вечером... Хоть 5, хоть 10 минут, хоть 15. Вы поймете, что это такое.

Делайте йогу, Господа, делайте.

Изнутри – наружу, снаружи – внутрь. И путешествуйте на задержках!

Это надо рас-про-бо-вать! Сказать «вкусно», значит ничего не сказать.

Я опоздала чуток, а музыка уже била в воздух и носила в Неведомое Никуда.

Знаете, очень непросто описать ощущения. В том смысле, что они меняются и переливаются ежесекундно. И хочется запомнить, что на какой асане...

В общем, девиз этой йоги: «Мертв! бджолы не гудуть!» (Мертвые пчелы не гудят!). Второму вниманию посвящается...

* * *

Я почти ничего не ела уже третий день. Я готовилась, я ждала ее (Силу). Я ждала ее приход.

А пришла она незаметно.

Тело нагрелось моментально. Эх, «Сурьи» я захватила тока чуток. Хапнула! Все – мелкая дрожь в мышцах рук и ног. На каждой (!) задержке на выдохе судороги сотрясают тело в области живота. А в позе Собаки (бедная моя «Собака»! во ее колбасило) голова еле держится на том, что в анатомии называется шея. Худенькая, гусиная шейка... Мозг... Не нужен! Отбрасываем.

«Око». Прогиб назад. Удар сверху! Провал. Темнота.

Вертикаль, я все еще вертикаль. Стоять, Зорька! Делаем вдох, наклон... Дрожь... Я никогда не знала, что такое болезнь Паркинсона, но у меня, по-моему, были ее симптомы: все тело дрожит и трясет из стороны в сторону.

«Да не вставляет сегодня что-то, день минусовый», – говорит Папа.

Обалдеть! Как это не вставляет?! Тут уже так повставляло, что вставлять уже просто некуда.

Задержка на вдохе. Я сделаю одну, и все. Замираю. Я больше не в силах.

Комплекс Калабина*. И это на дрожащих ногах, дрожащими руками...

В общем, било меня сверху (чем?) раза три. Сносило с ног.

Я все силилась рассмотреть что-то, ну хоть что-то. Ничего. Темень. Правда, на задержке перед глазами плывет марево – раскаленный воздух. Сдавило уши.

Тело мнет со страшной Силой. Как будто несколько массажистов тебе делают массаж. Ты весь становишься плывущим и жидким. Вокруг тебя что-то желеобразное, какая-то масса. Все вокруг смягчается и растекается...

Ребефинг. В общем, дожали нас.

Вводная Папы: «Никаких истерик». Хорошо, предупредили.

Дышим ртом. Несколько раз была на грани крика.

Задержки на выдохе. Ни секунды покоя у тела...

Выдох, задержка, вертикальные волны – тело бьется об пол.

Ноги в мелких конвульсиях.

Вы видели, как оживляют пластинами электрошока? К груди – удар! – тело подпрыгнуло. Вот это было со мной несколько раз. Удар!

Тело выгнуло дугой. Оно стоит на полу макушкой и пятками. Разряд – упало... Выдох. Горизонтальные волны по синусоиде. Как червячок, на земле извивается мое (мое?) тело.

---

* Владимир Калабин – йог из Новосибирска (www.kalabin-yoga.ru). Ас в йоге, профи высочайшего класса и экспериментатор, фанат своего дела. Оказал на нас очень сильное влияние.

Во многом благодаря его «Сурье», настоящей жемчужине (показанной Володей на нашем первом фестивале «Самара-2004»), мы развили устойчивость к сильнейшим экстатическим энергиям, которые раньше молниями срубали на пол во время задержек на вдохе.

И опять по кругу: выдох, задержка, волны, – разряд! – подпрыгиваешь на полу.

Вдруг в области копчика мелкие-мелкие мурашки, россыпь по коже, и вверх по туловищу волны удовольствия, мягкие и нежные.

Откуда такая волна среди цунами в виде судорог? Откуда?

А как приятно... Животно тепло и приятно...

Полежать не дали... Поднимаемся петь. «Шива-Шакти».

Танцуем. Танцуем? Чем? У меня нет ног, чем переступать? Научите ходить. Я не умею... Руки? Да, руки, ими держат тех, кто рядом. Голос? Что это? Чем петь? Открываешь рот, как рыбка, выброшенная из воды... Женский хор...

«Такого хора в Москве еще не было», – Папа... «Мертв! бджолы не гудуть»... Из последних силенок мы затянули... Посмеялись. Да, надо было нас записать, как мы (хи-хи!) шелестели. Один зикр – объятия.

В основном обнимаю я. Так почему-то чаще всего получается...

Но один раз обняли меня. Вот это силища, вот это да! Провал. Возврат. Провал... Без слов... А девочка одна, она была в Звенигороде на фестивале, обожгла меня своим сердечком, обожгла. Так горячо, так горячо! Ш-ш-ш...

Фею обнимала на коленках. Чем-то уперлись в пол с запрокинутыми головами. В общем, мы, конечно, выжили... Но йога была термоядерной, однозначно! Все очень индивидуально. Меня, как тряпичную куклу, побросали, побросали, помяли, покидали, потом привели чуток в чувство, погладили по головке и отпустили с миром.

Мертв! бджолы не гудуть? Гудуть! Ще и як!

Киев!

Я тебе завидую! В тебе будет семинар Папы и Бороды! Киевляне, во вам щастя привалило!

Зато у нас каждый месяц танцы и йога!

А я буду заниматься, буду!

P.S. Я не знаю, было ли это вторым вниманием. Я не знаю...

Но то, что я прикоснулась к Неизвестному, Мощнейшему Потоку Силы – это факт. Я ее встретила и приняла. Пообщались...

Я не боюсь. Я ничего не боюсь. Жутко интересно, а что дальше?

Поживем – увидим. Люди, а какие я для себя сейчас делаю открытия! Это что-то!

Но это уже совсем другая история...

Bodrec

– Ангел! Ангел! Ангел! – ревут трибуны.

– Открытия! Открывай открытия! Новый век – новые открытия!

Вкуснятинка

Ангелочек, читаю – снизу фонтанчики по спине, по косточкам моим... Вверх, вверх.

По телефону разговариваю (все ж таки – дела-работа), партнеры просто выпадают – говорят:

– Оксан, что у тебя с голосом?

– А что? – спрашиваю.

– Такой мягкий, такой нежный голос. Обычно же «деловая колбаса», «бизнес-леди».

– Смеюсь, – говорю, – я же разная, а вот сейчас настоящая.

Улет, какая реакция!

Хочется идти-идти дальше. Знание огромного – нет, не огромного (это все же мера), – а безмерного пространства. И несет меня, несет.

Работы сейчас море: любимой, интересной, престижной, классной. Только она как-то делается по инерции, одной моей частичкой – и легко откликается на мои желания и мысли. И сделки заключаются, и клиенты прибавляются, крутится все. Но само собой, без огромных усилий с моей стороны.

Ой, Ангелочек, а йога... м-м-м-м-м... как вкусно!

Вот там я – это я, мне йога дарит ощущение себя и Любви. Любовь во мне, в мире, вокруг. Она есть, ее чувствуешь, ею живешь, ею являешься.

Забавно реагируют окружающие – в человеческом обличье...

Ведутся, что ли? Чувствуют что-то? Вижу в глазах часто интерес такой... С недоверием, что ли, вижу вопрос и улыбку, как будто я настраиваю на свою волну.

Или нет, поняла – не так, мы же как радуга, в нас много-много цветов и оттенков. Не плохо и не хорошо это, но, наверное, со мной – звучат одни цвета, другие просто глохнут. Если я светлая – и люди-окружающие такие же. Если со мной грусть и переживания – и люди вокруг так же проявляют себя. Это не субъективное восприятие, это удивительная проявленность: начинают происходить какие-то мелкие недоразумения, люди вокруг некрасивые. В общем, мир мой меняется.

Сейчас лучшее средство – ощущение-воспоминание прекрасных волшебников в Воронеже, праздника. Зикры и всепоглощающая Любовь к миру, к людям. Любовь! Какое всепоглощающее и нежное слово. Каждый раз разная. Любовь во мне, вот только сейчас ощущения от этого мира чуть притупились. В Воронеже кайф был, и краски ярче, и трава зеленее, и небо голубее.

Сейчас я все это воспринимаю, но ухожу куда-то, в себя через себя. Наверное, так надо. ***Отстраненность какая-то, невозвратность.***

Дома – йога, задержки. Немного испугалась чувства, которое потихоньку, по нарастающей, возникло на задержках – сильный поток энергии бьет в голову, снизу... и не находит выхода. Голова тяжелая и гудит, уши закладывает, и все время ходишь вот так – ощущение присутствия здесь и сейчас и еще где-то. Не здесь. В другом месте. Даже испугалась немного.

Борода и Папа успокоили – подгрузили картину: «Переход на другой уровень, не пугайся, бывает».

Потом у Сидерского в «Третьем открытии силы» Вадим нашел описание – такое же состояние, даже покруче: «Энергия в голову, голова тяжелая, вокруг горла как ошейник, мешает дышать – хоть ложись и помирай... Но это абсолютно ***нормально*** (если так можно употребить) – йога перемалывает эту энергию». Отправляет куда нужно, все нормально проходит.

Сейчас «гудеж» прошел.

В группе йоги, когда занимаюсь с нашими девчонками и Вадимом, немного себя сдерживаю. В «Шавасане» (поза отдыха на спине), после йоги все чаще и чаще картинки. Вернее, почти одна и та же, в разных цветах и ощущениях.

И целая бездна разных ощущений, оттенков, цветов... и кайфов.

Картинка повторяется, уже раза четыре одно и то же, похожее.

Вижу себя – не тело, не человек – просто свет какой-то, просто знаю – это я... Перед сферой... Удивительно красивый шар... поверхность движется, перемещается как-то, играет цветами.

Узор на поверхности, безумно тонкий. Он меняется, он течет, перетекает, перемещается, притягивает, завораживает. Цветовые ощущения... М-м-м... Всегда разные. Но Картинка одна и та же. Образ один – теплый золотистый свет с темным узором, другой – темно-красный с фиолетовым. Меня тянет внутрь: или я приближаюсь, или сфера ко мне. Я не могу вспомнить. Я одна, но знаю, что рядом, вокруг, где-то... Есть ощущение присутствия кого-то, не знаю кого. Есть кто-то, кого я не вижу. И не один.

Я вхожу в шар (или он сливается со мной) – опять то же чувство: ***Я больше, чем я!***

Я проникаю в свет – он в меня. Меня нет... Меня нет! И я есть.

Я – это все, весь мир. Не знаю, что это. Вселенная? Мир? Наш – не наш?

Очень быстрое ощущение. Такое быстрое, что я могу его только отследить, но не задержать. Оно очень быстро уходит. Ощущение, что вот только я захочу, и стану любым существом, любым веществом – живым, неживым, – в любом месте, в любом времени... Кем захочу. Нет жизни, нет смерти. Эти понятия – только здесь, на земле, в моем человеческом мозгу. Там – их нет.

Это чувство быстро теряется. Вот как пытаешься сжать в руках речной песок – наберешь в ладошку, сожмешь изо всей силы – держишь, держишь... А песок течет-течет сквозь дырочки между пальцами – и все, нет его в руках.

Просто быть – блаженство, восторг! (Это вот сейчас словами пытаюсь как-то описать.) ***Ты просто есть...*** А-а-а-а!

И вообще, происходит трансформация, что ли, какая-то. Я то замыкаюсь в себе, то распахиваюсь настежь миру, солнцу, людям...

Но одно со мной – в любом состоянии – Любовь. Во мне и в мире, а я в ней.

WHITE_ANGEL

Bodrec писал:
– Ангел! Ангел! Ангел! – ревут трибуны.
– Открытия! Открывай открытия! Новый век – новые открытия!

Бодрейший, приветствую! Спасибо за поддержку. Вот. Мужчины... Им бы открытий побольше! А у нас все на чувствах основано.

Да, это ведь тоже открытия – себя открывать. Свою Вселенную. И открывать, и творить, и познавать.

Просто, когда я пришла на семинар Папы и Бороды, я не думала, что распахну эту дверь настежь внутрь себя. А ее, по-моему, уже с петель сорвало...

Я думала, там волшебство, просто весело и прикольно. А тут такое! Что вот и говорю, времени в сутках не хватает, так много всего открывается.

Хотя ты все прекрасно и без меня знаешь. Удачи во всем!

Борода

Ну, здравствуй опять, Крым!

Стою на волнорезике,
И мир мне этот грезится,
А мимо пролетает Пустота...

Ялта. Массандровский пляж. Шесть вечера. Народу негусто.

Только что прошел легкий дождик, на небе тучки, но уже проглядывают островки голубизны.

+25–26 °С. Спустился на пляж, искупался. Водичка – теплынь, зеленовато-белесая, как будто сильно газированная или разбавленная молоком.

Поднялся по винтовой лестнице на второй этаж волнореза. Какая-никакая, но высота. Да и заграждение скрывает от посторонних глаз. Внизу волны с грохотом разбиваются о нос волнореза. Позади, вверху, над пляжем, виднеется часовня.

Чувствуется дыхание осени, сезон на излете, и красные пляжные зонтики на дощатом настиле, вокруг меня, стянуты шнурами от эспандера. Отчего зонтики похожи на постаревших и сошедших со сцены прима-балерин, в корсете, туго стянутом на талии. На талии Наталии.

Делал йогу лицом на запад, к заходящему солнцу, в сторону Фороса. Почти все с открытыми глазами.

В начале занятия над горами висело оранжевое сияние.

На «Сурье» очень тугие потоки, плотная накачка.

Тело резиновое, гнется и растягивается потоками. На вдохах и вначале задержек ощущение, что шея выгибается колесом. На выдохе поток бьет пружиной и переводит во второе внимание.

На задержках после «Сурьи» выдыхаю и не могу сообразить, что я делаю. Совершаю нелепые клоунские движения, чтоб устоять на ногах. Незнакомые ощущения. И понимаю, что тело делать их вообще-то не может.

Меня не было, а глаза открыты. Точнее, был, но очень далеко отсюда. Пейзаж воспринимается как полупрозрачная вуаль, сквозь которую сквозит, прет то, что «ни в сказке сказать, ни пером описать».

Глядя на море немного сверху и вдаль, а точнее, как бы ***за*** море, ***за*** его объем, замечаю моросящий дождик. Померещилось, может? Тру глаза, моргаю, кручу головой. Косые штрихи дождя остаются, много-много. Под разными углами падают пучки капелек, мельчайших, морось белого цвета. Но морось висит в воздухе, а эти падают.

Дождик праны! А он везде, не только над морем! Просто на темном фоне его лучше видно. Восхитительная штуковина!

Попел негромко. Не стал народ пугать.

Стою с распростертыми руками, поднятыми ладонями кверху. Руки тугие, резиновые, по ним идет поток.

Вспышка осознавания: «Я живу! Как это здорово! И у меня такая классная жизнь! Полная путешествий и приключений. Как в первом внимании, так и во втором. Недавно в Москве, потом в Киеве, сейчас в Ялте. В Москве уже в пруд не полезешь, а здесь я могу купаться, нежиться в ласковой водичке. Прибой, теплые камешки, запахи специй из кафешек. А какое небо! Жизнь обалденнейшая!»

Охватила необыкновенная благодарность миру за то, что со мной это происходит! Вырвалось, полувсерьез, патетически, и полушутя, клоунски:

– Спасибо, ребята! Постараюсь оправдать доверие!

На «Оке», на любимом первом прогибе назад с запрокинутыми назад руками, колбаснуло так, что акробаты на проволоке под куполом цирка отдыхают.

Небо то и дело темнело. Темнота накатывала, дышала из туч, из волн, с затененных гор. Всплывали отголоски недавних ошеломляющих переживаний Пустоты, когда я пошел в Нее. И наполнился Пустотой. Раньше едва касался, заглядывал в Нее, а тут отдался Ей. И сегодня ощущал всей шкурой Ее присутствие.

Подробнее опишем это в новом романе. А пока, для затравки, один из кодов.

Привет от Того, кого Нет Нигде Никогда!

Помедитируйте над этим коаном на досуге. Может, вам повезет, и вы обнаружите необъятное количество смыслов в этом тройном отрицании: «Нет Нигде Никогда».

Подсказка: интересно расставлять разные знаки препинания в этой шифровке. И интонационное ударение – на одно из слов. А если попытаться одновременно осознать две фразы с ударениями, поставленными по-разному, ум вообще станет раком.

Из состояния «Нет Нигде Никогда» я передавал привет жителям Матрицы, миллиардам спящих биороботов с планеты Земля. Какой прикол! Невероятно смешно, когда, зависнув, биоробот пытается осмыслить сказанное! Как будто в этом смысл жизни – найти смысл во всем! Один даже залепил: «Дайте мне смысл, и я переверну мир». Найти смысл, выстроить причинно-следственную связь, запустить застопорившийся внутренний диалог. С-мысл – с мыслями. А без них? А без них Пустота.

Когда очень медленно выдыхал с задержки после «Ока» – предчувствие несущейся лавины. Стало страшновато, что она снесет мою личность. Взмолился жалобным голоском: «Мама! Пощадите!» Почувствовал, как эта Сила сверхмедленно, в режиме покадрового просмотра, опускается. Опускается неотвратимо, безличная, отрешенная Мощь. И входит, и растворяет меня. В Пустоту. А будет ли что-то потом? Этого никто не знает.

Открылся Ей все-таки, сдался, но не до конца. Мостики-то не сжигаем, лазейки назад оставляем.

Звуки исчезают, изображение застывает. Меня нет, и ничего нет. И в полной тишине-пустоте, как в коконе, невыразимо медленно творю наклон – целую жизнь и смерть – наклон к полу. Странно, в этот раз наклон без вибраций! Обычно они столь сильные, что на следующих движениях, когда надо задрать ногу вверх, тело качает и трудно держать равновесие.

Вот парадокс: меня нет, и ум молчит, а все делаю осознанно. Отточенно, как по струнке, выполняю наклон! Четко расставил ноги, нашел стержень равновесия, прижался-присел, упаковал куда-то весь этот беспредел... Офонареть можно!

Парадоксы второго внимания:

- Быть в двух мирах одновременно. И равновесно. Осознавать себя и там, и здесь.
- Творить невообразимые, невозможные вещи и управлять этим.

От этого принципиально другое качество Экстаза. Более объемное, целостное, более многомерное, что ли.

Розовые оттенки на небе, лиловатые. Облака синеватые, рваные.

Когда закончил заниматься, уже стало темнеть.

Справа включился маяк. Красными огоньками он передавал мою Любовь.

Вознаградил себя за йогу, точнее, свой загрустивший от безделья за день желудок, отменным спелым инжиром. Маяк мигнул, сигнализируя о любви желудка ко мне.

Тай

Любуюсь закатом из окон автобуса. Дорога Жизни, поля и луга пролетают перед моим взором. Вдруг, не понимая, что делаю, прошу остановить водителя прямо среди этой «под-Питерской» красоты. Пробираясь сквозь траву по пояс, бегу навстречу закату, раскинув руки...

Свобода! (А к маме я и через поля могу дойти.)

Выхожу на дивный луг, мягкая травка, нежный ветер, вечерняя «Сурья» на закате! Спасибо, жизнь!

1-й круг – тело легкое, радуется.

2-й круг – глаза не закрываю, солнце на горизонте танцует со мной рок-н-ролл, сила мягко и надежно опускается, я чувствую, как жар окутывает меня снаружи, а внутри льются потоки, как раскаленная лава. Ой, хорошо!

3-й круг – тело двигает горячий ручей внутри меня, можно не концентрироваться на движениях... Мягкий перекат от сине-розового неба через золотые ветви деревьев к зеленой траве. Как это красиво! У меня от этого переживания красоты и счастья выступают слезы на глазах.

Продолжаю делать йогу. Энергия закручивается плотнее, и я знаю, что скоро картинка изменится. Я не подгоняю специально это состояние, просто наслаждаюсь моментом «здесь и сейчас»... Мое тело – уже податливая волна. Двигающиеся по своим законам лучи солнца удлиняются до земли. Над полем ветер закручивает вихри... И я, расставив руки в сторону, начинаю рассеиваться. При этом остается состояние целостности, и Сила, Силища наполняет меня, ведь Я – ветер! Мощный ветер. Я раздуваюсь над землей – нет мыслей, есть только полет и вихрь, и мое сильное, легкое тело – тело Ветра. Раздуваясь по полям и лугам, я набираю силу и...

Картинка растворяется, вынося меня куда-то в запределье (для человеческого восприятия, ветру все равно где дуть)... Возвратилась в сознание я не сразу, пребывая в каком-то пограничном состоянии. Меня возвращал какой-то знакомый писк. Медленно, как мне казалось, через кисельные реки, что-то стало проясняться. Звук – ага! – от кого-то SMS. Я – ага! – стою. Надо же – даже не упала! Надо же – в позе горы застыла! Возвращение было смешное, и веселая SMS от друга приятно порадовала. Да, я растянулась на травке, какие уж тут задержки, раз ***такая*** йога. Жалко, что сегодня уезжать, очень полюбилось за час мне это осеннее поле...

Но пришлось мне на поле все-таки вернуться. Добравшись до маминого поселка лишь по интуиции, вдруг обнаружила, что верный друг – телефон – остался там, в поле, отдыхать дальше. Я, конечно, расстроилась, ведь в нем осталось столько милых сердцу номеров друзей и SMS, и розовый дракончик – подарок на защиту меня, любимой.

Мама, видя мое состояние, предложила героически сбегать и найти телефончик с дракончиком – перед поездом есть еще сорок минут.

Ну и что Вы думаете? Конечно же нашли! С Симоронскими песнями, стихами мы шли в неизвестном направлении по пояс в траве и просили поле вернуть мне потерянный телефон, ведь ему без меня одиноко. В один момент меня утянуло в сторону, к зарослям ромашек (не помню их там раньше), и под ними лежал мой красавец, радостно подмигивая – нашелся! Объяснять невероятную находку через ПКМ было некогда, поезд мог уехать без меня. Убегая, я еще раз поблагодарила поле за волшебный вечер.

WHITE_ANGEL

Ночь. Поезд мчит меня в Казань. Я в той самой «щели между мирами» (ну вы помните)...

Мысли роятся в голове, мысли и ощущения.

Открытия, открытия. Бодрец чего-то там... про открытия. Ну вот, очередь дошла и до открытий. Конечно, возможно, это просто мои глюки, но, в общем-то, все вокруг – глюки, правда? А это забавные глюки. Наши глюки не для скуки!

Яснослышание. Это открытие? Фор хум хау*...

Ну, вот для меня – да, наверное, открытие. Снится мне однажды сон: я сначала слышу мысли людей, а потом человек это же говорит вслух. Одна и та же фраза звучит дважды. И так с целой толпой людей...

Потом это стало проявляться в Матрице. То есть это было и раньше, но я так четко это не видела, не замечала. Человек думает – я слышу. Потом он начинает это говорить, а я уже понимаю, что он произнесет. А иногда он не произносит. Так забавно!

И так радует (и не зависит от того, что о тебе думают, почему-то). И уже не удивляет! А чему удивляться? Яснослышание – норма жизни! Я думаю, что когда-нибудь мы перестанем говорить, достаточно будет только молниеносной мысли, и все! Ну и эмоций, чувств, конечно! Но скрыть мысли будет уже трудно.

Да, это неудивительно. Но для меня это все же открытие. В метро тяжеловато – такая толпа, суета, оглушает.

---

* Есть такой анекдот. Встречаются двое: «Вот тайм?» – «Хаф паст сикс» «Соу мач?» – «Фор хум хау». – «МГИМО финишдг» – «Аск...»

А видеть прошлые жизни, понимать, осознавать, кем ты был раньше, а может и не раньше... Это открытие? Для меня – да. А когда кто-то видит тебя в другом воплощении... Меня увидела Ай и спросила... Что мне оставалось делать? Да, была я там, была. Но ее я все-таки не помнила и не узнала. Во Ай дает! И Тай тоже. Недавно только делились об этом впечатлениями. Понимая смысл прошлых воплощений, ты понимаешь, кто и зачем ты есть сейчас. Последнее – тибетский монах, а еще одно – индийская танцовщица в гареме у падишаха. О-о-о! Во разброс, не соскучишься!

Немного грустно. Я понимаю, сколько лет моей душе. Я такая, м-м-м... немолодая.

Вот зачем я здесь и сейчас. Для меня это открытие.

А открытие Любви (я сейчас имею в виду в самом широком смысле)? Ты вдруг растворяешься. И все. Тебя нет. ***Ты то, что ты любишь.*** Или кого...

А вот превращение в других существ? Это открытие? Животных, например.

А встреча с близким, тем, кто ушел навсегда?

А когда к тебе в гости приходят? Это открытие? А налицо реально-физические ощущения или реакции...

А вот это: «Как сладко жить!» – это открытие?

А отлететь, зависнуть рядом с Луной и смотреть на Землю сверху, как на разноцветный, туманный шарик... Это мы так однажды через Третий глаз обнимались. Кстати, сразу после Воронежа... Это открытие? Глюк?

А потеря человеческого облика...

Подруга почитала, чего я тут карябаю, и говорит: «Я открыла тебя с неожиданной стороны». Я открываю, меня открывают. Пусть это почаще совпадает.

Калейдоскоп. Пестрит. Переливается. Как много всего в этом подлунном мире. Или мирах... Как сладко жить! Как сладко!

Bodrec

WHITE_ANGEL: писала:

Это открытие? Фор хум хау...

Открытие – это когда крыша приподнялась и съехала в сторону. И из-под крыши открылось прежде недоступное. Открытие – когда есть чего самой посмотреть и другим, кому доступно видеть, показать. Чтобы увидеть открытие другого, надо чтобы и самому собственная крыша обзор не перекрывала.

Вкуснятинка

Открытия, открытия...

В том-то все и дело, что не знаешь, то ли ты уже сделал это открытие, то ли и так всегда это знал, но просто ***забыл***...

Цирк сплошной. У меня постоянно сейчас чувство такого ***жадного вспоминания***. Процесс перманентный: то затухающий, то раскручивающийся. То, что сейчас для меня новое, оставляет впечатление того, что я это уже знаю или знал. И все время ощущение дороги, пути, движения. Даже не по своему хотению, несет просто.

Ангелочек, вот только не пойму я: мы все похожи, и есть в каждом что-то такое, самое глубокое, первозданное, одинаковое? Или у каждого свой путь к этим своим открытиям, свое видение, свои ощущения?

Бодрец, как считаешь?

Ангелок говорит, что мысли людей видит, а я вот по-другому их знаю. Какой-то орган чувств новый: я могу почувствовать, о чем думает человек, что сейчас чувствует. Может, это Анахата, а может, еще что-то, но в центре груди возникает это. Как моторчик работает, что-то вращается, разогревается и ***цвет***!

У меня все эмоции-чувства через цвет. В голове возникает ощущение цвета. Уже говорила, у каждого свой цвет: есть постоянный – личный, а может меняться от настроения человека. Наверное, это не аура.

Bodrec

Вкуснятинка писала:
Не знаешь, то ли ты уже сделал это открытие, то ли и так всегда это знал, но просто забыл...

Открытие. Это открытие. Потому как на время забытья забытое знание недоступно. То есть крыша в виде ПКМ разрослась настолько, что уже чердак и верхние этажи под себя подмяла.

Вкуснятинка писала:
Цирк сплошной... Бодрец, как считаешь?

Так точно. Он самый. Цирк. С клоунами. Клоуны бывают Рыжие и Белые. Для кого-то смешнее Белые, для кого-то ближе Рыжие. Немногие знают, что они часто меняют краски.

Маленькая Фея

Крым. Необыкновенное место по красоте и энергетике. Особенно если оказываешься там после потрясающих танцев, зашкаливающей йоги и уносящих в неведомое объятий. Сама природа настолько щедро делится своей силой, что потребности в пище, несмотря на купание и переходы через скалы, практически не возникает. Первый раз в Крыму без крымского вина и портвейна. «Ребята, зачем же вы тащите полные рюкзаки? Такая тяжесть! Здесь и так можно оторваться! Да еще как!» Правда, 100 г Пино-Гри было все же выпито мною в одном из ресторанчиков в последний день. Удивилась сама, что это получилось у меня...

Щелчком пальцев было материализовано интернет-кафе в Балаклаве. Однако с мест наших стоянок выбраться в город было далеко не просто, такое путешествие заняло бы целый день. Поэтому я от него отказалась.

По узкой скалистой тропке с рюкзаками – это ли не романтика? Особенно если идешь, делая пранаяму. Замечательный способ еще – на пять шагов делать глубокий вдох, на следующие пять – полный выдох. Скоро появляется ощущение, что у тебя на ногах сандалии с крылышками, как у греческих богов. Главное – в этот момент не совсем опьянеть от потоков, которые делают походку летящей, лицо – сияющим, а в груди разливают гармонию и любовь ко всему сущему.

Батилиман

Места наших стоянок так или иначе были возле мыса Айя.

Вначале мы остановились в местечке Батилиман. Море, скалы, можжевельник... Вечером первого дня иду делать йогу. За мной внимательно наблюдают две чайки, расположившиеся на большом валуне. Глаза открыты. С каждой задержкой небо меняет цвет. Из сочного ярко-голубого становится серым, потом окрашивается в розовые тона. И в тот момент мне уже довольно трудно понять, отблески ли это предстоящего заката или что-то другое...

А делали ли вы когда-нибудь йогу под полной луной? Как передать ощущения единения с ночной природой, прыгающей при пранаямах, подбадривающей шумом ночного прибоя, окутывающей теплой крымской ночью? Небо остается черным, но на нем появляется четкая белая пунктирная линия, ведущая прямо к круглому диску.

Йога под ясным голубым небом. На первой же задержке вижу зависшие вокруг меня капельки праны. Постепенно их становится больше, они сливаются, переливаются на солнце. На небе, как на воде, появляется рябь. На задержке оно сворачивается в спираль над моей головой. И вот на нем появляется четкий черный пунктир, ведущий к солнцу. Следующая задержка. И на ясном небе появляются тучки, такие темные и объемные. Еще задержка. Ого, тучки-то стали багровыми. И в этот раз я точно знаю, что нет никакого заката. Как, впрочем, и тучек. Хм. Небо-то ясное.

Инжир

Перебрались на стоянку по другую сторону мыса. Живописное местечко под названием Инжир. Вокруг сосны. Иду делать йогу. Воздух пьянит и без задержек. Легкий ветер с моря колышет мое тело, ставшее невесомым, как перышко. Солнце входит в меня... Понимаю, что буду делать йогу с закрытыми глазами, потому что созерцание этой красоты отвлекает от наблюдения за ощущениями. А они есть, да еще какие...

На задержке после «Сурьи» в области солнечного сплетения вспыхивает Огонь. Жар волнами расходится по телу. Я – Солнце. На каждой задержке сердце сладко замирает, как при крутом спуске. Анахата становится такой же огненной. Дышу носом. На выдохе – частые вибрации, расходящиеся из Манипуры. «Око». Прогиб. Задержка. Несусь вперед с космической скоростью, уши закладывает. Еще прогиб. Над головой разливается бело-серое небо. Все ощущения собираются в области затылка. Меня тащат через затылок, твердо и настойчиво. Мелко-мелко трясут за затылок. «Уддияна Бандха»*. На задержке просто растворяюсь в воздухе, исчезаю в солнечном свете. Ветер разносит меня по побережью. Открываю глаза. Осматриваюсь. О, я все же здесь! Стою.

Йога рано утром. Потоки сумасшедшей силы. Отрывают ступни от земли, обрушиваются, сбивая меня с ног. Ощущения аттракциона типа американские горки: подъем на огромную высоту с безумной скоростью и головокружительный спуск вниз. Захватывает дух. Восторг!

Вибрации, вибрации. Стягивает грудь и давит на горло. Прогиб. Задержка. Несусь прямо навстречу солнцу. Скорость огромная.

Все ощущения снова собираются в области макушки. Я вырываюсь оттуда, поднимаюсь, но невысоко. Говорю себе, как код:

Хочу полетать!

Тяну себя вверх, резко поднимаюсь, вижу зеленую долину, маленькие домики среди деревьев. Я поднимаюсь все выше и вижу все отчетливее. Вот я уже на смотровой площадке.

По морю плывет экскурсионный катер. Подлетаю, хочу прочитать название, но не удается. В голове, однако, две версии, которые не могу проверить, так как подзорной трубы у меня с собой нет. Снова вверх. Вижу горы, сосны... Среди них – ярким пятном оранжевая палатка.

О, случайные туристы, проходящие мимо, не знаю, что вы испытывали, но вы не могли пройти мимо просто так, не

---

* «Уддияна Бандха» (брюшной замок) – йоговское упражнение. Исходное положение – стоя, ноги шире плеч, руки упираются в бедра около колен.

Наклониться вперед, сделать медленный выдох, втянуть живот и задержать дыхание насколько возможно. Голову опустить, чтобы подбородок упирался в грудь (шейный замок), мышцы промежности сжать (корневой замок).

Когда появится потребность вдохнуть, сделать довыдох (выдохнуть еще немного воздуха) и медленно расслабить мышцы живота, одновременно наполняя легкие воздухом.

могли не найти повод не вернуться, не взглянуть хотя бы одним глазком искоса. Какая сила тянула вас ко мне? Какое название ей?

Знаю, что дома, в закрытом помещении, после занятий на природе, ощущения должны быть очень мощными. Природа вложила в меня свою энергетику, свою силу. И все это теперь во мне. Пространство квартиры ограничено, и этому негде раствориться здесь. Делаю «Сурью» и «Око». На языке – соленый вкус электричества. Через тело проходят огненные струи. Трясет как под напряжением 220 В. Снова ощущения, которые никак не бралась описать. Стоя на полу, чувствуя свое тело, проникаю вперед и где-то оказываюсь. Причем одновременно ощущаю себя и там, и здесь. Вокруг пустота и темнота, но я ощущаю окружающее меня пространство. Передо мной – Бездна. Я на самом краю. Не все, что чувствую, пока могу описать. После йоги долго не проходит заложенность в ушах. Крупные мурашки бегают по затылку. Долго не могу вернуться... Думаю, что продолжение следует. А как же иначе...

Тай

Вкуснятинка пишет про жадность до открытий. Я помню, что после знакомства с Папой и Бородой вывесила плакат в комнате: ***«Вспомнить всё!!!»*** Папа еще очень веселился: «Ну-ну, экстрим по полной»... Открытия постепенно – это интересно, это игрушка, со всякими нюансами и оттенками. То я вспоминаю прошлые жизни, круто! То я попадаю в мир матрасиков или на планету радужных оболочек, то я стрекоза или огнедышащий дракон. Или открываются «суПЕР»-способности, всякое ясновиденье и слышанье, то приходят разные (?) – что-то объясняют, посылают лучи из Третьего глаза. В общем, обхохочешься!!!

Но когда попадаешь в состояние: ***«Я все знаю. Я все помню»***... Состояние вне времени, вне пространства, вне Я (привычное ощущение себя)... Когда после этого утираешь слезы хохота, рождается вопль: «И дальше-то как?» И опять забываешь, чтобы было что вспоминать. Это мое. Может, у кого-то по-другому, но я громко возмущалась. Не наигралась, наверное, как же! Я только начала воспринимать мир шире: то я звук во Вселенной, то цветная волна, то Все и я неразделимы – а тут взяли и все обломали: ***все знаю, все помню.*** Кино закончилось. Захотелось подзабыть чуть-чуть.

Вот так у меня забавно теперь: многое подзабылось, делаю йогу и радуюсь любым изменениям. Кстати, подзабылось у меня довольно много, это несколько мешает в матрице, перестаралась! Закрылись тонкие чувства. Зависание где-то посредине. Подгружаю себя, что это выход на новый виток открытий.

Ленуська Энерджайзер

Привет, народ! Хочу поделиться с вами впечатлениями о поездке на Царев Курган.

Погода стоит замечательная, хочу выехать подышать, йогу сделать. Но то я все на работе, то обстоятельства не пускают.

Это для нашего брата, конечно, гнилые отмазки. Намерение запущено, а я не еду... Думаю – значит, либо для меня лучше в другое время, либо в другое место, либо чересчур сильно хотела, либо еще что-то в этом роде, но намерение подтверждаю. И вот я наконец-то выходная, и погода замечательная, собираюсь стартануть. Муж спрашивает, куда я поеду. Я говорю, мне надо повыше, чтобы Волгу видно было, не очень далеко и чтобы людей не было. Он говорит: «Ну это на Царев Курган, только я не знаю, как туда на машине заехать».

О! Царев Курган! А я про него и забыла! Ганеша! Он же там был! Звоню Бодрецу, прошу телефон Ганеши. Сама думаю, клево было бы с ним съездить. Раздается звонок – Ганеша сам звонит и говорит, что готов ехать. ***«Так!»**** Уже в машине он мне рассказывает: «Сижу на работе, ни о чем таком не думаю. И вдруг понимаю, что очень хочу срочно поехать на Царев Курган. Звоню Парящей, Сказке и Бодрецу. Бодрец говорит, что сам не может, но только что звонила Ленуська и хотела с тобой на Царев Курган, звони ей. Я за 10 минут собрался! Ну, ты меня зарядила!» В итоге мы поехали вдвоем, больше никто не собрался.

---

* «Т а к» – это сигнал поддержки, «согласие мира». Техника «так-ов» подробно описана в книге «Фейерверк волшебства».

Приехали. Зашли на храмовую территорию, за которой расположен Курган, буквально несколько шагов – и мы ощутили какую-то Благодать и умиротворение. Хорошо! Ганеша говорит: «Давай помедленнее пойдем». Чем ближе подходили к Кургану, тем сильнее у меня было ощущение онемения и расширения в правой руке. Все вокруг было как бы в голубой дымке. Курган был изрыт у подножья, но все равно от него исходила какая-то древняя Сила. На вершине стоит православный крест высотой метров 15, золотого цвета. Он виден далеко на всю округу и горит на солнце. Стоим с Ганешей на вершине. Видно всю Самарскую Луку, красиво! Можно даже ничего не делать, Поток и так ощущается, повсюду капельки праны, тело мякнет. Решили немного посидеть, адаптироваться.

Сижу и через какое-то время не понимаю, ***где*** я сижу, то есть мягким местом чувствую землю, вижу красивую панораму вокруг, но в то же время ощущаю себя сидящей в подвешенном состоянии в неком пространстве. Да-а, а мы еще йогу не делали... Решили начать.

Встали под крестом. «Сурья Намаскар». Поток мягкий, ровный, но очень плотный. Картинки идут красивые, но пока ничего необычного, только вот сочетания золотого с фиолетовым я в других местах не наблюдала. На прогибах назад такая Вселенская Любовь переполняла, сердце стало огромным, думала, сейчас меня разорвет или расплавит. Ганеша в эти моменты видел разливающийся розовый свет.

«Око Возрождения». Опишу только видео. На вдохе чувствую, что стремительно увеличиваюсь, стала выше креста раза в два. Ганеша, как потом выяснилось, тоже испытывал ощущение расширения. Крест почему-то стал голубого цвета и сквозь него проходит сноп бело-голубого света. Думаю, наверно, это из-за его свечения крест в голубой превратился. Потом на небе искорки зажглись, как будто я средь белого дня звезды увидела. Удивиться не успела – голубая вспышка залила все вокруг, и передо мной в пустоте возникла большая золотистая сфера, внутри которой очень медленно вращалась темно-синяя пирамида с голубым лучом из вершины. Думаю, ну здрасьте, привет из Египта! И вернулась. Валяюсь. Даже в кайф. Давно не падала, дома-то так не вырубает.

Оказалось, люди все-таки были, но нас почтительно не беспокоили и не шумели. Ходить мы с Ганешей так сразу не могли, поэтому сели, облокотившись друг на друга спинами, и делились испытанным. Ганеша сказал, что Курган и есть древняя пирамида, и Крест не зря здесь стоит – мы как раз на ее вершине. Я спросила, видели ли люди мой «полет», он ответил: «Скорее всего – да, а вот твои наклоны вперед после прогибов точно видели и думали, наверное: „Вот напоролась-то девка, а еще молиться пришла!"».

Уйти с Кургана никак не могли – не хотелось. Но нужно было уже ехать на зикры в клуб. Уходя, попили воды из родника и товарищам в клуб набрали. Тут опять зависли. К Кургану несло энергетическое течение, влекло пойти опять. Мы немного «потанцевали», как Люба Рыкель: шаг к Кургану, шаг к машине, – и с мыслью, что скоро еще приедем, пошли к машине. Оказалось, мы пробыли там почти четыре часа!

На следующее утро. Я отключаю звук у мобильника, когда делаю йогу. Смотрю – Ганеша звонил. Перезваниваю, он спрашивает:

– Лен, ты случайно йогу сейчас не делала?

– Только что закончила, а что?

– Да я за рулем был, вдруг меня накрывать начинает, да все сильнее, и такая Любовь Вселенская накатывает, что пришлось остановиться. Так и знал, что это ты йогу делаешь.

Вот такие дела.

Вкуснятинка писала:

Ангелок говорит, что мысли людей видит, а я вот по-другому их знаю. Какой-то орган чувств новый: я могу почувствовать, о чем думает человек, что сейчас чувствует. Может, это Анахата, а может, еще что-то, но в центре груди возникает это. Как моторчик работает, что-то вращается, разогревается и ***цвет***!

У меня все эмоции-чувства через цвет. В голове возникает ощущение цвета. Уже говорила, у каждого свой цвет: есть постоянный – личный, а может меняться от настроения человека. Наверное, это не аура.

Абсолютно с тобой согласна, это не аура. Я тоже вижу людей в цветовой оболочке и думаю, что этот цвет, наверное, передает информацию о личности человека, а внешние меняющиеся от настроения цвета – это эмоциональный фон. Сначала я видела только один цвет, позже стала видеть послойные цветные круги, как в разрезе. На данный момент вижу четыре слоя. Знаю, что их больше, но пока это мой предел, с этими четырьмя еще не доразобралась.

В центре круговых слоев у всех ярко-белый свет, который я называла сердечником, т. к. он внутри. Он у всех разной толщины, для себя его называю Потенциалом. Чем он шире, тем лучше. Видела, как перед смертью у людей он становится тоненьким, как ниточка. Тягостно, что поделать с этим ничего не могла. Да и не нужно это, наверное, ведь те, кто умирают – хотели умереть, пусть и не осознанно, это их выбор. Во всяком случае, физическая смерть, говорят, более приятное переживание, чем рождение. В сущности, это же тоже рождение, только в другую сторону – Домой!

Еще к цвету добавляется звук. Потом разобралась, что это частота вибраций. По ним можно определить, какими скоростями человек владеет. Волшебников, явных или потенциальных, чуешь сразу! Высокий прозрачный звук «р-р-р-р-рь!». Но он тоже различается оттенками. И цвета у них, скорее света#, то есть они живые и светятся изнутри, переливчатые, подвижные! Чем ярче, насыщеннее и прозрачнее цвет-свет, тем выше частота вибраций.

А у матричных людей – в основном тяжелое «вау-вау-вау» и цвета непрозрачные, вязкие, порой вообще тусклые. От одной дамы было противное ощущение, будто я в банке с клеем, потом два часа под душем реально отмывалась. Общаясь с ними, приходится снижать скорости, иначе они даже простые слова не успевают осмысливать и просят объяснить еще раз, это изматывает. Но зато если человек начинает понимать, то просто кайф какой-то. Когда ощущаешь, как его скорости постепенно набирают ход, и себя потихоньку отпускаешь, наслаждение, как будто наконец-то снимаешь обувь, которая тебе мала на два размера! Или как будто вынужденно говорила очень медленно, сильно растягивая звуки, и наконец-то перешла в нормальный режим. Но это происходит не всегда, с теми, кому ничего не надо, я и не напрягаюсь – играю роль.

Попробуй, если хочешь, настроившись на цвет, услышать звук. Звук и цвет – одно и то же, только длиной волны отличаются. По поводу моторчика. Да, есть такое ощущение. Женщина ведь сердцем видит. Ощущение моторчика, как я думаю, появляется из-за того, что ты перестраиваешься со своей частоты на частоту вибраций другого человека. Если цвет и свет видишь, то и звук обязательно услышишь, у него же волна длиннее и скорость ниже, но это если хочешь, конечно.

А насчет мыслей, я их не вижу, но чувствую. Иногда просто знаю. Иногда, особенно если близко с человеком нахожусь, они появляются в моей голове. Пока не научилась сортировать (а это не так уж сложно оказалось – просто посмотри на близстоящих людей, почувствуешь сразу, чья мысль), автоматически воспроизводила эти мысли или сразу отвечала на них вслух, чем шокировала людей... И себя тоже. А мысли разные бывают, поэтому теперь сначала «фильтрую базар»!

Ты пиши все, что чувствуешь. Папа говорит, это двигает дальше, к новым ощущениям – он прав. Я понимаю, о чем ты пишешь, даже то, что между строк, что словами не выражается. Видно, у нас схожее мировосприятие. И столб бело-синего Огня на зикрах всегда вижу. В общем, ты молодец! Пиши, не останавливайся. Удачи!

Вкуснятинка

Спасибо, Солнышко!

Твои слова – как восход солнышка, как начало дня нового, как свежий ветерок с моря, как аромат цветка в поле, как ощущение красоты неба над головой – то, что дарит радость и ощущение дороги – движения, и Любви!

Да, я теперь хочу слушать звук... Попробуем.

Маленькая Фея

Здорово пишете, девчонки! Одно удовольствие вас читать.

У меня есть версия по поводу моторчика. В чакрах энергия движется по кругу. Особенно это в Анахате ощущается. Поэтому с пробуждением Любви и Огня в груди такой супердоворотик и ощущается.

Кстати

Крым. Ялта.

Наконец-то это случилось и со мной! Вот я и попала на долгожданный семинар. Все, о чем раньше читала, так и есть... Могу понять только сейчас. Это надо только прочувствовать на своей шкуре.

Пусть нас было немного, но какое же это счастье оказаться в кругу единомышленников. Ваши глаза, такие лучистые, любящие, молодые, до сих пор не отпускают, завораживают. Вот что значит посмотреть на кого-то его же глазами! Столько новых ощущений пронеслось *за каких-то два дня*. Это лавина. Как снежный ком, все мощнее, и вот уже только грохот и гул. Шквал! И снова хочется встать в круг, закрыть глаза, тут же ощутить вибрации в ладонях и услышать хор голосов, сливающихся в единое целое. Инь и Ян, мужское и женское начало... *Это* можно называть как угодно, но вот встретились два начала, слились в огромной любви и зарождается еще одна жизнь!

Борода

На семинаре в Ялте Полина, вначале довольно скептически реагировавшая на происходящее, на третий день семинара, блестя глазами, поделилась красивым озарением, на которое ее подвигли Любины шедевры:

Я есть Бог, осознающий все игры сразу.

Вездесущий Бог разделился на всех людей. Он во всех нас, и он играет. Каждый человек – это отдельная Игра, от которой Бог получает удовольствие.

Если осознать, что ты – это Бог и, как Бог, ты ведешь не только свою Игру, но и одновременно Игры всех людей (Борода добавил: «Не только людей, но и всего сущего»), то какова же степень наслаждения от этих Игр! Все Игры Бог осознает одновременно. Отслеживает их и все те взаимосвязи между ними, которые мы не можем видеть.

Развил эту идею дальше.

Бог осознает не только как многоликий актер, но и как сценарист и главный режиссер. Он строит эту глобальную МегаИгру.

Далее, если допустить существование параллельных миров, в которых в каждый момент времени реализуется бесконечное множество сценариев развития событий (а если я допустил, то Бог в моем лице уже материализовал эту возможность), то Бог балдеет и от огромного множества Игр, которые потенциально ***могли быть*** сыграны мною и всеми остальными участниками.

Дух захватывает от грандиозности замысла!

Размышляя над этим, вывел заповедь: «Истинно говорю вам: Бог – самый главный кайфушник!»

Кратко сформулировать можно так:

> Бог есть Я, осознающий Игру каждой частички себя и коллективную Игру всех своих частей. **Я наблюдаю, как я пытаюсь постичь самого себя.**

WHITE _ANGEL

Вкуснятинка, дорогая, я абсолютно на все сто согласна. «Жадное вспоминание» – это точно стопроцентно. Просто взахлеб и все время. Сушит. Дальше, дальше, дальше! Я же говорю – дверь с петель сорвало. И оттуда поперло! И у каждого по-своему.

Мы все похожи? Да, мы одно. Просто нас всех по частям разделили, чем-то личным обозначили (личность – это ведь нечто временное и преходящее). И в этом изюминка, кто-то сверху смотрит, развлекается. Мы тоже можем развлекаться. И смотреть...

Пишешь ты очень чувственно, и, Лена права, читается между строк гораздо больше, нежели в строках. Вот две строки, а между ними столько информации идет через что-то. Я не знаю, через пробелы или через волны. Просто она шифруется внутри текста, и если перечитать несколько раз и раствориться в тексте, можно понять состояние человека, войти в него, почувствовать его и его настроение. Передаются чувства-эмоции-ощущения и т.д. и т.п.

Ленуська-Энерджайзер совершенно замечательно написала. Читала, оторваться не могла! Вот и получается: сходные ощущения у каждого идут, преломляются через индивидуальность и с учетом этого выливаются вот в такие замечательные письмена.

Я, честно говоря, про слышание хотела удалять из сообщения, но потом вас почитала и подумала: «А пусть останется!»

Цвет в ощущениях присутствует постоянно. Наверное, он воспринимается в первую очередь. Скорость восприятия и общения очень варьируется с учетом того, с кем общаешься. С Волшебниками, особенно с кем близко общаешься, – молниеносное взаимопонимание. А за некоторыми только и поспевай.

Для тебя это что-то новое: «Ой, а у меня вот что, а еще вот что», – а это уже давно пройденное. Но очень продвигает, когда за кем-то тянешься, так захватывает и уносит.

И еще. Писать надо! Я поняла – ничего как-то обозначать и определять не надо. Просто выписываешься, описываешь ощущения, никак не называя. Это есть и есть, и хорошо, а если еще и удовольствие доставляет – самый класс! И наслаждайся! Это я, наверное, для себя больше пишу.

У меня давно еще, очень давно, возникало интересное ощущение от наблюдения за своей человеческой судьбой жизнью с точки зрения беспристрастно-фиксирующего наблюдателя, как будто сверху... И я как бы отстраненно записывала в какой-то мысленный блокнотик чувства, переживания, события, людей (это самое интересное!) и анализировала. Когда события складываются по какому-то человеческому сценарию, это немного удивляет. Сначала включается эмоциональный фон, потом начинаются эмоциональные реакции (человеческое), потом идет анализ и понимание какой-то предопределенной логичности всего. Возникает вопрос о предопределенности и непредсказуемости самосоздания, то есть на сколько процентов предопределено и насколько изменимо... Я понимаю, у нас, волшебников, конечно, все по-нашему, как хочется нам. Но как бы это сказать... Есть что-то типа Судьбы.

То есть ты сам себя воспринимаешь как, извините, лабораторное существо. Извините... Сейчас вот идет деление на человеческое-нечеловеческое (я не знаю, что это), на женское-мужское и т. д. Такое ощущение, что ты – матрешка, и внутри слой в слое... Ты и здесь – в здесь-сейчас – и где-то еще можешь быть. И оттуда отстраненно наблюдаешь, оцениваешь.

То есть получается единство и противоположность Тебя Очень Взрослого и Тебя Очень Маленького в смысле общего состояния и ощущения. И ты то там, то там... И прыгаешь туда-сюда, туда-сюда. И в этом, наверное, и есть прикол! Классики! А бита, которую отправляешь в разные квадратики жизни, – твое внимание и участие.

Взятие второго внимания. Октябрьский шквал в Москве

(октябрь 2005)

Смайлик

Добрейшего вам, любимые, времени суток!

Разрешите и мне внести свою лепту в эту темку. Подсела я после Питера на йогу и ***поняла***, о чем тут народ пишет.

Вот пишу ощущения от первых самостоятельных занятий.

Выключила свет, включила подаренный на семинаре диск – приятная расслабляющая музыка, – отключила телефон, в общем, создала обстановку, чтоб никто не мешал.

Приветствие Солнцу. Закрываю глаза, поехали! На втором круге почувствовала прилив сил и энергии. На третьем круге в позе «руки вверх, прогиб назад» отследила, откуда возникает поток. Он втекает сверху, немного через макушку, но основная часть – через намагниченные пальцы, и бежит поземкой по внешней стороне рук (по левой быстрее и сильнее). В сердце возникает тепло и мягко разливается по телу. В центрах стоп фонтанчики огня журчат и с каждым ударом сердца поднимаются выше и выше. Выдох – медленно опускаю руки, нагибаюсь вперед, ощущение, что пальцы длиннее, чем они есть, и острые на концах. Левой рукой разрезаю воздух, как бумагу, слышу шорох и вижу искры.

В других позах комплекса ощущения не очень сильные, но приятные.

Дальше набор ощущений воспоминаний. Кодирую их для себя, как вы советовали.

На первой задержке какой-то дискомфорт, ищу, откуда взялся, и вписываю коды: разрешаю, иду в состояние, распаковываюсь.

На второй задержке решила сложить подушечки большого и указательного пальцев и ощутила, как по тому кольцу носится с большой скоростью электрический ток. Стою. Ничего особенного не происходит, только ощущение тепла в Анахате, к которому я привыкла. Думаю: «Ну и где весь кайф-то?» Даже подрасстроилась. Выдохнуть, что ли? Ладно, постою еще, все равно дышать не хочется. Подождала еще чуть-чуть, и потом еще чуть-чуть, тихо, спокойно, тепло... Выдыхаю, и тут меня как облили кипятком с головы до ног. И снова сердце бьется в каждой клеточке тела. Отдышалась, остался ветерок внутри гулять, щекочет нежно, пошатывает так.

Поделала еще несколько кругов и снова задержки, ловлю ощущения, стараясь не отключать голову совсем, и даю установку: следить и запоминать.

• Ощущения

Кодовое название «сосуд». В какой-то момент на задержке появилось ощущение, что внутри меня ничего нет, я – сосуд, только тонкая оболочка. Где-то в районе сердца во мне есть дырочка. Возникшее внутри тепло разделяется на два потока, чем-то похожие на плотный дым чуть сиреневатого цвета. Основной и более сильный поток движется до стенки напротив (спины) и медленно спускается к пояснице, обдавая теплом, делает завиток в районе таза. Остальная часть потока – еле уловимые ручейки – щекочут снаружи сосуда, спускаясь вниз и входя в меня через Муладхару. Одновременно сверху вливается в меня еще один поток, течет вниз по стенкам – теплый такой, нежный. Снизу тоже поднимаются два рукава дыма. То самое место, где, по моим представлениям, находятся завитки Кундалини – место встречи всех потоков и ручейков. Встреча – взрыв, вспышка, и ударная волна мчится во всех направлениях, стенки едва выдерживают. Выдох – землетрясение! Секунды... Утихает, и отголоски волн пробегают сверху вниз и снизу вверх...

Решила попрыгать, подышать часто-часто (как это правильно называется? – память отшибло напрочь).

Отслеживаю ощущения и картинки. Сначала был темный плоский экран (почему-то не панорама, не круг, а черный прямоугольник). В какой-то момент ощутила свои ноги зависающими сантиметрах в 10 от пола, голова на месте. (Сижу, пишу в тетрадь и на этом месте повисла, вглядываясь за пределы листа, и вижу – буквы проваливаются внутрь, изображение руки с карандашом тоже, и остается чистый белый лист.) Дышу дальше – левая рука держит облако, привычный огонь идет от сердца к ногам и на талии почему-то перерезается проводом... Откуда он мне приглючился, не представляю. Сквозь темноту экрана проступили светлые точки, уплотнились, стали вытягивать из себя нити и соединяться в хаотичном движении (но при этом изображение было плоским). Что-то наподобие этого видела в учебнике по анатомии – на скопление нейронов похоже. Картинка поплыла, размылась, потом снова стала четкой, прыгала вместе со мной и просто висела. Только сейчас мысль пришла, что надо было заглянуть за нее и посмотреть что там. Остается на домашнее задание.

Попела «З» и «Эль», чувствуя, как волны звука пробегают сверху вниз и заземляются.

Снова задержки. Сначала небольшие. *Ощущение под кодовым названием «боксерша».* Руки удлинились, и с них сбегали светло-желтые прозрачные ручейки. Потом руки доросли до пола, стали тяжелее, уплотнились внизу и стали похожи на плотные боксерские перчатки, висящие на нитках.

Ощущение под кодовым названием «Ухи-Горынычи». Уши превратились в две воронки, по которым входит волна звука спиральным потоком, а из воронок выходит жар языками пламени – так сбрасывала лишнее напряжение, подходя к границе вдох-выдох.

После дыхания поток усилился, и тело стало вибрировать с большой амплитудой. Сознательно пытаюсь уменьшить ее. Получается. И замираю на миг без движения. Мгновение, и возникло новое ощущение – взрыв в каждой точке тела – 100 миллионов оргазмов!

Кодовое название «Шарик». Когда напряжение на задержке становилось нестерпимым, пускала поток вниз и заземляла лишнее. Становилось легче, и стояла еще. Тут решила этот поток направить из груди наружу, попробовать надуть шарик. Надула и даже увидела: светло-желтый, плотный. Только задержки не хватило раздуть его побольше. Потренируюсь позже еще над этим.

Ощущение «глыба». Стою на задержке, прошлась по мне волна нестерпимого неудержимого наслаждения, устояла (интересно же, что там дальше!). Что-то резко сверху налетело, и вот я уже ощущаю себя застывшей в позе звезды в прозрачной глыбе льда. Ощущаю свою твердую структуру, острые края отблескивают: я – незыблемость, я – гора. Огонь внутри, огонь снаружи – голубое горячее пламя и почти зеркально-гладкая поверхность меня.

Выдох, и вот я превратилась в легкое перышко, занавеску, которую колышет легкий ветерок. И приятный звон в том районе, где по моим ощущениям должны быть уши.

Вот такие эксперименты ставила. Балдеть, не осознавая, прикольно, приятно, но вот что-то делать – учиться направлять потоки, удерживать внимание и т. д. – намного интересней...

Намерена продолжать играть в эту увлекательную и безумно приятную игрушку!

Дальше будет еще, все не успеваю набирать.

WHITE_ANGEL

09.10.2005
21.00

Слушайте, какая странная йога у меня была сейчас, какая странная...

Обычно я фиксирую физические реакции, что-то вижу – какие-то миры, картинки, я куда-то улетаю... Иногда я это записываю. А сегодня... Так странно. Я почти ничего не помню. Делала специально на голодный желудок. Состояние общее: «Тут – помню, тут – не помню». Помню, в самом начале, как очень быстро, до испарины нагрелось тело, потом сразу вибрации, и все... Провал. Пустота, темнота. Горячо. В общем, мыслей – ноль, помню только пустоту.

Потом обычно у меня расплавляется тело, растекается, все плывет, как в мареве, вокруг плавящаяся субстанция. А в этот раз не так было, то есть и это было, но было что-то еще, провалы, возвраты. В конце урывками: какое тяжелое и неудобное это тело. Как доспехи. В конце последнего движения «Ока» (а я его все-таки сделала) я рухнула на пол. Конвульсии. В такой измененке я еще не была...

Время текло по-другому, оно как-то растягивалось, потом промелькнуло, потом растянулось, потом мелькнуло. Нечеловеческое какое-то состояние. Заложены уши, оглушенность. Возврат. Долетают звуки окружающего мира, в голове зашевелились какие-то мысли. О! Мысли! Минут через 30 вдруг подумалось: «А вдруг это и есть то самое второе внимание, измененное состояние сознания, выходя из которого ты не помнишь, что с тобой было. Что-то было, а что?

Когда в Воронеже речь шла о втором внимании, и его описывали (хотя как его описать?) так: «Что-то происходит. Ты там что-то делаешь, а что именно, вспомнить не можешь». Я еще тогда подумала: «Как это? Нет, ну как это – „не помню"? Я всегда все помню». И вот теперь я понимаю, что не помню.

Нет, я, конечно, ни на что не претендую. Но это самое второе внимание, оно заманчивое такое. Что же это за фрукт и с чем его едят?

Обратимся к классике жанра.

Вчера у Карлоса Кастанеды в книге «Искусство сновидения» прочла: *«Гораздо менее опасно для мага оставаться на уровне простого описания увиденного, но побуждение обобщать, интерпретировать, делать выводы и объяснять – пусть хотя бы самому себе – чересчур сильно, чтобы ему можно было противиться»*.

Определенно понимаешь – через все надо пройти самому, все испробовать на своей шкурке. Ты можешь сколько угодно всего перечитать и услышать, но осознать это можно, только пережив. И у каждого это по-своему.

Там же читаю: *«Необходимо верить Еагвалю. Магия тем и чудесна, что каждый маг должен доказать все самому себе на собственном опыте».*

А вот еще: *«Маги прилагают максимум усилий для перевода магии от конкретности к абстрактному. Конкретность – практическая часть магии. Абстрактное – поиск свободы – не ограниченное привязанностями и наваждениями свободы восприятия во всем доступном человеческому существу диапазоне... маги современности стремятся к абстрактному потому, что они стремятся к освобождению. Конкретные достижения их не интересуют».* Вам это ничего не напоминает?

Понимание, осознание, проверка на практике того, что все в твоих силах, ведет дальше, к «беспредельности мысли». Тебя уже, скажем так, не совсем интересует, что тут у тебя под носом, гораздо интереснее то, что там, где-то.

Далее: *«Миры, воспринимаемые вследствие этого, какими бы странно причудливыми они ни казались, принадлежат к человеческой сфере... Восприятие... вызывает к жизни немыслимые, непостижимые миры, в которых нет никаких следов чего бы то ни было, свойственного человеку... За счет чего это происходит? За счет воздействия потоков энергии. Их генерируют энергетические всплески внутри или снаружи нашей энергетической формы. Как правило, формирование потоков непредсказуемо и происходит по случайным законам, однако маги не только предвидят характер и поведение потоков, но и подчиняют их своему намерению.* (WHITE_ANGEL: «Что у нас? Зикры и не только.) *Их чувствует любое человеческое существо, но обычные люди слишком заняты своими повседневными делами, чтобы обращать внимание на подобные ощущения».*

И далее как итог: *«Меня интересует свобода, свобода раствориться в бесконечности, сохранив осознание».* Гениальный автор, гениальная книга!

«Сначала человек просто испытывает любопытство, не особенно веря в то, что овладение вторым вниманием является для него реальной возможностью. Затем второе внимание превращается в нечто порождающее ощущения – теперь уже человек начинает его чувствовать. И в конце концов оно развивается в новое состояние бытия, практическую реальность. Второе внимание становится выдающейся силой, на-

шим пропуском в удивительные миры, образы которых до этого не могли явиться нам даже в наших самых необузданных фантазиях».

...Я ни на что не претендую, просто пытаюсь понять.

Что-то заболталась я, пойду «пойожусь».

Борода

WHITE_ANGEL: писала:

Я почти ничего не помню. Делала специально на голодный желудок. Состояние общее: «Тут – помню, тут – не помню». Помню, в самом начале, как очень быстро, до испарины нагрелось тело, потом сразу вибрации, и все... Провал. Пустота, темнота. Горячо. В общем, мыслей – ноль, помню только пустоту.

Потом обычно у меня расплавляется тело, растекается, все плывет, как в мареве, вокруг плавящаяся субстанция. А в этот раз не так было, то есть и это было, но было что-то еще, провалы, возвраты...

Время текло по-другому, оно как-то растягивалось, потом промелькнуло, потом растянулось, потом мелькнуло. Нечеловеческое какое-то состояние. Заложены уши, оглушенность. Возврат. Долетают звуки окружающего мира, в голове зашевелились какие-то мысли. О! Мысли! Минут через тридцать вдруг подумалось: «А вдруг это и есть то самое второе внимание, измененное состояние сознания, выходя из которого ты не помнишь, что с тобой было. Что-то было, а что?

Да, по описанию это оно. Поздравляю, неутомимая путешественница!

С новым уровнем Игры!

Маленькая Фея

Нет, Ангелочек, несомненно, умница. Никогда в этом не сомневалась. Я уже не говорю об энергетических прорывах. Взяла и поставила точку в моих сомнениях. Ну то есть окончательную точку поставил-то, конечно, Борода. Но именно Натуля взялась описывать неописываемое. Я-то считала, что во втором внимании какие-то красочные картины видишь все равно и хотя бы осколки притаскиваешь в эту реальность. Этим я похвастаться не могла. Правда, говорил мне Папа, что это ***оно***, по моим описаниям, но я сомневалась все равно.

Основное ощущение – переживание Пустоты, объемной, огромной... Великая какая-то Пустота! А там... Ну как описать это словами! Нет слов таких в русском языке! И хотела бы я знать, в каком есть. Но ощущения невообразимые, никаких аналогий с реальными.

Оглушенность. Звуки доносятся откуда-то издалека. Голос Папы с кассеты еле прорывается ко мне откуда-то из-за плотной пелены.

Конвульсии. Такого количества падений у меня не было никогда. Чаще всего я, конечно, выстаиваю, но ***как***!

Отсутствие воспоминаний. Да, точно. Стоишь на задержке, дух захватывает. Как же это описать, как схватить и сохранить переживание? Не могу, не хочу отвлекаться на мысли об описании, потом вспомню и опишу. Фигушки! Возвращаюсь и понимаю, что, кроме восторга и ощущения колоссальной мощи, не помню совсем ничего!

А вот сегодня вообще получилось необычно. Времени у меня было очень мало. Сначала я решила мини-сеанс рэйки себе провести, полечиться. Уже позвала рэйки. И тут в голове мысль, крамольная, наверное. Лучше сделаю после йоги, в «Шавасане», интереснее получится.

Встаю на задержку и ловлю фиолетовые волны, рэйки-то я все-таки вызвала... Про йогу пытаться рассказывать бесполезно... Скажу лишь, что очень «пыталась» упасть на первом же круге «Сурьи». Так балансировала! В результате делаю только йогу и пранаяму. Ложусь, начинаю сеанс. Дохожу до Сахасрары. То есть руки у меня на затылке, чакра – над ним. И вылетаю куда-то в открытый космос. Вокруг звезды... Красота! Как-то я уже была в космосе, видела Землю со стороны, а тут никакой Земли в помине, только миллиарды звезд. Озираюсь, любуюсь. Поворачиваюсь вокруг и понимаю, что я не вижу тоннель, через который пришла. Мама, как же я обратно?! Хочу назад! В тело! Возвращаюсь, открываю глаза. Ух ты! Ничего себе! Оказывается, можно совмещать! Никогда так на рэйки не вылетала.

WHITE_ANGEL

Yes! Спасибо за отклик, Бо!

Ну, вот и на моей улице перевернулся КамАЗ с пряниками! Еще хочу! Во второе внимание! И дальше. Что у нас там дальше?!

Борода

Маленькая Фея писала:

Я-то считала, что во втором внимании какие-то красочные картины видишь все равно и хотя бы осколки притаскиваешь в эту реальность. Этим я похвастаться не могла. Правда, говорил мне Папа, что это ***оно***, по моим описаниям, но я сомневалась все равно.

Основное ощущение – переживание Пустоты, объемной, огромной... Великая какая-то Пустота! А там... Ну, как описать это словами! Нет словов таких в русском языке! И хотела бы я знать, в каком есть. Но ощущения невообразимые, никаких аналогий с реальными.

Стоишь на задержке, дух захватывает. Как же это описать, как схватить и сохранить переживание? Не могу, не хочу отвлекаться на мысли об описании, потом вспомню и опишу. Фигушки! Возвращаюсь и понимаю, что, кроме восторга и ощущения колоссальной мощи, не помню совсем ничего!

Да. Да! ***Да! Оно!***

Фея, Ангел, да вы совсем обнаглели! Медаль за взятие второго внимания – в студию! И паровоз с тульскими пряниками и пыхтящими самоварами!

Там по-разному бывает. И переживание всеобъемлющей Пустоты. И ошеломляющие, ярчайшего великолепия миры. Никогда не знаешь, куда вынесет. Иногда при возвращении оттуда все-таки удается записать в память несколько кадров или короткометражное кино.

WHITE_ANGEL

Ах! Ну, все! Мы с Феей медали уже надели! Снимать теперь не будем круглыми сутками, ни при каких обстоятельствах. Пока не заржавеют. А за нами не заржавеет, это точно!

Фея, я думаю, продала уже всю оргтехнику Москвы, а я сейчас все товары нашего рекламного агентства впарю!

И все благодаря второму вниманию, товарищи!

Даешь второе внимание в каждую российскую фирму!

TANTRA

WHITE_ANGEL писала:

Состояние общее: «тут – помню, тут – не помню». Помню, в самом начале, как очень быстро, до испарины нагрелось тело...

Время текло по-другому, оно как-то растягивалось, потом промелькнуло, потом растянулось, потом мелькнуло. Нечеловеческое какое-то состояние. Заложены уши. Оглушенность...

Провалы, возвраты...

Маленькая Фея писала:

Я-то считала, что во втором внимании какие-то красочные картины видишь все равно и хотя бы осколки притаскиваешь в эту реальность. Этим я похвастаться не могла...

Основное ощущение – переживание Пустоты, объемной, огромной...

Ангел, Фея, Борода, спасибо!!!

Я и не подозревала, что это оно и есть!

Я думала, что это только когда я себя со стороны вижу, когда меня две, а это редко и неконтролируемо.

Последнее время йогу в общественных местах делаю исключительно с открытыми глазами, сносит сразу же. А задержки очень аккуратно, потому что где потом себя искать?

В воскресенье сделала «Сурью» и «Око», по два круга всего, после полуторачасового занятия цигун, эффект мгновенный и очень длительный. Состояние накатывало потом, в самых неожиданных местах.

В общем, «чем дальше, тем интереснее».

Борода, я на медаль не претендую.

Ты только при встрече обними меня. Нежно...

Тай

Девчонки, молодцы, медалистки! Спасибо за вдохновение! Не сидится мне уж на месте, как вас перечитала.

Побегу вприпрыжку в лес «йожиться». Вот это пендель волшебников, жарко стало, хоть на улице мороз. И знаете, как сейчас странно было, перечитывала Бо, мысль полностью в тексте, окружающего не замечаю, а потом чувствую – начинаю постепенно материализовываться в кресле. Озираюсь по сторонам, ставлю в ступор молодого человека вопросом: «Э-э, простите, что нынче за год на дворе?» Ответ удивляет – полная уверенность, что 2006. Не первый раз такое, но все же удивляет. Все такое непривычное.

Маленькая Фея

Тай, ну ты даешь! Год перескочила!

Знала бы, как ты нас вдохновляешь своими путешествиями!

WHITE_ANGEL

Дорогая, Любимая, Тай!

Мы всегда вдохновляемся любимыми людьми и вдохновляем...

По поводу 2006 года – ***синхро***!

Вчера я видела себя в будущем лете, 2006 года, на каменистой земле, полупустыня, на берегу озера Иссык-Куль. Обалдеть! Я лежала в полусознании на земле, после йоги и видела людей, других.

И медленно возвращалась оттуда. Из Ниоткуда. И я там была не одна.

Эта картинка выскакивала несколько раз, очень ярко. И ощущения очень настоящие.

Время... Оно линейно? Неа... Может быть, все одномоментно? И нет прошлого, настоящего и будущего?

Ну, посмотрим. Но на Иссык-Куль я очень хочу!

Иланг-ilang

Позвольте неопытной охотнице до энергии немного разбавить ваш круто замешанный энергетический коктейль. Сказали, надо описывать ощущения... Вот все, что помню и могу худо-бедно изложить.

Сейчас сделала 12 кругов «Сурьи». Обложила острые углы подушками (комната маленькая, если падать – можно пересчитать все углы на мебели). Задержка с пропеванием звуков.

Ощущение 1. Сверху вниз по мне спускается поток чего-то плотного. Приятно.

Ощущение 2. Не знаю, колбасило ли меня снаружи, но внутри меня била крупная медленная дрожь, сопровождаемая видеорядом из ярких цветовых пятен и узоров.

Ощущение 3. На звуке «Эль» и «З» видела узоры. Очень быстро промелькнуло, но похоже на цветные такие картинки, изображения богов, как в индийских иллюстрированных книгах по религии.

Нет, блин, ну че ты плюхаешься на диван? Стоять-бояться!

Ощущение 4. Мама, что это было? После очередной задержки с пропеванием «Ом» отрубилась на несколько секунд и, очухавшись, обнаружила себя лежащей в позе сомлевшей барышни на диване. И все бы ничего, но что это за звуки? Кто стонет? Это я?! Нет, вы посмотрите на нее, лежит и стонет от удовольствия! Поздравьте ее с первым внутренним... оргазмом? Вышла из спальни, глупо улыбаясь от уха до уха.

Tantra

Аштанга-виньяса-йога.

Выбрала за благозвучность и месторасположение, не имея ни малейшего представления о том, что это такое. И не ошиблась. Пятое занятие всего, но эффект. До сих пор не могу прийти в себя после вечерней йоги.

Накрыло, как ни странно, в Халасане. Унесло в блистающий, неправдоподобно прекрасный мир. Я даже не могу найти слов, чтобы описать *это*. При этом ощущала себя в зале, лежащей в «плуге», и, одновременно, Там...

То ли начиталась медалисток, то ли количество перешло в качество... Не знаю.

Но чувство такое, что я жила с закрытыми глазами.

Или спала.

Маленькая Фея

Понимаешь, Тантра, мы все связаны. Мы развиваемся сами и улавливаем энергию друг друга. Вместе мы или по отдельности, не важно. Я знаю по себе, что после мощного энергетического мероприятия у меня происходит скачок. Даже если меня там не было. Конечно, если я там была, все еще круче.

Вчера на встрече Волшебников на первом же зикре накрыло так, что после этого, как говорит Папа, можно было расходиться. На втором, если бы не держащие меня за руки девчонки, я рухнула бы прямо в опавшую листву. Во всяком случае, шатало меня изрядно. И я тоже не знаю, переход ли это куда-то дальше или все потому, что я стояла рядом с Ангелом и Леной-Заклинательницей.

А на самом деле, конечно, количество переходит в качество. Это просто у нас такая жизнь. Или сон.

Щасталка (Щастя)

Маленькая Фея писала:

Мы все связаны. Мы развиваемся сами и улавливаем энергию друг друга. Вместе мы или по отдельности, не важно. Я знаю по себе, что после мощного энергетического мероприятия у меня происходит скачок. Даже если меня там не было. Конечно, если я там была, все еще круче...

Да, Феечка! Я специально не слежу за расписанием тусовок – интересно узнавать по ощущениям, где, что и как интенсивно происходит.

Последний питерский семинар изменил мое восприятие. Во время питерских танцев даже стоять не могла, запаниковала, но, получив ответ на SMS, узнала, что «наши танцуют», и, сконцентрировавшись, сумела осознанно водить себя по состояниям.

Во время Папиного екатеринбургского семинара (опять же не знала, что он идет и что в этот раз ведущий Па) в ОСе попала в танцующий круг, очень удивилась, обнаружив яркий образ Па в центре и достаточно размытый образ Бо. Во сне решила спросить: «Почему так увиделось?» Не понадобилось спрашивать – Па дал ответ в конфе.

А как меня перло всю ночь и следующий день!

Мы развиваемся, подпитывая и стимулируя друг друга. Читать вас просто суперзамечательно! Каждая клеточка отвечает восторгом узнавания и ярким стремлением идти дальше.

Все выше, дальше и шире стремим мы полет наших крыш, и в каждом постинге слышим отзвуки наших ***«Не спать!»****

Спасибо!

Делюсь потрясающими для меня успехами: могу сделать «Сурью», 12 кругов. Совсем скоро и до коллективных занятий йогой доберусь.

Bodrec

Щасталка (Щастя) писала:

А как меня перло всю ночь и следующий день!!!

Вот оно что, оказывается!

Снится мне с понедельника на вторник сон – тусовка какая-то, присутствуют барабаны, и от их звуков меня начинает колбасить. Тут у меня еще в руках *барабан* материализуется, вливаюсь в общий ритм... Просыпаюсь оттого, что меня подбрасывает на постели.

Тай

Да, насчет связи это, конечно, удивительно. Раньше подхватывалось состояние, или чувствуешь, кто думает о тебе и что. Связь на разных уровнях, мне сейчас интересно наблюдать, как и когда меня вставляет, и кто передает (не всегда, конечно, понятно, но вычисляется).

Вчера, например, день удивительный – йога в собственном исполнении ничего нового не принесла, но спонтанные сюрпризы.

Иду по улице, читаю книгу. Явно ощущаю себя в Москве, делаю вид, что не замечаю. Так-так, наблюдаю, что дальше. Переворачиваю страницу, и от информации меня швыряет на два метра назад, круче, чем на задержке. Хотелось сразу написать Айке, но времени не было. Сегодня заглядываю в почту, пишет дорогая Ай свои последние озарения (то, от чего я уже упала). Номер на бис.

Вечер. На уроке по живописи звучат мантры, легкое погружение. Трансляция: Тантра задирает ноги, наклон впе-

---

* «Не спать!» – подпись Бодреца под его сообщениями в форуме.

ред, шатающийся пейзаж, расплывающийся в дымке. Сижу в пустоте, рисую, провал в памяти, возвращаюсь. Что это было? Где я была? Я?

Папа

Гвардейцы: Ангел, Фея, Тантра, Ленуська (еще есть не пишущие сюда, например, сестрички из Екатеринбурга). Припадаю к Вашим ногам! Вы разделяете нашу с Бородой (глючную) реальность и идете за нами во второе внимание. Вы ***жаждете*** освоить все наши наработки, фанатично занимаясь йогой. Низкий поклон! Сейчас приехал с самолета, почитал дневники, вдохновился, как жахнул! Попал в какой-то мозаичный мир, LEGO. Все рассыпается на элементики и вращается, и я сам тоже. Хто я, хде я...

Маленькая Фея

Папа, Борода, спасибо. Приятно! Но только кто показал нам дорогу в глючную реальность, мозаичный мир?

Вселенная играет всеми красками. И по нарастающей. Всю неделю нахожусь в состоянии полета. Хочется прыгать от восторга! Сияет нестираемая улыбка счастья, которую я не могу спрятать, потому что она вылезает уже из-за ушей... Потребности в пище и сне минимальные.

Сегодня утром уже проснулась в таком состоянии, как будто делала йогу часа полтора. Правда, йогу я все равно сделала. С работы уже прыгала на одной ножке.

Сейчас мне трудно представить, как можно жить иначе.

WHITE_ANGEL

Спасибо, Пап, за все...

Вы создали гениальное Детище, которое делает людей необыкновенно счастливыми... И у вас роман с Бездной...

Ленуська Энерджайзер

Папа! Родной, спасибо за поддержку, комплименты и вдохновение!

Еще бы вы с Бородой подсказали нам, как при этом память не терять. А то понимаешь, что ***было! Оно!*** А что именно – дальше нечленораздельных звуков и «Ну, емое!» (от досады) не идет... На выходе еще бывает, мелькают какие-то обрывки, но пока пытаешься их ухватить, они как вода сквозь пальцы – были, и нет! Хорошо, что хоть кайф прикосновения к *этому* остается, хоть и непонятый...

Но мы настырные!

Ну почему, пока находишься ***там***, происходящее не кажется сверхъестественным? Только когда выходишь – понимаешь, но воспроизвести не можешь.

WHITE_ANGEL

На прошлой неделе ***так*** распирало, что я немножко пофулиганила...

Выкладываю чуть позже написанного...

11–13.10.2005

«Не шмогла я, не шмогла...»

Энергетическому экстазу посвящается...

Прилетаю с медалью со «школы» домой (читай: «работы»), «портфель» в угол (читай: «сумку») и давай «домашнее задание» делать (читай: «йогу»)...

Плавность, какая плавность, такой медлительности и перетекания у меня еще не было! Вокруг – кипяток! Я чувствую, физически чувствую его кожей рук. Ой, мамочка, как горячо! Пятый круг «Сурьи» – тело слабеет, все плывет. Я в каком-то мягком, пушистом, окутывающем киселе. Потом вижу себя в сосуде: белый, плотный столб, уходящий в небо. По нему по спирали сверху идет укладка энергии. Ну, знаете, как зубную пасту из тюбика выдавливают. Я уплотняюсь, мое тонкое тело... Обычно, по примеру Тантры, с самого начала я делаю 12 кругов. Обычно... Обычно у меня получалось (мы, Наташки, такие, упорные!) Но не сегодня! Сегодня: не шмогла я, не шмогла...

Только 9 кругов... Все! Накрыло!

Девятый круг «Сурьи». Мама, я еле стою! В позе кобры колени подламываются и хочется распластаться...

Как хочется упасть! На чем я стою?!

Задержки на вдохе и выдохе были бесконечными.

Их можно было тянуть, и тянуть, и тянуть... Приходилось вспоминать, что надо бы вдохнуть, а то мало ли чего.

Вдох, задержка. Схлопывание, как будто перед лицом такой киношной штукой хлопнули: кадр такой-то, дубль такой-то. Темень на доли секунды, а затем... Я вижу много-много веретен-коконов, примерно одинаковых по размеру, но разных цветов. И это очень плотные и мощные вихри энергии. Они вертелись вокруг своей оси каждый и сияли. Очень ярко... Я понимаю – это существа того мира. Схлопывание. Снова черный кадр... Длилось все это доли секунды, но я замерла от неожиданности увиденного и не могла даже понять, какое дальше движение делается. И все...

Думала, подышу... Но не шмогла. То есть я дышала, но дыхание пропало, оно было поверхностным, нитевидным (почти как пульс). Не было его. Чем дышать?

Начала «Око» делать... «Око», правое. Мама! нет меня, подо мной ничего нет, вокруг ничего нет. На долю секунды вырубает.

Все! Абзац! «Око» левое я уже делать не смогла. Так одноглазой и рухнула на пол. В позу эмбриона, на правый бок. Конвульсии, потеря себя. И расплылась. Как хорошо в горизонтали! В Шавасану перевернуться не смогла, не хватило сил, да и спину еще найти надо было. Перед падением – удар в сердце, в грудь! Навылет! В Анахату! Судорога, стон! Пол... Лежала минут 30 на полу, в себя приходила... Такая благость!

По телу такой кайф. Потом еще столько же на кровати.

Бессилье сладости и удовольствия истома.

Вот и выбирай теперь между вторым вниманием и энергетическими оргазмами! Что ж, разорваться, что ли? А лучше и то, и другое! И побольсе, побольсе!

P.S.

> О, йога! Как много в этом слове для сердца моего
> слилось!
> Как много в нем отозвалось!
> Не счесть мне в чакрах всех оргазмов,
> А в сердце сладких и щемящих спазмов...

Я сдвину точку сборки навсегда...
Посмотрим, что получится тогда...
А «Сурью» я выучу только за то,
Что любят и делают ее Папа и Бо!

Второе внимание – странный предмет...
Вот тут оно есть, а здесь его нет...
Но даже немножечко, «чайная ложечка» – это уже зашибись!
Но если попал ты туда ненадолго,
Будь добр, запиши, сквозь Бездну глядя,
Потомки почтут и запомнят тебя!

P.P.S. А хорошо в среду с Волшебницами пообщались! Как накрыло-то! Всего два зикра...

И улет полнейший! Хохочем, смеемся, делимся... Мужчин не было, то есть был один, но он потом с Забавой ушел, а мы с девчонками делились впечатлениями от энергетических оргазмов. О-о-о! Какая тема!

Сидели потом до начала двенадцатого в Макдональдсе и обсуждали: что есть волшебство и в чем тайна его? При словах «оргазм» и «экстаз» люди за соседними столиками пристально смотрели на нас («Что-то привлекало их внимание», – подумал Штирлиц... На следующий день Штирлиц докладывал в центр, что двое завербованы на октябрьский семинар).

Серега Д

Дело было так.

Решил я устроить себе типа «разгрузочный» день.

Правила придумал такие: не читать в этот день умных книжек, не есть мясо, не заниматься сексом, не заниматься энергетическими практиками.

Эта мысль пришла мне ближе к ночи. Не откладывая надолго, сразу решил начать, от мяса на ужин отказался, от жены отмазался. Лег спать, но, понятно, заснул не сразу, ну там начал мысли всякие думать, воспоминания, фантазии.

И в этот момент понимаю, что, думая о ком-то или представляя какую-то ситуацию, я переношусь туда своим астральным, ментальным или каким-то там телом. А это получается Энергетическая Практика (ЭП).

«Фу, – думаю, – а что же делать? Попытаюсь-ка я ни о чем не думать». Это в конце концов привело к остановке внутреннего диалога, на что тело отреагировало полной расслабленностью и ускорением восходящих и нисходящих потоков, а это ЭП. Вопрос, который обычно помогает: «Какую роль я сейчас играю?», повергает в другую мысль: «А откуда я это спрашиваю?» Ответ: «Откуда-то сверху», – значит, опять выход из тела, а это ЭП.

Следующее, что начинаю делать, это собирать свое внимание. «Я здесь и сейчас». Из этого получилось, что я в несколько раз увеличил энергетику в теле, а это...

В этом полном сумбуре начинаю засыпать.

Мысль, пришедшая на грани засыпания, опять шокирует: «Во время сна мы всегда выходим в астрал (хотя практически и не помним этого), а это ЭП».

С этой мыслью и контролем, чтобы не выйти, вроде засыпаю.

Дальше круче. Тяжело определить, что это было – ОС или выход в астрал, но, в общем, выхожу из тела и держу намерение не заниматься ЭП. Астральное тело выходит, а я его назад запихиваю.

Так дозапихивался до утра или, точнее, до того момента, докуда себя помнил (отличная, кстати, техника для тех, кто хочет выйти в астрал).

Утром встаю – жена о чем-то говорит со мной. Дает или берет энергию – это неважно, важно, что это ЭП. Отключаюсь от нее, ставлю типа защиты и понимаю, что это тоже...

Пишу эти строки и понимаю, что вы сейчас прочтете их и в какой-то мере присоединитесь ко мне, а это...

Вот так и пришло озарение: неважно, что мы делаем, не важно, знаем об этом или нет, но мы всегда занимаемся – ***энергетическими практиками***.

Ленуська Энерджайзер

У-у-у! Серега! Наконец-то объявился в дневниках! Рада была тебя почитать! Заглядывай сюда почаще, пиши, не жмись – чую, тебе есть чем поделиться. Наконец-то могу сказать тебе «Спасибо!» за подаренный способ астральной йоги перед отъездом из «Сказки» в Самаре. Частенько этим пользуюсь. Побочный эффект – люди начинают предупреждать мои желания, я только благосклонно не препятствую! Ну как тут без ЭП?

Маленькая Фея

Как-то мы с Ангелом обсуждали впечатления от сентябрьских мероприятий и решили, что это было что-то из ряда вон. До этого, мол, были цветочки... Но после йоги в октябре я уже не знаю, где цветочки, а где ягодки... Но обо всем по порядку.

• Танцы (понедельник)

«Ишкала Мабуд Лила». Такие ясные, замечательные глаза... И сердца, открывающиеся навстречу моему. Поднимаю руки вверх – сильный поток. Руки в намастэ. Тут уже накрывает с головой. На задержке сначала сверху идет фиолетовый поток, потом зеленый, синий... Дальнейшую последовательность уже не улавливаю.

Я не испытала огромного потрясения на главном зикре вечера, но на задержке вижу очень красочные картинки, разноцветные яркие шарики, наблюдаю за их передвижением. Вдруг выпадаю в ярко-черную тьму. Какой-то частью сознания отмечаю и удивляюсь настолько насыщенно-черному цвету, что режет глаза. Вибрации...

Очень нежная, берущая за душу энергетика этих танцев. Очень яркие образы, необычайно сочные цвета.

Последний зикр. Рядом Борода и Тантра. Окутывает что-то родное и ласковое, но в то же время сильное. Я старательно дышу в перерывах между партиями. Не помню ни одного образа, лишь последнюю мысль: «Накрыло».

Объятья необыкновенные. Бесконечные. Очень горячие. В результате ночью долго не могу уснуть, лежу с мыслью: «Переобнималась». Сердце учащенно колотится, кровь носится по сосудам с безумной скоростью. Наконец, принимаю «Шавасану», расслабляюсь как следует и засыпаю. Впервые в жизни вижу ОС или впервые в жизни его запоминаю.

• Йога (вторник)

Попробую описать. Но если ***вспомнить всё***, что было на этой йоге, имей в виду, Папа, двух листов формата А4 будет явно недостаточно.

Становимся на задержку и накатывает ***такое***! Папа прерывает задержку, уже поняв, *что* нас сегодня ждет.

«Сурья». Делаем очень медленно. Изюминка – прогиб с задержкой. Уши сразу закладывает напрочь. Немеют руки. Такая сладкая истома в теле. Оно пока лишь слегка подрагивает. Ловлю себя на том, что тихонько постанываю от удовольствия.

В области Третьего глаза что-то происходит. Какая-то зыбкая субстанция снаружи входит в меня через Аджну. Через некоторое время чувствую, что верхняя часть головы растворяется в воздухе. Совсем. Ее просто нет.

Такой насыщенности, такого количества картинок, скорости перемещений и яркости у меня не было никогда! Но ухватить, запомнить, описать такое количество просто невозможно. Я поднималась вверх, падала вниз, неслась по тоннелям, парила над городом, была в горах, в песках, под водой... Меня сплетало цветными нитями и распиливало острыми дисками... Я проходила, пролетала сквозь ячейки, соты, пласты... Все это с огромной быстротой сменяло друг друга, наслаивалось и переплеталось.

Безумный пролет через несколько слоев. Почти торт. Только вместо начинки – яркий свет...

Я вдруг осознавала себя шестирукой. Боже, откуда у меня взялось столько рук?

А вот рядом со мной огромная змея, красивый зеленый орнамент на спине. Наши движения синхронны...

Нужно было находиться в трех планах одновременно. Выполнять асаны в нужной последовательности, смотреть непрекращающееся красочное видео и наблюдать за телом.

А тело не хотело стоять спокойно. Его сносило, выгибало, трясло. Временами его движения напоминали пляски святого Витта...

После красочных картинок я проваливалась в бесцветно-серое ***ничто***. Замедление. Необъятная Пустота и уже характерные вибрации. Чем ярче образы, тем быстрее, гарантированнее выпадение туда, такой контраст. И вдруг появляется какой-то образ, совершенно неуместный в этой непостижимой Гармонии, и вытягивает меня снова в мир ярких красок. Все снова понеслось, заискрилось, засверкало.

Калабинский комплекс. Каким бесконечным и каким прекрасным он казался. Кто мне объяснит, почему Поклон земле вызывает такой сумасшедший экстаз? Такое глубокое погружение в неведомое и непостижимое. Зыбкие образы, которые практически невозможно схватить сознанием.

«Эль». Вибрации сверхвысокой частоты. От Папы с Бородой летят десятки зубчатых дисков, которые распиливают меня на кусочки, превращают в пыль.

После йоги состояние насыщенности таково, что мы не танцуем. Папа почти безуспешно пытается агитировать Волшебников обниматься. Большая часть с трудом просто сидит.

Я обнимаю, с Любовью. Какие все же все разные! И оттенки характера, и чувства передают эти объятья. Днем раньше Леночка сказала мне, что, обнимаясь со мной, видела шарик, который взорвался потом искрами брызг. А сейчас я сама, обнимаясь с Папой, чувствую огненный шарик в области Манипуры.

Записываю впечатления до двух часов ночи, догадываясь, что ощущения от утренней йоги мне тоже захочется передать.

• Утро

Задержка. Сверху льется яркий оранжевый свет. Голова начинает плавиться, деформироваться, как будто вместо нее у меня кусок пластилина.

Глубокий прогиб с задержкой. Офигеть! Гул. Руки немеют.

Руки в намастэ. Вдох-выдох. Тело становится огненным, а что происходит с Анахатой? Навылет...

Оказываюсь в бесцветной Пустоте. Боже! Какая она огромная! Я просто песчинка по сравнению с этим Величием!

Внезапно обнаруживаю, что головы нет вообще. Расплавилась, растаяла, рассыпалась. Но мысль: «Где моя голова?» – есть. Интересно, откуда она...

Пранаяма. Обнаруживаю теперь, что у меня две головы. Одна смотрит прямо, другая – по сторонам. А там, где должно быть солнечное сплетение, – прямоугольная дыра.

На «Оке» я, конечно, падаю. Ничего не помню. Только пески...

После «Ока» делала задержку с внутренним трепетом. Не помню, что на ней было. Совсем.

В конце вместо «Шавасаны» делаю Поклон земле. Меня затягивает, вытягивает через Третий глаз, как в черную дыру. Вижу в глубине какой-то другой мир.

Лежу. Не в «Шавасане». А валяюсь как попало, наблюдаю за сотнями огненных ручейков, пронизывающих тело. Собираюсь на работу и наслаждаюсь огненными струями, поднимающимися от ступней. По дороге осознаю, что голова вернулась не полностью. Какой-то части все же нет. Со мной только половина. Полдня ощущения того, что я где-то на грани. И вот приходит коллега, начинает что-то рассказывать, я стараюсь слушать, но вдруг чувствую, как вспыхивает Анахата и я начинаю выпадать, съезжать куда-то. Издалека слышу ее удивленный голос: «Ты что на меня так смотришь?». А я не на нее, я сквозь уже давно смотрю. Старательно моргаю, концентрируюсь, втягиваю себя волевым усилием обратно, пытаюсь создать на лице заинтересованное выражение.

Основное ощущение дня – *прет*. Полет нормальный. Чувствую любовь и нежность к окружающим, направляю им в грудь горячие потоки из сердца.

Вечером возникает искушение сделать йогу еще раз. Я не борюсь с ним, но предполагаю, что вечером, после работы делать уже ничего не захочется. Но намерение только крепнет. Хорошо. Но тогда сделаю только «Сурью». Как там делают упорные Наташки? 12 кругов. И медленно. Очень. С задержками и довдохами. Нужно выбрать музыку. Хочу что-нибудь жесткое, подобное той, что была на последних йогах, но у меня ничего такого нет. Выбираю как бы «случайно». Попадается «David Parsons. Dorje Ling». С первых же звуков первого трека чувствую, что плыву, и начинаю выпадать.

Делаю задержки. На второй приходит *Сила*. Я ощущаю ее каждой клеточкой, благоговею... Прогиб, задержка, наклон вперед. Моментально немеют руки, потом ноги от ступней и до колен.

На втором круге «Сурьи» попадаю в вакуум. Так и делаю йогу в вакууме, считая круги. Без образов, картинок, без вибраций. В какой-то момент чувствую, как что-то происходит с головой. Как будто внешний слой, как скорлупа, отваливается от меня мой привычный облик. Под ним проглядывает что-то другое. Совсем незнакомые мне черты. Постепенно весь этот слой отпадает. Голова, лицо, тело... Я пытаюсь понять, кто же я, рассмотреть. Получается плохо. Только понимаю, что я не человек. А кто?!

На 12-м круге оказываюсь на самом краю Бездны. ***Сила***. Она входит в меня. И я ощущаю небывалое Могущество. Я между небом и землей. Я даже не лечу. Я зависаю и наслаждаюсь ощущением Могущества! Вспоминаю об аналогичном переживании на вчерашней йоге, но тогда я не смогла его осмыслить.

Немного боюсь делать задержку. Но ощущения и образы настолько тонкие и невесомые, что я не могу даже описать их. Может быть, из-за музыки?

Ложусь в «Шавасану». Полностью онемели руки, ноги, язык...

После обнаруживаю, что очень холодные руки и ноги. С изумлением дотрагиваюсь до тела в области Анахаты и Манипуры. Нет, здесь все в порядке. Может быть, просто холодно у меня дома? Не знаю. Приходит SMS. С недоумением смотрю на мобильник, словно вижу его впервые. И на ощупь он мне как будто не очень знаком.

Последние дни очень насыщены впечатлениями. Хотелось поделиться. Надеюсь, что не очень вас утомила.

Папа

Ну, Фея! Фантастическая осознанность во втором внимании. Столько запомнить! Поздравляю!

Борода

Не собирался писать о вчерашней йоге.

Ну, Фея, Мастерица, распалила, теперь не могу не написать!

• После первого «Ока»

Было страшновато, и не раз. Тоннель, воронка, разлетающаяся на рваные кусочки мозаика, все мелькает и мерцает, вспыхивая на доли секунды и исчезая.

Сначала код:

Иду в состояние.

Потом осознаю, что я уже в состоянии, и это пугает еще сильнее. Надо как-то точнее сформулировать, выстроить намерение нырять туда, где нет точек опоры, прорвать пелену страха перед непредсказуемым. Там, впереди, нечто принципиально новое, неведомое.

Попер, *барабаня* код:

Пусть будет что будет!

Эта фраза стала завешивать биокомпьютер несколькими своими смыслами, временным противоречием.

Абсурдность ее заключалась вот в чем. То, что будет, – оно уже было, уже состоялось в моем сознании, потому что содержит слово «что». «Что» – это что-то конкретное. А там, куда я летел, не было ничего из того, «что» я знал или мог иметь в своем опыте.

Стал повторять просто «Будь».

Приземлился, содрогаясь, как отбойный молоток, подскакивая, немного в стороне от исходного места взлета.

Около часа очухивался от этого вылета.

Бешеные усилия чтобы двигаться. О-очень-очень медленно. Мысль сверлила: «Зачем Папа так быстро делает комплексы, куда он гонит?!»

Запаздывал на одно-два движения, быстрее тело просто не в состоянии было выполнять. Оно и так совершало невиданный подвиг! Потом, когда мы обсуждали с Папой ощущения, я выяснил, что все делали крайне медленно, на пределе.

Движения совершал дискретно, скачками, как заевший, несмазанный робот. Все вокруг было такое же дискретное.

На калабинской «Сурье» собрался более-менее.

Потом опять такой вылет, что я вновь распался на атомы. Опять разноцветные осколки миров, летящие со свистом в пустоте. Помню полет в пропасть, глубочайшую, бездонную, без цвета. Полет бесконечный. Приземляюсь и понимаю, что оказался далеко от места, где делал задержку, в углу, в раскоряченной позе.

Мир запускался с большим трудом, пробуксовывая. Какие уж тут танцы.

• Йога сегодня дома

Коварный момент, начало «Ока», первый прогиб с задержкой. Накатывает медленно, постепенно, вот уже лавина несется. Понимаю, что сейчас настанет тот самый, который подкрался незаметно. Успеваю расставить ноги и открыть глаза. Но это не спасло.

Наваливается нечеловеческая мощь. Проносятся пласты настолько разных способов собирать восприятие, что это даже не параллельные, а N раз перпендикулярные, многомерные вселенные. Пачками распаковывались. Завороженный многообразием непостижимого, болтаюсь вечность.

Очень долго пытаюсь вспомнить, кто же я такой или, точнее, что я такое. ***Там*** не было людей или еще кого-то. ***Там*** я не знал, кто такие люди. Но почему-то мне очень надо было вспомнить, к кому я отношусь. И долго, уж вечность прошла, никак не мог сообразить, какое я существо.

Мелькают удивленные, расплывающиеся лица Папы, Тантры, еще кого-то. О, я человек! Зашибись! Удалось классифицировать себя. Если бы вы знали, какое это счастье – знать, что принадлежишь к роду человеческому!

Обнаруживаю себя на коленях, руки упираются в пол. Медленно фокусируя взгляд, вижу ковер. Что это? Потрясение – это моя квартира, ***она есть***!

Да, давненько я не падал. Докатился.

Пока приходил в себя, понял, то есть прочувствовал, что таким образом – из второго внимания – можно собрать себя в любом месте. Мне сейчас ***надо*** было собрать ***этот*** мир, это место и время. Такая была программа полета, на эти координаты конечного пункта был настроен автопилот. Но, в принципе, оттуда можно собрать любое пространство-время.

И не только пространство-время. Принципиально другие, не имеющие ничего общего с этим, миры тоже.

Осознал, что дон Хуан таким образом мог перемещаться. Ныряя во второе внимание и оттуда собирая то место, в которое хотел попасть.

Но нужна фантастическая скорость вибраций и невероятная осознанность, чтобы успеть зафиксировать все происходящее и, находясь в **нигде**, выбрать «посадочную площадку». Чтобы, помня, кем ты был до этого, вспомнить, куда ты намерен попасть, и перенести восприятие в новую точку. И не просто фиксировать происходящее, а управлять разборкой-сборкой. Вот задачка! Сначала разбираешься, потом второе внимание, это промежуточная станция, шлюзовая камера, и, наконец, собираешься в нужном месте-времени. Таков возможный механизм.

Видимо, и прыжок Карлоса в пропасть – из той же оперы.

Только никакая пропасть не нужна, это лишние декорации. «Достаточно одной таблэтки», то есть задержки на вдохе.

Tantra

Не знаю, что это за йога у вас, у нас, такая... Совсем не йога это. Ужас-ужас-ужас...

Отхожу потихоньку... Куда? Из второго в первое, может быть.

Нужно было лечь после первой задержки и не выпендриваться. У-у-у.

Весь вечер гул в ушах, переходящий в свист. И что-то противно щелкает в теле.

Это что, «Сурья Намаскар»? 40 минут? 4 круга? Ну, может, и не 40. Может, 50. Наконец-то, встали горизонтально.

О! Не так. Вертикально. Дышим. Это я могу. Задержка. У-у-у. Держусь за столб. «Девушка, до Воронежа далеко?». Да.

Опять дышим. «Око». Не! Я глаза закрывать не буду. Качает зверски. О! Столб! Держусь. Задержка. Можно я лягу?

А, калабинский комплекс... Ну-ну. Пап, ну что же ты делаешь? А? Он что, никогда не закончится? Поклон земле. Оргазм... Извините. Можно я лягу? Господи! А вот я интересуюсь, Калабин-то его сам так делает медленно и печально?

Ха-дыхание. Потом не помню. Пустота. Еще руки очень трудно поднимать. Нет, это невозможно! Пранаямы. Живот-грудь-межбровье. Тело послушно выполняет все команды. Провал. Наконец-то! Поклон земле. О-о-о! Оргазм, еще оргазм... Не извиняйте. По фигу. Можно я лягу?

Борода что-то поет нежным шепотом... Улет! Открываю глаза. Ошибочка! Это из динамика шепчут. Закрываю глаза. Нет, точно Борода поет...

«З-зззззззззз...» – разлетаюсь на осколки. Опять провал. Вспышками всплывает в памяти Папин голос, стрекот сверчков, шероховатая поверхность столба как избавление от падения.

«И не падает никто?!» – укоризненно комментирует Папа. Упасть?! И все пропустить? Да ни за что!

Мы, Наташки, такие упорные!

Левое «Око». Да. Прогиб, задержка. Все, он самый! Как бы некультурнее? Никак. Папа отдает команды, биоробот выполняет. Био. Все живое тянется к био. Да. Задержка...

Сколько Ангелов помещается на острие иглы? Старая шутка... А сколько Фей? Пустота. Не такая она и пустая, как кажется на первый взгляд. Вот только запомнить всех присутствующих там трудно. Хотя, возможно, они все тождественны отсутствующим здесь.

Можно я лягу?

«Ложимся головою в центр и дышим». О! Спасибо, Пап!

Вибрации из кончиков пальцев рук и ног стремительным потоком устремляются вверх и в Третьем глазе взрываются ослепительной вспышкой... Медленно возвращаюсь под стоны и оргазмические всхлипывания окружающих. Дикий озноб...

* * *

Все это я написала вчера ночью... Сегодня утром прочитала, и в голове кто-то рявкнул: «Санитаров!»

Решила не отправлять.

А сейчас передумала. Ну что поделаешь, такая вот йога...

Щасталка (Щастя)

Борода писал:

Нужна фантастическая скорость вибраций и невероятная осознанность, чтобы успеть зафиксировать все происходящее, и, находясь в ***нигде***, выбрать «посадочную площадку». Чтобы, помня, кем ты был до этого, вспомнить, куда ты намерен попасть, и перенести восприятие в новую точку. И не просто фиксировать происходящее, а управлять разборкой-сборкой. Вот задачка! Сначала разбираешься, потом второе внимание, это промежуточная станция, шлюзовая камера, и, наконец, собираешься в нужном месте-времени. Таков возможный механизм.

Видимо, и прыжок Карлоса в пропасть – из той же оперы.

Только никакая пропасть не нужна, это лишние декорации. «Достаточно одной таблэтки», то есть задержки на вдохе.

Буду! Вновь и вновь собираться в Нужном Месте Нужного Времени.

До тех пор пока не добьюсь устойчивого Попадания.

Чего-чего, а упорства Наташкам не занимать. Это тоже код.

WHITE_ANGEL

Ну, Олька, ты даешь! Класс! Во народ завела!

Модераторы громко аплодируют, и мы присоединяемся!

Тантра, сколько юмора и женского кокетства даже в йоге! Во всём.

То, что написал Борода, читалось в его глазах. Обычно оттуда лучики сияют, а тут были не глаза, а амбразуры (потому как силища оттуда виднелась). В Бездну, куда затягивало, как в воронки, и через них эта Бездна глядела на нас своими мистическими глазищами. Так и хотелось спросить: «Ты где?»

Танцы? Это были танцы? Вы думаете, это были танцы?

Я что-то сомневаюсь. Это был прыжок в Неизведанное, в Невесомость, Непознанные миры и Запредельное.

Опоздала. Начало. «O, God! Every living in my heart...» Три круга уже поднимали к небу руки и сияющие глаза... «O, God!»

Колумбиец-медик и по совместительству танцор диско тянет меня в круг... А потом я увидела сверкающие глаза Татьяны из Самары (потеря ориентации: я в Самаре или в Москве? Где я?). Встала, в третий круг. Дальше – больше.

Я не стала переходить в первый круг. Зачем? И так хорошо.

Неважно где, неважно как, главное – здесь. Этот воздух, эти люди, эти сердца! Я бы и на Северный полюс за ними поехала. Послала всем улыбки на расстоянии – Фее, Лене-Заклине, еще девчонкам, кого знаю... Гай глазками подмигнул!

Привет-привет! «Место силы там, где я», – просто для себя сказала. А люди, мои дорогие, улыбались мне Неподалеку, в третьем же круге увидела Тантру (хорошо, что пришла!). Свет погас. И вдруг ко мне подбегает Тантра: «Я с тобой!» Вот это ***«Так»***! Ну, все, думаю, танцы будут: туши свет, бросай гранату! Уже ради этого стоило прийти.

Обдало волной снизу вверх, мороз по коже, россыпь мурашек по всему телу. Ох, то-то еще будет! Радость, предвкушение! На задержке после первого зикра нас куда-то вынесло. Провал, конвульсии. Думала вылеты посчитать, сбилась со счета. Мышцы брюшины от постоянных конвульсий превратились в корсет. Все последующее помню с трудом.

Глаза почти не открывала. Все в тумане. Почти путала слова, голос пропадал.

Дальше шли цепочкой: Тантра, вставший между нами Папа, я. Ох, и связочка, скажу я вам!

Папу очень, видимо, перло. Прыгали все его тела, все тонкие, а вместе с ними и физическое, когда мы делали наклоны вперед и гребки вверх. За Папой прыгали и мы. А он радостный такой, говорит что-то Тантре.

А на задержках помню: я вижу у каждого в области сердца белые шары с отходящими от них нитями (повтор, впервые увидела это в себе, когда сама йогу делала). Эти нити соединялись и переплетались между собой. И через наши тела, через руки шел плотный жгут энергии.

А на задержках: провал в черноту, я в невесомости, черной, темной, огромной необъятной пустоте, и вокруг ни-кого и ни-че-го. Доли секунды. Я еще помню, что там как бы барахталась, как еще плохо, неумело плавающий. Хотя чем я барахталась, ведь нет там ни рук, ни ног. Вообще, ничего. Потом я чувствовала, как Папа сильно тянет за собой вверх, еще и подталкивает сзади, мол, давай-давай... И меня, и Тантру. Вижу наши макушки и одновременно с другой стороны взгляд: над головами плотные белые шары с отходящими от тела нитями. Папин больше наших.

Смена караула. Смена связки. Я, Борода, Тантра...

Ох уж эта моя любимая «Алла, Алла, Ла Иллаха, Ил Алла».

Хит. Нет, супер-хит всех времен и народов. Simply the best! Так нежно начали... Тихо: «Алла, Алла», – два раза мужчины, два раза женщины... Мужские голоса звучали так трогательно...

И стали Папа с Бородой практиковать задержку стоя, и уразумели, что является она золотым ключиком, открывающим потайную дверь в дивные неведомые состояния...

Так влюбленный мужчина осторожно прикасается к любимой женщине. Это не зикр, это разговор, переплетение, перетекание, перевоплощение, слияние «Инь» и «Ян», силы и нежности, трепетности и уверенности, божественного и земного.

Переливы, волны, море. Единое дыхание, единый порыв, единое сердце.

Задержки. Не помню... Помню, снова втроем куда-то летели... Тоннели, провалы.

Новый, небесный зикр. Трехголосье. Сумасшедшей красоты мелодия и переплет партий... Гай! Ты прекрасен! Просто нет слов! Ты такую энергию в зал вдохнул и позволил подняться на такую высоту, на которой мы еще не были!

Все кружилось и слилось, и я уже мало что помню. Помню какое-то яркое, ослепительно-бело-сияющее пространство-Сияние. Возврат.

Обнимания... Улыбка была первой, кого я обняла.

Нежно, трогательно. Каждый, кого я обнимала; был родным, близким. Потом уже при свете обнимались со всеми, кто был и встречался в Звенигороде, Самаре, Воронеже. Сколько родных! И после объятий эти слова: «Спасибо!» – «За что? Вам спасибо!». Вот это народ подобрался!

С каждыми танцами круг все «плотнее» и «плотнее».

Здорово! Вот здорово! Прощания. Объятия. Калейдоскоп огней, мозаика лиц, людей, энергий, впечатлений, чувств... Так много! Так много всего!

И память обо всем в самой глубине моего сердца, переполненного безграничной нежностью к вам!

• Йога, на следующий день

Дали нам задание – два отчета на листе А4 про танцы и йогу, чтобы на танцы пройти, на ноябрьские. Про то, кто что видел, где был, про оргазмы. Были оргазмы, были, все было. (Видела бы моя мама, о чем пишет ее дочь, ой!)

По порядку.

Мощный плотный поток музыки и энергии накрывает сразу.

«Сурья». Нагрев моментально, прилив жара. Глаза закрыты. Все, я отключаюсь от всего. Ничего нет, только голос Папы, как ниточка Ариадны. Темный экран, а на нем...

Как жалко! Нет, ну как жалко, что нет у меня такой машины, устройства, которое бы записывало все и сразу: ощущения, картинки, переживания, оргазмы, вылеты, все сразу, одномоментно, – потому что было так много всего, что я теряюсь и... Не знаю, что за чем и как описывать.

Конвульсии начались сразу, тело сотрясало, как в самом начале моего прошиба. На втором круге «Сурьи» (уже на втором!) вибрации, оргазм... Такой нежный, такой тонкий. Как будто укололи иголочкой нежности в самое сердце, в самую глубину. Волны, мороз, стон. «Девушка, вы же йогу делаете... Вы это, того! Не забывайте!» Хорошо музыка громко играла.

И все на этой волне и продолжилось. Волны, конвульсии, вдохи, наклоны, выдохи.

Вдруг я попадаю в огненный мир, где все вокруг огненно-оранжевое, яркое, слепит глаза! Я вся, все тело в языках пламени. Наклон вниз... Вместе с телом наклоняется вниз весь этот огонь и языки пламени от рук (огненное тело?).

«Натягиваем кожный костюм на костный скелет». Хорошее выражение, вот, оказывается, чем мы тут занимаемся! Главное, чтобы костюмчик сидел.

Дальше были провалы, темнота, я, как кондор, летела над горами, какой-то мир, похожий на наш. Горы, поверхность планеты, как полупустыня, и я в виде кондора, и зрение, как у кондора, знаете, когда в темноте видишь, как прибор ночного видения... Я даже руки раскинула, как крылья!

Возврат, я снова в теле...

Потом на одной из задержек я несусь внутри какого-то туннеля, переплетенного из жгутов-мышц, вокруг сплетения сосудов-каналов красного цвета. А я, как капелька кислорода, несусь с огромной скоростью в Никуда. И все такое яркое и ощутимое, я эти стенки чувствовала, ощущала буквально. И в этом во всем был какой-то смысл, цель пребывания и полета.

«Что-то никто не падает, неинтересно, позор!», – Папа.

Я еле-еле стояла, откуда такая устойчивость, откуда?

Вижу на долю секунды, открыв глаза, – Тантра хватается за столб. Ну не одна я такая, почти упав, опускалась на пол несколько раз.

Комплекс Калабина. Нет, нет, не могу, ну к к можно, как? Не мона, а нуно, делай давай! Ну все, думаю, точно шмякнусь. В позе «поклон Земле», о, как хорошо, конвульсии. Оргазм, ох! Еще бы полежать так! Почему, нет, ну почему так хорошо только от того, что ручки-ножки вверх-вниз, вдохнули-выдохнули?

Дышим на полу (ребефинг). Тело выгнулось дугой – раз, другой. Конвульсии, волны по горизонтали, волны по вертикали. Дуга, удар об пол. Еще дуга, удар... Мышцы от напряжения и конвульсии аж болят. Конвульсии не прекращаются. Стоны окружающих. И вдруг! На шее теплый, горячий обхват, ох, как горячо, и оргазм уже в горловой чакре! Это как, ну как... Взрыв... Мороз. Скулы свело. Крик про себя, сцепив зубы. Вот такого в моей Вишудхе точно еще не было! Горячий обхват был, неоднократно, но вот чтобы так остро и такой взрыв!

Перестали дышать... Конвульсии (пишу – трясет мелкой дрожью). Бьет, и бьет, и бьет... Может, не надо уже, а?

Может, хватит? Обниматься я, конечно, сначала не могла, но потом подумала, ну когда я еще всех этих человечков увижу? Первой была Тантра, поманила меня пальчиком, давай, говорит. Так мило, так нежно. И дальше, дальше... Лилучик, Танечка, нежность затопила все мое существо. Знаете, я раньше обнималась через вдох-выдох, а сейчас это уже по-другому. На уровне мысли, подсознания, посыл тепла и просто нежности от себя другому человеку в сердце, в горло, в Третий глаз, в душу. Достаточно только подумать – и все: обратно тебе уже идет преумноженный, увеличенный поток такой нежности, тонкости и ласки... Все это смешивается в тебе с твоей энергией и ощущениями и – взрыв, волны, оргазм, провал. Иногда в Никуда, в Неизвестность, в Бездну...

Оргазм – это и есть прямой выход в Бездну, во второе внимание, это дверь. Это пропуск. Но только через Любовь, через тепло, через Душу... А там открывается такое! И приходит понимание такого, чего в обычном состоянии не понимаешь, это невозможно понять. Не надо выбирать. Не надо. Одно через другое приходит. Это смешение энергий, Душ и тел, сердец и миров, Вселенных, – такое нежное и тонкое, мистическое, загадочное, непостижимое и такое возвышающее. Я что-то сейчас пытаюсь передать, но не знаю... Это словами не передать. Я не знала, что есть такое понятие духовный оргазм. Это слово, «оргазм», вообще-то, относится к телу... И вот тут такие открытия!

Ехали мы в метро, о чем-то говорили. О чем-то, о чем?

Не помню ничего, какие-то обрывки, фразы, меня все еще трясло, до следующего утра трясло. Помню, меня затрясло в такт поезду, а я думаю: «Нет, ну зачем же, зачем они такие быстрые? Ну ведь как можно так трясти? Сейчас вытрясут наружу все мои тонкие тела, и чем я домой пойду?» Захожу по пути в магазин. Не могу понять, что это? Что-то стоит на чем-то и меняет формы, увеличивается, уменьшается. Продукты... А! И эти, как их, бутылки.

Существа справа, их называют мужчинами в этом мире, смотрят... Видимо, у меня были такие сумасшедшие глаза, что это привлекало внимание. Или то, что не могла сразу назвать предмет, который решила взять... А, да! Купить! Это называется купить... Вечером того же дня разговариваю и понимаю, что не слышу фраз, не слышу, выпадаю. Неудобно как-то. Вроде как надо реагировать. Все еще трясет.

А на следующее утро все более-менее пришло в норму, и счастье разливалось волнами вокруг меня на все, что попадалось под руку. Счастье и сияние, сияние других миров, других сердец, других Вселенных и Мирозданий!

Господи! За что же мне столько счастья-то в первом внимании?! А?

Воистину говорю я вам: ***«Пребывающий в экстазе творит совершенную Вселенную» (© Папа)***

Пережито. Неоднократно. Подтверждаю.

Минздрав РФ рекомендует...

Tantra

WHITE_ANGEL: писала:

Оргазм – это и есть прямой выход в Бездну, во второе внимание, это дверь. Это пропуск. Но только через Любовь, через тепло, через Душу... А там открывается такое! И приходит понимание такого, чего в обычном состоянии не понимаешь, это невозможно понять. Не надо выбирать. Не надо. Одно через другое приходит. Это смешение энергий, Душ и тел, сердец и миров, Вселенных, – такое нежное и тонкое, мистическое, загадочное, непостижимое и такое возвышающее. Я что-то сейчас пытаюсь передать, но не знаю... Это словами не передать. Я не знала, что есть такое понятие духовный оргазм. Это слово, «оргазм», вообще-то, относится к телу... И вот тут такие открытия!

Потрясающе!!! Все именно так!!!

«Посмотрите, оргазм – это очень интересная вещь. ***Он по своей природе несексуален. Вы можете думать о сексе до оргазма, после оргазма, но во время самого оргазма вы не думаете ни о чем. Вы просто его переживаете. У вас не остается силы на мысли. И оргазм, в таком случае, это просто столкновение с чистой энергией. Это тот случай, где обычный человек может ярче и сильнее пережить просто чистую энергию в самой сильной форме».***

А. Лапин

Папа

Как вкусно гвардейцы описали. Я вас ***обожаю***!

Сегодня прилетел в Томск. В самолете слушал James Asher «Барабаны шаманов». Однозначно переводит во второе внимание. Даже йогу сегодня под него зарубил. Как сегодня жахну в Томске! Голодаю, сделал «Сурью», три раза «Око» и «Сурью» Калабина. Вперед во второе внимание!

Щасталка (Щастя)

Натуля! Как же ты пишешь восхитительно! Такие формулировки рождаешь. Озарения! Духовный оргазм – супер!

В Самаре Тетерников сказал про меня: «Эта женщина испытывает оргазм, прикасаясь к ручке двери или зависнув на люстре». Сказал как о чем-то исключительном. Знал бы он, сколько нас здесь таких – каждая ПЁРвая.

Когда в каждый момент времени полностью сливаешься с действием, не анализируя, вливаешься в людей, в предметы, в происходящее и... вот оно! – Жизнь в Состоянии Оргазма.

Великолепно, что после стольких зикров и слабеньких, но упорных самостоятельных занятий йогой уже способна убирать в повседневной жизни внешние вибрации. Чтоб хотя бы людей не шокировать.

А дальше что будет?! Только представлю – и такой прилив энтузиазма. Обязательно пишите, девочки! Такое после ваших постов Вдохновение!

Вероятно, это уже нужно писать в «Стратегические картины», но так все переплетается...

Сегодня утром, сделав «Сурью», перед работой я мыла виноград. Вдруг мысль: «Зачем я это делаю? Я не буду его сейчас есть, потому что ухожу на работу. Сыну? Так он тоже не будет – он уже в школе. И вообще ему пора самому это делать».

Но мои руки протянулись сами вымыть эту гроздь винограда без участия мозга. И, опять же *вдруг*, словно озарение, понимаю: даже если б это был последний день моей жизни, я бы мыла этот виноград! Потому что я полностью слилась с этим действием, вошла в него и испытываю оргазмические ощущения от прикосновения к струям воды, от прикосновения к этим упругим янтарным, словно изнутри подогретым каким-то невероятно прекрасным розовым теплым ягодам. Все мое существо испытывает восторг. Я просто ощущаю, как этот восторг бежит по моим... Энергетическим каналам? Венам? Не знаю. Невероятным восторгом пропитана каждая клетка даже не тела, а именно существа. Это и радостное ликование тела, и что-то большее, много большее, огромное. Наполнение каким-то мистическим всеохватывающим смыслом самого моего существования.

Маленькая Фея

Ждала отчета Наташи нетерпеливо. Знала, что она-то должна высказаться. Видела ее и на танцах, и на йоге... Снаружи... Ох, как захотелось про ощущения узнать. Внутренние. Ну, настоящий Ангел! Во всем. Легкий, невесомый, нежный...

Спасибо всем, кто написал. Бороде, Тантре, Ангелу. Вы сами разожгли меня неимоверно. Думаю, Папа нам уже всем зачеты поставил. За отчеты.

Так что санитаров нужно вызывать на всю команду. Не только мамы бы не поняли, о чем дети пишут, но и другим родственникам и знакомым лучше тоже не показывать, если не хочется повторного вызова людей в белых халатах.

WHITE_ANGEL: писала:

Почему? Нет, ну почему так хорошо, только оттого, что ручки-ножки вверх-вниз, вдохнули-выдохнули?

Меня каждый раз это поражает до глубины души. В этом есть величайшая тайна. А что происходит потом...

WHITE_ANGEL: писала:

И приходит понимание такого, чего в обычном состоянии не понимаешь, это невозможно понять...

Почему ты летаешь, как птица, а твои глаза светятся счастьем? Почему Мир начинает улыбаться тебе в ответ, делать подарки, играть, как котенок? На работе легко чиню электрический чайник. Бухгалтер находит потерянный документ. Искренняя Любовь переполняет. Делюсь со всеми, кто готов принять. Люди в плохом настроении, с головной болью, придя на работу, без всяких шлангов, оказываются в состоянии парения и уже так же, как и я, хихикают и восторгаются по любому поводу. А как решаются ситуации, которые могут перерасти в конфликт? Вместо волны раздражения поднимаю волну любви и через Анахату выпускаю в грудь собеседника. Разногласия? Какие разногласия? Такой Кайф!

Начинаешь воспринимать Мир по-другому, через другие каналы. Со Вселенной можно разговаривать на волшебном языке. Называется «Любовь».

Тяжело мне даются формулировки после йоги вторичной. Даже не смогла подвести итоги в своем отчете. Вот и сейчас не знаю, какую придумать финальную фразу... Ой, да и не надо никаких итогов! Какие итоги могут быть, финалы? Продолжение следует. Живу я и радуюсь.

WHITE_ANGEL

Спасибо за то, что прочитали! Рада, что вас заинтересовала затронутая тема...

Чертовски приятно, когда тебя цитируют, хотя и не стоит потакать чувству собственной важности... Но все равно, **так** приятно!

Пару месяцев назад в одном «вкусно начиненном» маленьком книжном магазинчике в случайно-неслучайно взятой с полки книге нашла следующие строки: *«Сон, сновидение и экстаз – вот три двери, ведущие в потусторонний мир, откуда исходит наука души и искусство пророчества»*. Да уж... «Кто же это написал?» – думаю... Как вы думаете, кто? Пифагор. Вот и он не только математикой интересовался.

Маленькая Фея

Все молчат, как партизаны. Придется мне опять солировать...

• Танцы с Гайяватой

День первый

Обмениваясь в конце первого дня впечатлениями с Ангелом, решили, что танцы пошли хорошо. Как точно заметила Наталья, на старые дрожжи.

Начали с распевки. Ничего себе так распевочка. И «Ом», и «З», и «В». Поэтому уже после задержки было очень даже хорошо... Тусовка подобралась гармоничная. Даже новенькие вписались замечательно. А какой женский хор!

Начинаем танцевать, и я вижу Свет. Это даже не Свет, а Сияние. Спускается сверху, касается Аджны, наполняет меня. Я наполняюсь этим Светом, сама становлюсь его источником.

Следующий зикр. Я на трассе. Как в компьютерной игре «Гонки» с хорошей графикой. Я несусь по ней на огромной скорости, потом замечаю, что нахожусь как-то высоковато от земли, потом все выше, выше...

Биоробот запущен, движется и поет так, как надо. И я совсем не уделяю ему внимания.

На одной из задержек вспоминаю, что где-то здесь должна быть Щасталка. Начинаю чувствовать ее присутствие рядом, вижу ее улыбку, улыбаюсь в ответ.

Вдруг мой биоробот начинает давать сбой. Путает движения и слова, спотыкается и даже подсовывает мне интерфейс с вопросом: «Можно я лягу?» Это еще что такое? Может быть, это вирус от биоробота Тантры, находящегося поблизости?

«Я Кудуз, Я Салам» – бросаю биоробота на попечение Кундалини. Она практически закручивает его спиралью, но упасть все равно не даст. А я тем временем освою вон тот голубой тоннель.

«Где ты меня ищешь?» – непередаваемая нежность рождается в сердце... Щемящая, трогательная, как к ребенку. Духовный оргазм. Нда... Но духовным дело, однако, не ограничивается.

Лежачий зикр. Гайявата заиграл что-то очень красивое. Начал петь и такая Любовь, такая Нежность наполнила сердце. «Ла Иллаха Ил Аллаху». О! Оргазм в Анахате! Мы же еще не начали петь... Еще один! И еще! Поем. Очень красиво! Женская партия. А сейчас мужская. Глубокий вдох. Ой, что сейчас будет... Ага. На выдохе... Мамочки! Нет, главное, все остальные спокойно так лежат. Нет, кто-то с другой стороны зала бьется. У меня есть версия по поводу того, кто бы это мог быть.

«Гвардейцы», блин! Зикр заканчивается. Задержка лежа. Интересно! Ой! Снова... Волна за волной. Ну ведь не бывает так много сразу! Ну ведь должны же быть какие-то перерывы! Хотя бы полминуточки, несколько секунд... Говорят садиться. Как же я сяду? Вибрации так и идут разноцветными волнами прямо в сердце. Так, роботу придется поднапрячься. Сажусь, сладкие спазмы в Анахате. Гайявата приглашает всех встать. Напротив Тантра с таким же священным ужасом в глазах: «Зачем вставать? Как?»

День второй

Начался с объятий с Тантрой. Причем народ в это время уже распевался, так что мы обнимались под их «Ом». Я-то после этого пошла в круг, а как Тантра вела машину, я не знаю.

Энергетика раскручена еще вчера. Народу пришло уже больше. Но все свои.

Сильные ощущения в области Третьего глаза. Яркие неоновые вспышки с голубым отблеском. Появляется сильное жжение в области лба.

«Ом Намо Багавате». От начала и до конца во втором внимании. Биоробот – 5 баллов. Рядом Заклинательница и Кошарик. И где-то, наверное, не слишком далеко от меня, судя по двум легким облачкам вместо тел.

На задержке я в густой и плотной субстанции, похожей на туман, но еще более густой. Я иду внутрь. Туман смыкается за моей спиной.

Почему-то преобладают урбанистические виды. Какой-то город с архитектурой начала XX века. Длинный ряд арок, одна в одной. «Тоннель», – догадываюсь я. И по тоннелям как-то не летается. Лишь заглядываю в них до головокружения, вглядываясь в бесконечность...

Гайявата начинает наигрывать дивную мелодию. Гребем влево. Неужели это та самая? «Ла Иллаха Ил Алла...» Как красиво! Тонкая нежная мелодия... В моем сердце распускается цветок.

«Ла Иллаха Ил Алла Бисмилла» – мурашки по всей коже... Озноб...

Когда переплетаются первые две партии, мое сердце открывается. Вселенская Любовь расходится от него во все стороны!

«Бисмилла Алла» – снова огромные мурашки с ног до головы. Озноб. Волна за волной. Небеса распахиваются, и Божественная Любовь льется прямо в мое сердце. Весь зикр я купаюсь в этой Любви, в этом Счастье. Мне кажется, я могу делать это бесконечно.

«Ашхаду Алла Иллаха Ил Алла...» Мужские голоса замолкают, вступают женские. Снова мужские. Голоса, как огоньки, гаснут. Но пока они не погасли, на смену им приходят новые. Непередаваемая Любовь и нежность. До кома в горле, до слез... Оргазм в сердце! Ну не подходит совсем это слово для того, чтобы передать то, что сейчас происходит в моей душе.

Мы замолкаем. Только дышим. Мелодия, как ниточка, соединяющая наши сердца с Раем. И снова... Ну не могу я здесь это слово... Такие сладкие спазмы Вселенской Любви. Еще и еще. Любовь переполняет. Когда мелодия тает в воздухе, хочется броситься к Гайявате и расцеловать его за этот зикр. Наконец-то я прочувствовала.

Что же мы теперь будем делать? Теперь я понимаю Папу, который недоумевал, как после этого зикра можно проводить что-то еще. Что же после ***этого*** можно провести?

Сидячий зикр. Такой медитативный.

Потом «Алла, Алла, Ла Иллаха Ил Алла». Что поделать, слова везде практически одинаковые. Очень люблю этот зикр. Мужское и женское. Инь и Ян. Партии чередуются, переплетаются. Высочайшая Гармония есть в этом. Нежность в душе. На губах – улыбка счастья. Так и танцую весь зикр с улыбкой.

В эти два дня не было огромных скоростей и сверхплотных потоков, но Гайявата подарил нам Величайшую Нежность и Вселенскую Любовь, бескрайнюю, как сама Вселенная, и сладкую, как нектар богов...

Борода

Фея, Ангелочек, Тантра, дорогие наши гвардейцы, спасибо за изумительные отчеты!

Не устоял, подкосило разок на йоге, в субботу утром, в Кривом Роге Изобилия, исконно ведьминском месте! Тусовка потрясла своим единением и рвением в Миры второго внимания!

В воскресенье дрожал как при землетрясении... Йогу делали, словно последний комплекс в жизни.

А стоило глянуть на Эрга и Серегу Д., этих отчаянных путешественников, как от нового прилива вдохновения внутри взрывался вулкан, и я жахал снова и снова, укручивая потоки!

Танцы вчера – чистая мистика. Где ты, восприятие себя? ***Ау-у-у!***

WHITE_ANGEL

23.10.05.

Партия сказала – «надо», комсомол ответил – «есть!» Джельсомина спрашивает, вернулись ли мы с танцев или еще там. Вернулись? Наверное... Мда.

Сижу и думаю, куда поместить ниже написанное? В Осознанные Сновидения не пойдет, это было наяву или в полуяви. Про второе внимание темы еще нет. Поэтому помещаю в дневники.

Танцы с Гаем...

Хорошо пошло, хорошо, особенно на старые дрожжи-то.

Мило, тепло, по-домашнему... Но! Люди, какие я состояния пережила! Канны отдыхают! Такие ощущения! Обалдеть!

Ох, и состояния! Я вам скажу! Может, они и не впечатлят читающих, но меня впечатлили.

Я поделюсь с вами всей этой глючностью, очень уж хочется освободиться и получить продолжение глючности же.

1-й день

Как ушла я в самом начале, так и вернулась непонятно когда.

«Алла, Я Джамиль...» – такой нежный, нежный зикр.

Вижу очень яркую, очень чувственную по ощущениям картинку. С человеческой интерпретацией... Черное море, турецкий берег. Башня над уровнем моря. Окно выходит на бескрайнюю синюю гладь. Ветер сильно развевает ярко-белые шелковые занавеси, они ласкают мое лицо. Кожа чувствует все: ветер, даже чувствую морскую соль в порывах ветра. Прикасаюсь к плиточной поверхности подоконника и чувствую прохладу. С ума сойти, как четко!

Я женщина. Не важно кто. Наверное, не важно. Очень ярко, очень ощутимо, и тактильные впечатления как наяву!

Продолжение зикров.

На очередном зикре, на каком, не помню уже, к сожалению... Как интересно быть всем и сразу, и по очереди... Вот я парю над поверхностью полупустыни. Горы. Песок. Я – горячий, сыпучий песок, сухой и рассыпчатый. И вот я – змея, извивающаяся по поверхности этого песка. Кожа в мелкой чешуе шуршит по песку. А вот я – колючка, к которой ползет – я же, – змея... Ух, ты!

Подъем вверх, горы, я лечу! Свежий, звонкий, горный воздух... Снег лежит на вершинах гор. Я – снег на вершинах гор. Немного морозно... (Опять же, чем я это чувствую?) Шершавая поверхность, заиндевевшая поземка, хруст снежной корочки.

Спускаемся к подножию. Море... Я – море. Волны, вспенивающиеся у берегов, глубина... Я – рыба. Ой, одностороннее, боковое зрение (прям как у Вовки Тараканова!). Прохладная гладь обтекающей воды, ее соль, водоросли, нежно касающиеся...

Потом я еще была Дельфином с упругим, налитым силой и мощью телом, летала, прыгала по поверхности водной глади и чирикала какие-то песни. Встретилась с акулой, ускользнула от нее и ушла в сторону.

А миры какие были! Класс!

Потом еще был неорганический мир – мир почвы. Влажный, рыхлый, но одновременно плотный чернозем. Я – внутри, в глубине его... И чувствую его вкус. Он сладкий, как «картошка». Знаете, есть такое пирожное...

Так, интересно, к видеоряду добавляется осязание и вкус. Обоняния пока нет.

Был еще блистательный мир, созданный, казалось бы, из блеска конфетти, яркий, почти игрушечный. Фиолетово-сиренево-сияющий мир! Это сложно интерпретировать, упаковать в какие-то человеческие образы и понятия. Это просто ощущения восхитительного пространства и красоты, обнимающей меня.

Были и необычные ощущения в чакрах. В горловой чакре на одном из зикров яркая вспышка, как сияющая жемчужина, и свет на весь зал, ослепительный свет.

«Я – Кудуз... « Гай только тронул струны гитары... Первые аккорды... Очень трансовая вещь. Каждый раз меня выкидывает в такие состояния! Мама, не горюй! И в первые же секунды, буквально на доли этой самой секундочки, я вся превратилась в бесконечно сияющий Свет Любви. Дрожь! По всему телу, по каждой клеточке моего тела! Миллисекунды... Но как сильно! Я – вспышка этого Света!

Перерыв. Вышла в коридор. Дрожь, мелкая-мелкая, как озноб.

Вот они, тела-то. Возвращаются в меня, упаковываются. И где их носило, интересно? Ну, погуляли... Хорошо погуляли. Будет что вспомнить.

Доехала домой с трудом. Провал в сон, длиной в 5 часов.

Наутро еще не все кажется обычным. Не все.

2-й день

Но все же утром лучше и четче собрана картинка предыдущего дня.

Накрыло сразу, на первом же зикре. Но биоробот еще более-менее работал... Более-менее... А потом, видимо, произошел все-таки сбой.

Я помню марево, плывущее марево, на внутреннем экране. Затем возникшая сияющая точка превращается в сияющее отверстие, куда тебя затягивает со страшной силой. Тянет, тянет, тянет. Физика перестает адекватно подчиняться. Из-под контроля выходят тело, руки, ноги. Глазные яблоки «западают» внутрь, повышается глазное давление. Туда тянет. Страха нет, никакого страха. Из круга я выпадаю. Пол, стена... Прислонилась к стене... Потеря наблюдателя, потеря личности... Странно.

Звуки зикра слышу (?) издалека.

Я не знаю, что это было. Что? Бездна? Наверное. Сильно. Очень сильно. Все, что видела до того, по силе несравнимо.

Весь остаток зикров была вне личности, вне осознания, вне границ, вне ощущений, вне дыхания, вне задержек, вне дрожи. Чем дышать и чем дрожать, если всего этого нет? Меня нет, тела нет... Вот такое было со мной впервые.

Видимо, измененное состояние сознания было достаточно сильным. Читать не получалось. Не могла. Буквы в слова не собирались. Легче всего их было вообще закрыть и забыть про них.

Хотя я адекватно себя вела, обнималась, помню все, что было, людей помню, помню о чем говорили. Но потрясение увиденной Бездны было сильным. Очень сильным.

Через два дня еду в метро, читаю в книге Тайши Абеляр «Магический переход»: «Сфера, в которой человеческое не имеет значения, начнет приоткрываться перед тобой... Переход через громадную пропасть в мир, который не может быть описан, потому что человек не может быть его мерилом... Вход появляется перед внутренним взором в виде обычной двери, темного углубления, ослепительного света или какого-то другого вполне осязаемого образа».

Как прочла, так и обомлела. Чуть свою станцию не проехала...

Все проблемы и будничная суета каждого дня кажутся незначительными и неважными в сравнении с увиденным. В душе олимпийское спокойствие и тишина.

От экстаза до Бездны, оказывается, рукой подать. Тут рядом, практически за поворотом...

* * *

Спустя день я решила сделать небольшое добавление к моему «сочинению» о танцах.

Писала про бездну и не написала про обнимания.

А обнимались мы замечательно.

Первый день, почти в дверях обнялись с Тантрой и выяснили, что мы не только упрямые Наташки, но еще и горячие... (Новый код для всех Наташек.) В зале было холодновато, но после объятий с ней в области груди такой огненный шар... Бросило в жар. Посмеялись.

Обнимались со всеми, кто пришел. Вновь пришедшие люди странно на нас поглядывали и сидели в сторонке. Но им явно было интересно.

Обнимала Фею на второй день... «Такая хрупкость, – говорю, – я тебя раздавить боюсь»... А она мне: «Намного большие, чем ты, не боятся, а ты боишься!»

С одной женщиной в первый день, новенькой, пару раз падала... Так провалились друг в друга. Минут на 20, еле отошли...

Объятия были какие-то внетелесные, воздушные, даже не через вдох-выдох, а как-то сверхчувственно, тонко очень...

В конце второго дня уже сидели все вместе. Байкал. Фото «Планета света» (см. на вклейке). Эманации исчезли. Переход в другие миры. Только облик и часы (вернее, их остатки). Да. Вот так и пообщались.

Tantra

Нужно добавить дополнительный день на обнимания... До потери сознания...

WHITE_ANGEL: писала:

В конце второго дня уже сидели все вместе. Байкал. Фото. Эманации исчезли. Переход в другие миры. Только облик и часы (вернее, их остатки)... Да. Вот так и пообщались.

Вот. То, что так и не смогли сформулировать:

«Эманация – (лат. истечение) философск. термин, обозначающий представление о происхождении мира путем истечения его из Божества. По мере удаления по ступеням от источника Э. предметы ухудшаются. Поэтому необходимо стремиться к поднятию в высшие миры и возвращению к Божеству. Понятие Э. противоположно понятию эволюции».

МЭС Брокгауза и Ефрона

«Эманация – (ит. «истечение, флюиды») термин неоплатонизма, описывающий происхождение мира от Абсолюта – Единого Духа. В Агни-Йоге эманация означает тонкие излучения, идущие от человека, животных или объектов физического мира.

В эзотерике эманация – это любое излучение, влияние любых объектов, но чаще имеют в виду эманации Высших существ, духов и т. п.».

Словарь магических, эзотерических терминов

Прочитала «неоплатонизм», и Любой повеяло.

И если вы поняли, кого погасили Папа с Бородой, то объясните и мне, неграмотной.

WHITE_ANGEL

У Папы с Бородой надо спросить, как там в гостях у Божества-то?

Натали, спасибо за замечательные выкладки! Не только здесь, но и вообще в конфе – зачитываюсь, наслаждаюсь! Запускает на виток размышлений и развития!

А вот интересно, туда можно без 15 лет йоги попасть?

Ну, я думаю, если сильно обнаглеть (а нам не привыкать!), то... ***Возможно все***!

Так что новые горизонты, новый старт!

Unnamed

Да, ***это свершилось!!!***

Зерно дало росток... Луч света пробил гущу облаков, он упал на землю и озарил мое сознание, ворвался вихрем, разрушил все и оставил одно лишь понимание того, что Па и Бо говорят везде.

Мы ***играем***, коротаем время. И почему бы не использовать это время в кайф?! Ощутить все, пережить радость своего существования, творить, познавать. Осталось лишь выбрать ***роль*** и наслаждаться игрой.

С чего все началось, спросите вы? Я не знаю... Как говорил дон Хуан, «для меня нету начала и нету конца!». И все же, я думаю, началось это с задержки... Я сделал ее так, как не делал никогда: чуть не свалился в судорогах на пол, и сознание съехало. В общем, часа четыре в Интернете еще сидел, потом лег полежать... и как-то постепенно, лежа в кровати, заговорил сам с собой. Начал сочинять, изменять свою биографию (жаль, диктофона не было). Это был шедевр! Если получится, попробую записать по памяти.

Потом осознал, что такое тантра (этот момент у меня ассоциируется с тем, как «облака раздвинулись, пропуская свет»). И, ощущая тантру, я понял чувства. Да, это она, Любовь...

«Да, ради нее стоит жить», – подумал я, и тут луч ударил в меня. Я осознал – мы живем для того, чтобы чувствовать!

Иркутские очерки. Памперсы или В предвкушении новой эпохи

(ноябрь 2005)

Смайлик

Получился сегодня экспериментик – делюсь.

Началось с того, как, придя домой от подруги, обнаружила, что кот погрыз мой любимый цветок. Разозлилась – жуть! До скрежета в зубах... Рвала и метала, потом говорю: «Стоп! успокоиться надо... Нет, комплекс мне что-то не хочется, просто помедитирую».

Включаю музыку, зажигаю свечку, ставлю перед собой на пол, свет гашу... Села, попыталась расслабиться, вслушаться в музыку и отключить мысли, созерцала пламя. Довольно-таки быстро забылась.

Дыхание ровное, равномерное, потом как-то сама собой сделала задержку. И вижу, как от свечи струится во все стороны туман, сначала бледно-желтого цвета, потом ярче, потом разноцветный – ***красота***! Боковым зрением замечаю, как от рук струится мягкий сиреневатый свет, приятно. М-м-м... Тела почти не ощущаю, только легкость и свобода. В какой-то момент почувствовала пульсирующие шарики на шее, бегущие снизу вверх. Прикладываю руку, шепчу мысленно: ***«Тссс!»*** Успокаивается все, сижу дальше.

От острия пламени начинает расти вверх то ли проекция, то ли второй язычок. Растет, растет, довдох. Виртуальный язык пламени все вытягивается, делится надвое, натрое. Дальше получается нечто напоминающее светящуюся воронку над реальным язычком огня... А вокруг на полкомнаты мягкое туманное мерцание светло-желтого цвета, завораживающее!

Еще довдох, мысленно вращаю воронку, тяну ее к себе, пытаюсь менять форму, играю... Чувствую, скоро накатит потоком. Тело выгибается в разные стороны, вибрирует, амплитуда нарастает, воронка все ярче. И в самый пиковый момент она вспыхивает ослепительным огнем и... Звонит телефон. Обломали мне такой кайф!

Не, думаю, фиг вам, я своего не упущу! Отвечаю на звонок, выключаю трубку и сажусь опять в нечто наподобие лотоса. Уже со знанием дела выращиваю воронку. Она преподносит подарок мне и становится цветком (что-то наподобие ириса) – такие красивые лепестки, плавные изогнутые линии. Она колышется слегка в такт ударам моего сердца. Дышу сердцем в одном ритме с этим прекрасным созданием! Делаю довдохи, любуюсь, наслаждаюсь! Покой, тишина, благодать, красота! Еще пара довдохов. Пошли вибрации все сильнее и сильнее. Не сдерживаю их, отдаюсь им, начинаю подпрыгивать на попе, как мячик. «Аааааа, моя Муладхара! Что с ней творится?! У-у-у!».

Нарастает поток. Да! Еще момент, еще! еще! Цветочек вовсю колышется, перебирает лепестками, растет, растет... Опять вспышка света и взрыв! Восходящий поток, очень сильный, но вместе с тем осторожно-ласковый, заполняет меня изнутри. Издаю сумасшедший стон и падаю на спину! Полная потеря себя! Забытие... Не знаю, сколько я так пролежала, но вернуло меня ощущение боли (шишку набила), но оно того ***стоило***!!!

Суперское теперь настроение, и так хорошо – и внутри, и снаружи!

А экспериментик мне понравился, поиграю еще не раз.

Борода

Смайлик, умничка! Поздравляю с вылетом!

Очень знакомы мне эти подпрыгивания, как мячика, попой об землю, когда поток бьет в копчик с большой частотой. Много лет так подбрасывало, когда сидел в «лотосе» или «полулотосе». Классно, но особого прогресса не было.

А когда доперли до задержек на вдохе ***стоя***, вот тогда и понеслось!

Так что стоя-то покруче было бы.

Радости тебе, которая не знает границ!

Код, сильнейшее переживание на сумасшедшем, фантастическом иркутском семинаре:

> **Я – радость, и радость** – это живое существо, обитающее в сердце, это моя подлинная природа и сущность. И она есть все!

Как можно было это забыть!

Как же полыхает сердце уже несколько дней! Как раскаленный добела конический клинок, вонзенный в центр груди, как нестерпимый, мучительно сладкий и чарующий, растворяющий твою личность цветок!

Испытывающий жажду да просветлится!

WHITE_ANGEL

Блаженны просветлившиеся, ибо счастье их есть Радость Безграничная!

Тай

На днях решила – буду использовать любую возможность для практик, не обязательно же приходить для этого домой, где почти не бываю.

Поехала я утром в салон, к парикмахеру, заранее радуясь, что времени будет полно. Сидя в кресле, делаю плавные задержки, на выдохе сладко постанывая. Оргазм волнами разливается по телу. Состояние очень легкое, невесомое, не взрывает, как от йоги. Постепенно поднимаюсь вверх, зависая над телом, воздух колышется, все пространство пронизывают золотые нити. Прислушиваюсь: дышу –

не дышу? Тишина. Мне очень хочется что-то сделать дальше, дергаю за ниточку и мысленно прошу одного приятеля, с шикарной шевелюрой, из Москвы, позаботиться о моих волосах, пока я сгоняю (куда?). Есть! Контакт-заявка принята, выдыхаю.

Набираю полные легкие воздуха и высоту... Ощущения кардинально новые. Лечу по спирали, прокручиваясь через себя, внутрь, наружу, проходя слой за слоем, сначала очень плотные, потом тоньше, тоньше. Восприятие себя и всего, что вокруг, интересное, это сейчас можно рассказать, а в тот момент... Ощущение изменения скорости от сверх-реактива до размазывания на 10 000 000 лет. Мысли летают маленькими клочками: разматываюсь (сама просила изменения), за форму, выйти за форму.

Я – сияние. Вокруг темно и ослепительно сверкают цветные волны, мы общаемся... Странный звук раздается издалека: «Все, снимаем». Что снимаем? Задержки дыхания? Что такое дыхание? Медленно струйкой воздуха вхожу в макушку своей крашеной головы, ничего не понимая.

Мастер улыбается: «Все, пора снимать краску, 40 минут прошло. О чем ты так задумалась? Я тебе рассказывала новости, а ты как будто не слышала... И волосы тебе как будто золотыми лучами подсветили!»

Я осмысливаю происходящее. Прошло 40 минут, а мне кажется – прошли столетия. Удивительно чувствовать себя в теле. И вообще, все удивительно! Все вокруг переливается радугой, и почему-то очень шумно. Это шумят мысли людей, надо убрать звук. Мне очень интересно, сколько ж я не дышала? И еще в моем блокноте появился белый стих, сплошные коды. Откуда? Через несколько дней после этого эксперимента в матрице произошли необъяснимые события, и привычное восприятие поменялось. Знаете, как классно и радостно!

Папа

Ну, гвардейцы, держитесь.

Во вторник 22 ноября в Москве на йоге покажу новый комплекс от Калабина, где только задержки на выдохе и «Уддияны-бандхи». 30–40 минут. А потом «Око»!

Кто готов прыгнуть на пять ступенек вперед?

Tantra

Я!!!

Маленькая Фея

Ну, Папа, что же ты спрашиваешь? Сам ведь знаешь... Предвкушаю...

WHITE_ANGEL

Присоединяюсь к Тантре и Фее... И я, и я, и я того же мнения!!!

Гвардеец, к прыжку в Неизвестность будь готов!

Всегда готов! (Клятва астронавта)

Tantra

Вы когда-нибудь делали йогу перед зеркалом?

Поскольку занимаюсь я рано утром и в фитнес-клубе еще групповых занятий нет, то делаю я йогу в небольшом зеркальном зале.

Последний месяц у меня не получается делать комплекс с закрытыми глазами – сразу валит с ног. А на «Оке» особенно. И вот когда я делаю «Око», то на первом круге, в тот момент, когда прогиб в позе воина и руки внизу, на выдохе после прогиба, смотрю на свое отражение, а оно становится прозрачным. На втором круге, в этом же положении тела, отражение исчезает вообще!

А после комплекса и «Шавасаны» села в «полулотос», помедитировала минут пять, открыла глаза, а вокруг тела, в отражении, тонкое свечение...

И так четыре дня подряд!

Сегодня делала дома. На всякий случай.

Маленькая Фея

А я-то думала, только меня последний месяц валит... Вырубает просто.

Здорово придумала, Тантра! А то я думала, как же осуществить методику, предложенную Эртом и Серегой Д.?

Меня тут один вопрос беспокоит. Есть ли в новом комплексе «Поклон земле»?

Tantra

И меня... Беспокоит... Очень...
(Тихим шепотом, волнуясь и вздрагивая):
Папа, есть «Поклон земле»?

WHITE_ANGEL

Tantra писала:

Вы когда-нибудь делали йогу перед зеркалом?

Поскольку занимаюсь я рано утром и в фитнес-клубе еще групповых занятий нет, то делаю я йогу в небольшом зеркальном зале.

Последний месяцу меня не получается делать комплекс с закрытыми глазами – сразу валит с ног. А на «Оке» особенно. И вот когда я делаю «Око», то на первом круге, в тот момент, когда прогиб в позе воина и руки внизу, на выдохе после прогиба, смотрю на свое отражение, а оно становится прозрачным. На втором круге, в этом же положении тела, отражение исчезает вообще!

А после комплекса и «Шавасаны» села в «полулотос», помедитировала минут пять, открыла глаза, а вокруг тела, в отражении, тонкое свечение...

И так четыре дня подряд!

Тантра, дорогая, и ты уже гасишь эманации?

Не забывай возвращаться! Ты нам дорога как память!

«Поклон земле», надеюсь, есть. Если не будет, закажем!

После октябрьской йоги, на самостоятельных занятиях йогой валить на задержках стало так, как будто сверху тебя по голове чем-то бьют, а потом еще сверху кипятком поливают. Резко, жестоко, горячо!

Сознание еле теплится в теле. В бессознание я пока не могу себе позволить уйти. Как-то не могу. А надо бы.

Тело нагревается до такого состояния, что можно майку выжимать...

Я себе это объяснила привыканием к новой частоте.

Kosharik

Да-да! На октябрьской йоге молотком по голове, на питерских танцах – черный огромный столб шибанул...

Папа

Вы забудете обо всех поклонах. Будет единственная мысль: выжить, – и фантастический экстаз. После этого изменятся все «Оки» и т. д. Влияние комплекса многопланово. Предвкушайте и трепещите. Прям вошел в роль питона Каа, так и хотелось добавить шепотом: «Ближе, бандерлоги, еще ближе».

Принесите видеокамеру, чтобы не париться, где взять.

Маленькая Фея

Выжить? Хм. Может, мне матрасик какой из дома захватить? *(Задумчиво.)* Я и так уже йогу делаю, периодично обкладываясь диванными подушками...

А роль удалась. Слышим тебя, Каа...

Ингеборга

Признаюсь честно. На задержках вылетов никаких – только в жар бросает, ну и другие переживания. Но вот выходы из тела...

В последние два месяца я выхожу в необычные состояния. Поделитесь, если кто испытывает такое же. Как это обозвать? И похоже ли это на настоящие вылеты из тела?

Итак, ложусь спать. Каждый раз, ложась, мечтаю о вибрации, которая когда-то в детстве легко приходила сама. Сознание бурно трясет, из этой дымки легко вернуться обратно, если об этом задумываться, но если расслабиться... Наступает **сон,** в котором я знаю, что это я. Сон, в котором доступна любая визуализация, которой хочу, настолько точная, насколько хочу. Но это вибрирующее состояние давно стало для меня практически недоступным. Лишь изредка появляется, как спасительный приз за что-то.

Так вот, лежу я, пытаюсь ***не думать.*** И на меня наваливается схожее с обычной вибрацией ощущение. Будто затягивает в какую-то бездну... И появляется мысль в голове (если только она была у меня в тот момент): «Надо встать!» Вставать тяжело, поэтому я то чуть-чуть приподнимусь, то опущусь обратно. Еще чуть выше поднимаюсь... И так далее. В итоге встаю резкими урывками «туда-обратно». Вижу свою комнату, только она немного другая... Бшо что-то еще... Но тут охватывает ужасающая мысль, где-то изнутри, где-то от периферии сознания, я оборачиваюсь и вижу... ***свое тело***! Меня это дико пугает. Именно дико пугает. Не было никаких мыслей. Только ***страх***, дикий ***испуг***... И я инстинктивно запрыгиваю обратно. К себе. Запрыгнула несколько неудобно, так, что голова оказалась в плече. Пришлось провернуться... Очнулась. Чувствую, что плечо сильно ноет.

Снова проваливаюсь... Страшно стало еще до того, как я провалилась. Опять отдернула тело от самой себя. Опять ***страх***. Он начинает меня щупать и душить. Это самое ужасное ощущение! Поэтому опять поспешно ретируюсь обратно. Но не могу соединиться. Знаю, что все кончится, мой неведомый враг, душащий в крепких объятьях, отступит, когда я очнусь, но никак не могу этого сделать. Не могу пошевелиться, чтобы бороться с «объятьями». Очнулась... Слава богу. Очень тяжелые ощущения в теле. Смотрю на часы – прошла одна минута. Но видит Бог, ***там*** я провела гораздо больше этого.

Подобные, с небольшими отличиями, но все же очень схожие ситуации у меня были уже раз пять-семь. Не могу понять, что это. Знаю – не просто сон... При этом уверена – это что-то грандиозное, и с этим «отлепившимся» телом можно творить чудеса. Но дальше чем к порогу своей квартиры я ни разу еще не уходила. Случалось что-нибудь жуткое. Знаю, если преодолеть этот страх, получится что-то обалденное. Но как победить этот ***нечеловеческий*** и не подвластный разуму ***испуг***?

Помогите, кто чем может.

Папа

Описан классический выход в астрал, поздравляю! Перестань бояться, разработай программу полета и концентрируйся на ней, а не на страхе. Ну лежит тело, страшно. Так и скажи: «Я не являюсь этим телом». Повторяй днем, чтобы вспомнить ночью. А там сделай задержку на вдохе, или «Сурью», или «Око», расскажешь. У меня до сих пор не получаются предсонные или послесонные вылёты, хотя я и не тренируюсь, хватает дневных. Ты ***сама*** придаешь ***силу*** своему ***страху***. Придай *силу* чему-нибудь другому.

Нам страшно потерять свои страхи!

Обнимаю!

WHITE_ANGEL

Ингеборга! Спасибо большое за такое интересное сообщение!

Класс! Люди о таких переживаниях, как у тебя, мечтают!

А ты боишься... Не бойся! Лучше открой глазки пошире и запоминай, что там. А потом пиши нам в конфу. А мы тебя до дыр зачитаем.

Чтобы не бояться, почитай Роберта Монро... У него есть три замечательные книги «Путешествия вне тела», «Далекие путешествия», «Окончательное путешествие». Там то, о чем ты пишешь, у него происходило постоянно!

Я, когда прочла, думала: «Вот бы класс – чемодан собрать и к нему в Америку, в его центр. На испытания!» А у тебя это само собой, понимаешь! Это же Дар, Дар Силы!

Я за тебя страшно (хи-хи!) рада! Так что страх переводи в радость от открытий и путешествий! И пиши, описывай!

Щасталка (Щастя)

Ингеборге

Ага. Вылет.

Провалы, Тяжесть, Удушье. Страх... Редко, но до сих пор еще бывает... Даже когда кажется, что уже все страхи прошла, а хлоп! И вылезает откуда-то новая порция. Меньшая по объему, и уже знаешь, что с ней делать...

Вообще-то страх, раз он есть, нам тоже для чего-то да нужен... Чтобы показать, что в подсознании есть запреты, с которыми поработать бы нужно. Пересмотреться, продышать, просмеяться, протанцевать или еще как проиграть... Нужен, чтоб не лезть туда, к чему пока не готова. Чтобы подготовиться. Узнать дорогу. То бишь (в моем понимании) собрать максимальное количество положительных «таков». Осознать свою силу.

Анекдот в тему.

Идет волк по лесу. Ночь. Полнолуние. Красная кошмарная луна нависла прямо над ним. Каждый скрип ветки – как выстрел в спину. Зловещие звуки. Бросает в панику от собственного воя. Волчара здоровый, сильный, а весь трясется, к земле припадает. Чуть живой уже от страха... Лапы отказывают... Еще секунда – и паралич случится.

Вдруг слышит негромкую песенку. Навстречу выходит девочка. Из темного-темного леса. Одна. Без фонарика. Спокойная. Веселая.

Волк хриплым шепотом:

– Девочка! Как?! Почему?! ***Ты не боишься?!***

Девочка невозмутимо:

– Ой, Волк! Какой ты смешной! Дорогу эту я знаю. Секс люблю! Ну, скажи, чего ж мне бояться???

У меня эта фраза ключом стала. Когда начинаю бояться, говорю себе: «Дорогу ты знаешь. Секс любишь. Вперед! При достаточном расслаблении получишь удовольствие при любом исходе».

Это вообще-то теория. Теперь практика.

Папа писал:

Разработай программу полета и концентрируйся на ней. Повторяй днем, чтобы вспомнить ночью.

При выходе у меня бывает ощущение, будто из невидимого вязкого омута выбираюсь. Иногда очень долго. Невыносимо долго.

Как выход – усилить вибрацию.

Один из способов – вибрация внутреннего смеха.

Если присутствует сильный панический страх, в смех бывает сложновато включиться.

Тогда попробуй поиграть в вибрацию ЯРости.

Я распаковываю ярость ключевой фразой: «Ярило на ярмарке тщетности Хозяин».

ЯРрость, ЯРркость, Ярило...

Ярила – в мифологии восточных славян бог Солнца, весны, плодородия и любви.

Ярость возникает в той же чакре, что и сексуальное возбуждение. Ярость напоминает чувство агрессии, только агрессия всегда направлена на объект, а это совсем не наш вариант. Обусловленность нам не нужна. Безусловная мгновенная контролируемая яркая вспышка ярости отлично помогает выскочить из тела.

Если не можешь быстро вызвать чувство ярости, попробуй разозлиться... на свой страх. Для начала в любой бытовой ситуации попытайся отследить страх и разозлиться на него.

Злость, ярость использовать следует весьма и весьма осознанно. Мощные игрушки. Перед принятием к применению неплохо бы научиться их мгновенно ПЕРеключать. Перенаправлять.

Аристотель писал: «Каждый может разозлиться – это легко; но разозлиться на того, на кого нужно, и настолько, насколько нужно, и по той причине, по которой нужно, и так, как нужно, – это дано не каждому».

Ага, «так, как нужно» – осознанно.

Часто то, что мы не можем контролировать, воспринимается нами как «зло» или «плохо»... Неизвестно еще, что для нас хуже: страх или «слепая» неуправляемая ярость... Но это когда выбираешь из двух зол меньшее, автоматически назначая это меньшее «добром»... А можно иметь в арсенале и то, и другое, и третье... И научиться управлять ими. Помогает прикольное упражнение из телесных практик «ТигроЗаяц».

Встаешь, одну ногу чуть вперед. Отклоняешься назад, руки идут в жесте испуга вверх, глаза широко распахнуты, рот приоткрыт – Заяц.

Тут же, без паузы бросаешься вперед. Глаза сужены, губы сжаты, руки со скрюченными в хватательном движении пальцами выбрасываются вперед, из груди рвется сдержанный, но мощный рык – Тигр.

Секунда, ты – Заяц, следующая секунда ты – Тигр.

Учишься мгновенно распаковывать состояния, управлять эмоциями и настроениями, адреналинчик выбрасывать в кровь по желанию. Запоминаешь состояния, подключаешь к ним свои кодовые фразы.

В любом состоянии тяжести, тщетности попыток, «хождения по замкнутому кругу» распаковываешь ЯРость. Вырвалась! и сразу нейтрализующую ярость задержечкой дыхания. Мне небольшая, на выдохе, помогает. Не предельная, а такая... только чуток придушенная. Затем глубокий вдох-выдох, и полетела. Спокойненько. С включенным вниманием.

Успехов тебе в увлекательнейших приключениях!

Папа

На йогу во вторник приходите с пустыми желудками, в идеале лучше поголодать, но не обязательно.

Вы забудете, что такое падать и дрожать, будет фантастическая устойчивость.

Код:

> Дайте мне точку опоры, и я сделаю уддияну-бандху!

Борода

(из темы об иркутском семинаре)

Город-герой Иркутск. Один из эпицентров бушующего Пламени глаз, сердец, эмоций, душ и тел на планете Земля.

Обычно в Иркутске семинары проводит Папа, и последний раз я был здесь четыре года назад. Не забывается такое никогда. Когда ты впервые заходишь в зал, гудящий как улей, уже распаленный от предвкушения восторга, и плывешь сквозь расплывающееся марево, в самой сердцевине пороховой бочки, ожидающей малейшей искры.

Помню, едва я вошел тогда в зал школы № 65 в малиново-фиолетовом парике со звездочками из фольги (который в конце семинара таинственно исчез, видимо экспроприированный фанатками), как зал взорвался шквалом аплодисментов.

Спичка – чирк!!! – и с места в карьер понесся бешеный, громовой танец «Ой, хорошо», тогдашний хит всех наших семинаров.

Парик слетел напрочь, вместе с крышей...

За несколько дней до нынешнего семинара тело пылало, пылало и дрожало от энергий, часами не мог уснуть по ночам. Намерение и предвкушение грядущего квантового скачка подогревались йогой, которая уносила и разгоняла вибрации до пограничных частот. В сердце пульсировал жаркий вихрь. Дрожь усиливалась. Скорей, скорей бы!

В пятницу, в день начала семинара, я едва стоял на ногах, делая «Око». Сердце превратилось в клокочущий гейзер. Ну дайте же ***ж-жахнуть***!!!

Я сам уже был как горящая пороховая бочка, фитиль уже догорел, и занялся порох, растягивая время химических реакций, сдерживая взрыв.

В зал входил на дрожащих от потоков ногах, с трудом фокусируя картинку на мониторах Матрицы.

Первая задержка на вдохе – и кристальная ясность в голове. И кристальная твердость в теле. Мягкая твердость сжатых, сплавленных в другое агрегатное состояние волокон и протуберанцев Силы.

«Представляем вашему вниманию второе внимание!» В полном развороте. Без церемоний.

Все начало простоял на полусогнутых и широко расставленных.

Энергетическая прелюдия была одновременно и эпилогом. За первые полтора часа, что длились пранаямы-пение-задержки-танец, можно было рвануть в путешествие за миллионы световых лет. Кто не убоялся, тот рванул. Народ притих. Ошеломление и недоумение на лицах.

В первый вечер лица публики видел сквозь туман. Да и с трудом соображал, что говорю и что говорить. Не судите старого маразматика, если излагал нескладно, перескакивая с пятого на полдесятого в придачу.

Зикр на финише вечера прозвучал как залп 150 молний, расколовших пространство и время и прервавших непрерывность.

Утро субботы. Синь неба, солнышко, снег, 15-градусный мороз. Еду на йогу, как на новогоднюю елку в детстве.

Отряд охотников за Силой невелик. Похоже, сдрейфил слегка народ после вчерашнего пролога. Зато места навалом.

Легкость и яркость природы. Солнце, изливающее радость сквозь большие окна, задает тон энергиям. Сила +

Мягкость. Благодать + Игра с Пустотой. Из тела выносит, как порыв ветра – пушинку одуванчика. Стремительно и плавно.

Эскадра пилит рядом, не отставая.

Легли. Самарская певица пронзает воздух и сердца колоколом своего божественного высокого голоса. Накатившая Любовь. Просветление.

На этой волне танец «Сита Рам». Открытость такая, что солнечный свет меркнет перед светом глаз и аур. Счастье взносит высоко-высоко, и мы замираем на самых гребнях его валов, точно попадая в воздушную яму на самолете.

Один из пиков семинара. «Шива-Шакти», трехголосый, кажется, после обеда, не дожидаясь вечерних танцев. Уж очень силен накал, несет, несет!

Ух, как прорвало народ после Шивы! Какие заговоры посыпались градом! Преображение!

Чувствовалось, как к вечеру нарастало предощущение и призывание чего-то грандиозного.

Перед танцами короткая «проповедь», формируем намерение перед путешествием.

«Наступил решающий момент. Сегодня многие прошибутся. Открываемся Силе. Вызовите жажду прошибиться. Позвольте себе совершить прыжок в неизвестность, к ***такому***, что и вообразить невозможно. Попробуйте сдаться. И быть там осознанными».

Задержка-Молитва. Как на Иссык-Куле. Обращаемся к Силе, распахиваемся ей, доверяемся ей.

И Она не заставила себя ждать!

Медленно, с тугим шипением, что-то, но только не воздух, запруживает легкие, разворачивая лопатки назад, обнажая сердце. Задержка, сгущение сверху, порыв ветра, словно перед грозой. Пора выдыхать, вот оно! И на выдохе входит ***это***, вызывая изумление и трепет. Входит красиво, величественно, заполняя тугим прессом сосуд тела, начиная с верхушки головы, прижимая к земле тяжеленной дланью. Безмолвие, изначальное и всегдашнее.

Да все уже состоялось, какие вам еще зикры!

Вот это да! Надо подобную молитву-задержку включить как постоянную практику на семинарах.

Сырки. Ну и ну!

Шестеренка Гая. После нее сумасшедшее открытие горла. На выдохе после задержки горло рассыпалось, растворилось. И вокруг него образовался воротник, широкий и высокий, воротник Марии Медичи. Гофрированные пластины, кольца, нанизанные на шею, одна поверх другой. Это очень отдаленно. Упорядоченная структура, неимоверной сложности. Воротник состоял из... ничего. Из мельчайших, невесомых даже не частичек, а крохотных вибраций. Самый точный прибор и человеческое восприятие не может их зафиксировать, ибо вибрирует обычно частица, материя, а тут вибрировала сама вибрация.

Ой, мама, какой же это был Экстаз, утонченнейший!

И наконец, великая «Бисмилла» вождя, вновь потрясшая новой гаммой! Не пристало на танцах стонать вслух, но Оргазм был так силен и так рвался наружу, чтобы быть выраженным, явленным миру, что я какой-то непонятной силой взвивал его в голосе, интонировал частотами пения, безудержной, выплескивавшейся Радостью.

На задержках после нее тотальнейшее растворение. Легкость. Невесомость.

Черный куб. Да не черный он, и не куб, но надо же както обозначить это! Не помню, откуда он взялся.

Мягчайшее, пушистое какое-то присутствие, густейшей черноты, но чрезвычайно разреженной, и я внутри стенок этого сооружения, хоть и не стенки это.

Висение в самой сердцевине Бездны, в ее святая святых.

Нет наблюдателя. На блюде дателя. Есть наблюдение.

Эх, не рассчитал время, нас стали выгонять из зала, мало обнимались, не мог остановить «Бисмиллу», хотелось крутить ее еще и еще, в новых сочетаниях и сплетениях, вечно...

Сна никакого. Вновь и вновь окунание в глубочайшие откровения, которые жизнь подарила сегодня. Часа в три часа ночи сдуру включил «Бисмиллу», и слезы покатились из глаз.

Слезы счастья, радости.

Подобрал слова кода, уловил неуловимое. Хоть и слова-то простые, банальные:

Я – Радость, которая не знает границ!

Как же она захлестнула! Затопила всего, всего, всего. И стала еще больше, расширяясь внутри меня, и со мной. Эпицентр в сердце, из него расширяющаяся вверх коническая воронка этой подрагивающей, плещущейся субстанции.

Подумалось: «Знать или не знать может живое, разумное существо, значит, Радость – живое осознающее себя существо».

Потом ощутил эту радость отдельно от себя. Громогласный голос Любы зазвучал в мозгу: «Не создавай сущностей без ну#жды!» Фигушки, *эту* сущность я создам!!! И буду культивировать.

Ибо это и есть моя естественная, родная и подлинная природа, сущность.

Это существо, которое я всегда знал и чувствовал в раннем детстве, живет в моем сердце. ***Эх, ну как же можно было забыть такое!!!***

Посозерцав этот вихрь, поместил его вновь в сердце. Окатило с еще большей силой! Переживание безграничной радости, растущей, как лавина, – это просветление, Самадхи.

Подумалось, что такая радость может просто разорвать, если сознание или тело человека не готовы вместить столько. Вспомнились описания Ромена Роллана, как у Рамакришны от экстаза шла горлом кровь.

Воскресенье. Йога. Благодатью и не пахнет. Нагваль, концентрированный. Термоядерные энергии. Но почти без дрожания тела.

Бешеная степень концентрации энергии, доупаковка.

И вместе с тем крепчайшая устойчивость.

Еще один из ключевых моментов.

«Ишкала», танец Джеймса, известного как Джонни Пукинс. Любовь, сильнейшая необусловленная Любовь витала вокруг. Что это были за глаза! Кто-то плакал, у меня слезы наворачивались, едва сдерживался. Одна пара даже вышла из танца. Любовь можно было не только почувствовать, – ее было видно, с открытыми глазами, при дневном свете!

Как она спускалась! Танцуя, кружась и едва-едва заметно подрагивая. Почему-то приходит сравнение с гроздями из пыльцы, живыми, мягонько пульсирующими и излучающими друг друга в некое объемное облачко.

Любовь не имела цвета, и еще была похожа на легчайший туманчик, взвесь из энергетических «пылинок», связанных в переливающуюся субстанцию, океан. Очень-очень нежно эти пылинки играли, каждая друг с другом и со всеми сразу. Подобного Чуда я не видел в своей жизни.

Медленно они заполнили все пространство между танцующими, особенно заметно вибрируя и проявляясь между глазами партнеров. Тончайшее искривление пространства, дрожание его на микроуровне.

Это было дыхание, Дух.

Опыт, пронизывающий тонкое тело каждого такими же вибрациями, как это дыхание.

Несколько участниц поделились видениями необыкновенной красоты, сопровождающими распускание Любви.

Сердце еще долго полыхало, как раскаленный добела конический клинок, вонзенный в центр груди, как нестерпимый, мучительно сладкий и чарующий, растворяющий личность цветок!

Танцы в понедельник.

Потрясение. Сплав Мощи, Любви, Жара. Безумные глаза на крутящейся Шестеренке (афганский зикр). Обнимания с полной сдачей.

Сердце как средоточие сладчайшего горяченного излучения. «Мы не местные, возьмите его кто сколько может!!»

Сейчас, после семинара, на йоге вот эти тончайшие вибрации развиваются дальше, размывая и растворяя. Тело превращается в мельчайшую, микроскопическую пыль, оно просто исчезает. И потом ты лепишь его заново! Оно собирается из Ничего.

И не подозревал, что в тонкости такая сила.

Осознал, что мне, такому «крутому и мощному», страшно сдаться и раствориться в такую тонкость. Она граничит с Ничто.

Один из кодов:

Расслабляюсь до конца.

Обратно коду:

Дожимаю до конца.

Стали понятны Любины фразочки о снятии напряжений, сжатия.

Полное расслабление – это сдача Мирозданию, капитуляция. Это переход плотной энергии в сверхтонкую, разреженную.

Принципиально другой уровень. Мы с Папой его касались раньше, но не настолько.

* * *

Вот еще один из иркутских мотивов: ***отсутствие понимания***!

Потому как понять нечем. Ум отдыхает.

И некому. Нет наблюдателя.

И незачем. Понимание – это запихивание в рамки прошлого опыта. А тут чистое переживание. Просто что-то происходит.

Очень обострилось все восприятие. Скольжу сквозь события, не понимая их, а просто чувствуя, сильно и сочно, испытывая какие-то озарения.

Фантастический семинар-прыжок сквозь уровни Игры!..

Из сердца все льется и льется...

Маленькая Фея

Борода! Просто не могу прийти в себя. Прочитала несколько раз, впитала, ощутила... Какие образы! Как можно было описать то, что описать невозможно... Этот уровень восприятия, когда Любовь чувствуешь даже не каждой клеточкой, а какой-то еще не открытой наукой микрочастицей своего тела...

P.S. Я теперь тоже спать не смогу...

WHITE_ANGEL

Борода, Борода, Борода!

Господи, как можно **так** писать?! Как можно?!

А жить, а чувствовать, а?! Слов нет... Оглушенно смотришь перед собой... в одну точку...

Борода

Опять в ликующей ночи не спится,
Опять Любовь безумная клубится!

Феюшка, Ангелок, дорогие, когда писал, предвкушал я, коварный, как вас будет пронизывать при чтении.

Хабаровск принял эстафету! Похоже, в Иркутске, да простят меня байкальские аборигены, была разминка...

Неистовое, безумное, страстное, единым порывом-шквалом-устремленьем рвенье в запределье. Тела звенят и гнутся, что тугие луки, что паруса, надутые грозовым накатом.

Спектр счастья необъятен, от немыслимой тонкости и ласки до плавящего насквозь Жара.

Ситуация очень похожа на революционную: низы вместе с верхами хотят, страждут и могут, батальоны жаждут Огня и Зрелищ!

На мое предупреждение, что будем палить мосты, в ответ – рев многотысячного стадиона и расстрел меня прямой наводкой из крупнокалиберных огнеметов-глазищ: ***«Давай!!!*** Скорей, не томи! Мы готовы!»

Утро, приди, скорей явись!!!
Желанной йогой разразись!

Маленькая Фея

Как я и предполагала, после поста Бороды, распалившего меня с самого утра, мне было не до работы, а сейчас не до сна.

Я долго молчала, а теперь вот решила поделиться. Все наблюдала...

После октябрьского семинара, танцев, а в основном, конечно, йоги, что-то изменилось. Восприятие... Я стала иначе чувствовать Мир. Переживаю эмоции телом...

Кто-то близкий говорит: «Люблю», а я ощущаю ***ее***, Любовь. Теплой волной она входит прямо в сердце. Я чувствую это физически.

А вот кто-то родной подумал обо мне. Нежной шалью укутывают плечи. Но я еще не умею чувствовать, кто именно.

Вот старушка. Перед ней коробка с монетами. Точно знаю, что ей действительно нужны деньги. Кладу бумажку, а из глаза выкатывается слеза...

Навещаю уже старенькую тетушку. Любовь, нежность... До головокружения... Все поплыло.

Вспоминаю любимую песню... Вспыхнуло, закружило, понесло.

Переживает близкий человек. Я знаю, что все будет хорошо, но острие входит прямо в сердце. Как больно!

А йога... Ощущения обострились настолько, что в унисон потоку вибрирует каждый атом тела. И эта мощь... Она обрушивается сверху. И сейчас разнесет меня в клочья. Наверное. Я несколько раз теряла сознание. Я не могла выстоять. Тело не выдерживало такой сокрушительной Силы. Оно еще не привыкло ***так*** чувствовать...

Это и называется – «жить с открытым сердцем»? Настолько остро чувствовать радость и боль? Настолько, что не можешь управлять этим. Иногда так больно или так сладко, что от ощущений темнеет в глазах.

А как интересно чувствовать родных людей! Близко они или далеко, неважно. Передавать, транслировать свою Любовь. Так, чтобы даже на другом конце света ощущали они это тепло... И они ловят сигнал! Звонят, пишут, телепатируют в ответ! Потрясающе!

Как-то раз мне захотелось передать мысль тому, кого я очень люблю. И произошло удивительное! Я ощутила связь! Практически мгновенно! Мощный канал, прочно связывающий нас. И энергетику. Так, как если бы мы были рядом. Я прощаюсь, и канал тут же тает в воздухе...

До чего же интересно это все! Каждый день приносит новые ощущения, удивительные открытия, раскрывает чудесные тайны! Сладко жить, ощущая каждой клеточкой, как прекрасна жизнь! Просыпаться с огнем в сердце и дарить, дарить его каждому, кто готов принять! Наслаждаться радостью самого бытия, выпивать волшебный нектар счастья без остатка. Ощущать, что я и Мир – одно целое.

Эрт

Новую фишку нашел. Во время последней йоги, дома.

Четыре круга «Сурьи», для разминки. Потом начал одну за другой принимать асаны, те, которые особенно нравятся. Вот тут-то все и случилось. В одной позе скрутил себя как можно глубже, выровнял дыхание и направил внимание в потоки. Через некоторое время тело как бы занемело. Потом поток слегка усилился и начал сам управлять телом. Очень заботливо и нежно, как с ребенком: «Вот так... Хорошо... Теперь голову чуть выше, хорошо... коленку на три сантиметра вправо, замечательно... Теперь вот сюда подвинь руку». Когда все ошибки асаны были исправлены, тело растворилось полностью, звенящим сознанием я наблюдал движение энергии, в одном едином замкнутом потоке, и миллионах маленьких струек и ручейков.

Удивлялся: насколько приятной может быть асана. Через некоторое время поток утих и уплотнился в теле, особенно в тех местах, которые прорабатывались.

Дальше я начал одну за другой повторять все асаны, которые знал. Каждый раз все повторялось: полное погружение, онемение некоторых участков тела, усиление потока, мягкая коррекция позы и энергетический взрыв.

Занимался минут сорок, задержек не делал, и так вполне хватило. Пришло понимание, что наконец-то я начал заниматься йогой.

Tantra

Борода писал:

Сейчас, после семинара, на йоге вот эти тончайшие вибрации развиваются дальше, размывая и растворяя. Тело превращается в мельчайшую, микроскопическую пыль, оно просто исчезает. И потом ты лепишь его заново! Оно собирается из Ничего.

И не подозревал, что в тонкости такая сила.

Осознал, что мне, такому «крутому и мощному», страшно сдаться и раствориться в такую тонкость, что она граничит с Ничто.

Полное расслабление – это сдача Мирозданию, капитуляция. Это переход плотной энергии в сверхтонкую, разреженную...

Да! Да! Да! (видимо, голосом Любы)

Эх, Борода... А дом, а работа, а дети?

Все забросила и села писать. Искуситель... Прям как летом с оранжевым небом.

После той самой йоги неделю чувствовала себя очень странно, а с самой йоги еле ноги унесла. Состояние очень мощное. Даже тяжелое... И на каждой утренней йоге возвращалось. Стала я искать, как это состояние трансформировать. Потому что невозможно весь день находиться в режиме атомного ледокола. Можно и протаранить кого-нибудь. Плюс к этому, оно мужское очень. Оч-чень. А перед этой самой йогой я была на одном семинаре, дыхательном, естественно, где были разные техники, и на утончение энергии в том числе.

Стала я их делать потихоньку дома. Вечером, не каждый день, конечно, но... Вот что я заметила. После них состояние на йоге точно такое, как описывает Борода. Полная сдача, растворение. Нежность и любовь хлещут, не остановить. И с практикой его легко удерживать весь день тотально... Люди, весь мир откликаются мгновенно. Состояние очень гармоничное. Равновесие. Инь-Ян. Или, если делаю их с утра, прозрачность... Анахатное состояние, если можно так выразиться. Каждое движение, каждое слово исходят из сердца. Я вся, всей собой в нем. И нет мыслей, в привычном понимании. Есть чувства, которые выстраиваются в какие-то образы, и, исходя из них, что-то происходит. Я происхожу...

И тут до меня дошло, насколько грамотно проходят наши фестивали! Конечно, все равно возникает состояние, когда перекушали энергии, но это связано лишь с тем, что сознание просто не успевает распечатывать, расщеплять впечатления и освобождать, извлекать энергию из них... Это тренируется. Но вот как проходит день. Супер!

Утро – йога. Поток мощнейший, днем танцы с Гаем. И этот поток трансформируется в нежную, тонкую вибрацию Любви. Вечер. Снова йога. Опять все очень мощно. А на ночь, на десерт (какая уж теперь ночь!) зикры. Тоже очень разные... Энергия смеха («Насреддин», например), потом что-нибудь очень мощное («Шива-Шакти», «5/4», рок-зикр и т. д.). А в завершение вся энергия, накопленная за день, превращается вот в эту сверхтонкую энергию Любви, и потоки хлещут из самого сердца, соединяясь с другими сердцами в объятиях, растворяя обнимающихся, превращая их в Одно...

Это не открытие и не озарение, я понимаю.

Это просто наблюдение. Мое.

Борода

Код, родившийся во время вчерашней Ананда-йоги в этом безумном, безумном, безумном Хабаровске:

Собрал я тело из небытия.

Мадонна Кэт

(из темы об иркутском семинаре)

Я не знаю, почему после такого семинара почти никто не пишет, но могу предположить...

И пусть описать все это невозможно, ну и что!

Напишу хотя бы миллионную часть, это стоит того. Это была потрясающая неделя моей жизни.

Жизнь в жизни! Очередной прорыв в запредельщину, откуда возвращалась пусть с обрывками воспоминаний, но каких!

Оставлю пока сакрально-интимное. Как к нему подобраться? О простых вещах дайте сказать.

Совершенно по-новому стало восприниматься пропевание звуков. Просто влюбилась в этот незамысловатый процесс до такой степени, что готова посвятить ему остаток жизни!

Первая задача – это, конечно, на задержке не забыть, что собираешься делать. Зато если не забыла, то появляется такое возбужденное предвкушение! Вот-вот... Сейчас! На свободу! Изо всех сил!!! ***Щас спою!!!***

И когда уже пошел звук, это ощущение свободного полета, адреналинового затяжного прыжка, все усиливается, пока не достигает кульминации.

Азарт! Мустанг несется по бесконечной прерии! Молодая собака, отпущенная с поводка, нарезает безумные круги.

Иногда успеваешь даже чему-то удивиться: ***кто это поет?***

Звук идет не горлом, а всем телом, всем нутром. Полная отдача! Берите меня всю! Тело вытягивает и выгибает. ***Мощь!***

А когда еще звук видно, это такая красотища! Тогда экстаз от всего действа просто переходит все мыслимые границы, и тут лишь бы выжить – хотя ***кому*** выживать, совершенно непонятно!

За изображением летящего звука легко улететь самой. Несет куда-то вверх, по туннелям; звук тащит за собой со страшной скоростью, как на водных лыжах катер тянет тросом.

Звук «З» – самый игривый и легкий, он как темная труба-змея, вокруг которой порхают золотые искорки. Они извиваются вокруг по спиралям, и все это напоминает структуру ДНК. Игристые золотые брызги, почти ощутимые, как от фонтана ветром доносит.

Звук «Ом» – просто темная воронка, которая вдруг взрывается фонтаном разноцветных волн. Мощный и непредсказуемый. Не то затягивает в себя, не то раскрывается цветком.

И вдруг – неожиданно, вспышки цвета. Ярчайшая лазурь, пурпурные всплески, алый, сизый, как грозовая туча, глубокий изумрудный, светящийся янтарный. Какие-то великолепные смеси цветов. Потом опять темнота.

Сейчас пишу про это и понимаю, что я не могу себе такие цвета представить, только слабое подобие. Да и темнота сама тоже более насыщенная, бархатная, движущаяся.

Звук «Эль» любимый, конечно! Это просто кинжал, рассекающий небо! Смелый ослепительный клинок! Оружие астрального воина! Прекрасный, божественный! Сама безупречность и восторг!

Может быть, еще поэтому мне так понравился танец со шпагами? Каждый день теперь пою его и дома, и на улице!

Йога потрясла совершенно! Особенно те места, где надо стоять, прогнувшись, руки вверх! Или просто задержки на прогибе.

Тут ***так*** накрывает, настигает, что невозможно перейти к новой позе! Не успеваю за всеми, хочется сказать – куда вы торопитесь, дайте насладиться!

Да и дело даже не в наслаждении, просто двигаться быстрее в эти моменты невозможно! Как будто попадаешь в другое временное измерение, время останавливается, или замедляется до бесконечности.

Какая-то мощная сила по-хозяйски входит в тело, и оно уже не твое.

Мощный массажист (садист, конечно, хоть и нежный) проминает меня сверху вниз так, будто костная структура в теле отсутствует напрочь.

Тело расплавляется от жара, а скульптор-великан лепит меня гигантскими пальцами, как пластилиновую игрушку.

Или просто по мне проехал каток, а мне почему-то приятно?

Дома йога делается по-другому. Начинаю вроде бы знакомый комплекс, а тело потом начинает само импровизировать. Или в каких-то промежуточных позах зависает, или немного под другим углом поворачивается, или просто совсем другая поза появляется.

Мысли отключаются в самом начале, и если я фиксирую что-то, то неожиданно для себя самой. Надо бы, наверное, на камеру попробовать записать? Что происходит-то?

Под разную музыку получаются разные комплексы. Перед глазами картины потрясающей природы. Остановиться очень сложно.

Делаю йогу в любых условиях. Вокруг бегают и вопят дети. В меня летят то игрушки, то подушки. Один раз младшая залезла на меня верхом! Мне все равно, с ней вместе делала, только позы совсем другие были, смешные очень.

Йогу делаю потому, что не делать не могу. Ощущения, переполняющие все тело и душу, требуют выхода – в пении, танцах, йоге.

Надо бы еще в письменном творчестве, но не выходит пока. Не хватает средств для передачи всех этих состояний и потрясений – ни вербальных, ни художественных. Все мало, все вяло и бесцветно по сравнению с реальными переживаниями – и кажется, что получившаяся писанина обесценивает то, что происходит на самом деле.

Изменения, коснувшиеся осознания себя в обычной жизни, определенно необратимы.

Доктора, специализирующиеся на психических заболеваниях, не читайте эти строки. Я просто шучу.

Граница между сном и бодрствованием стала размытой, одно плавно перетекает в другое и наоборот.

Повседневный мир всегда был слегка «того», но теперь окончательно стал абсолютно загадочным, мистическим явлением.

Выхожу на улицу с легкой дрожью. Не узнаю почти ничего.

Все другое!

Поражают гротескные монстры – «красавцы»-зомби с рекламных щитов! Обалдеваю от растительного и животного мира города! Оживает неживое, например, архитектурные создания.

Всевозможных приколов матрицы, «совпадений» и того, чего «не может быть», столько, что рефлекс удивления зашкаливает и вырубает через пять минут пребывания вовне.

Самое странное – это, конечно, люди. Глаза у многих как пеленой затянуты. Стекло аквариума вместо живого взгляда.

Тук-тук, есть кто дома?

Разговаривать с кем-то кажется ненужным или бессмысленным. Кто понимает, тот понимает без слов! Есть другие глаза – сияющие, понимающие, веселые, умные, нежные, любимые и любящие!

Смотреть в них – это просто счастье в чистом виде! (А глаза-то еще и два?! дикий восторг!)

Прямая передача, переливание любви из глаз в глаза (гипнотическое состояние, невозможно оторваться, канал обмена связывает и притягивает друг к другу).

Так же, как при обниманиях, любовь переливается из сердца в сердце! Вот зачем мы обнимаемся после танцев. Чтобы происходил обмен того, что словами не выразить.

Вернусь к ощущениям.

В этот раз поражали вибрации разного калибра.

Одни – очень мощные, большой амплитуды, колотили и сотрясали тело в разных плоскостях, дожимали до предела и вырубали. В последний момент перед вылетом накрывала темнота, подминала под себя мощно, был и страх, и отчаянная безрассудная капитуляция – «Будь что будет!».

Никаких картинок и почти ничего не помню потом.

Где я? Кто я? А почему на полу?

Более тонкие вибрации шли с ног вверх. Устойчивость дикая.

Потому что ноги как будто не на Земле стоят, а в центр ее уходят. Пятки ощутимо поджариваются в лаве земного ядра.

Тело от этих тонких и очень быстрых вибраций постепенно теряет четкие границы и очертания. Трепещущее нечто, которое заливает более тонкая, но не менее мощная сила.

Вылет и возврат более плавные, красивые, почти как при замедленной съемке. Балерина, взлетая, тянет носочек и мягко изящно приземляется, успевая даже взмахнуть накладными ресницами!

Однако был и другой лейтмотив:

Но я дрожать не буду!!!

Я Воин! Я – сила!!!

Я не индульгирую в своих страхах, дрожаниях и прочей ерунде!

Мой наточенный «Эль» сверкает на солнце!!!

Вперед!!! Явись скорее, просветленье!!!

И на этой оптимистической ноте разрешите закончить нашу передачу на волне «Вечернего Арала»!

До следующих встреч в эфире!

Борода

Воину-ведьмочке без страха, упрека и «почти без дрожи» – высокочастотный вибропривет!

Пациентка: Мадонна Кэт.

Диагноз: Безумна. Поведение маниакально. Игра гениальна.

Рецепт: Выписать в вечный Экстаз.

Док

Да, прошибло тебя, Мадонночка, в этот раз по-настоящему, до самых глубоких глубин!

Поздравляю, дорогая, со вступлением в ***гвардию***!!! Батареи, ***огонь***!!!

Считала огромный набор наших состояний по полной программе, и сверх того!

Потрясающие описания! И какие слова нашла!

Твой азарт, несокрушимая Силища намерения, безудержный Пламень и отчаянное рвение в тотальную Неизвестность, отдача Силе всем существом изумляют и вдохновляют!

Брависсимо!

Мадонна Кэт писала:
Но я дрожать не буду!!!

Да, да, да, конечно! Ой, насмешила! Главное, сжимай покрепче маленькие кулачки.

Tantra

Весь форум вздрогнул...
Ну что же вы творите, на ночь глядя?
Не спать!!!

Папа

Мадонночка, Непорочная, обожаю до слез! Сейчас текут! Всем красноярским жаром окутываю твой великолепный кокон. У-х-х-х!

Мадонна Кэт

Ой, Тантра, рассмешила!!!!!!!! (Вот тебе за это восемь восклицательных знаков.)

Хотя у нас вообще-то к утру уже дело идет. А у некоторых скоро петухи дальневосточные запоют.

Папа! Утри слезы! Дай я тебя лучше непорочно поцелую! В твой безупречный мужественный лоб!

Папа

Провел йогу сегодня в Красноярске перед танцами! Ну, ну, ну... полный... песец! Вылетел сразу и надолго. Потом еще два часа танцев.

Логическое завершение одного жизненного цикла и начало принципиально другого.

Сделал коротенькие видеоклипчики всего комплекса. Пришел, посмотрел: неужели это я? Хорош-ш-ш! Вставляет просто просмотр, вставляет по полной!

Ну, держитесь, тантрынаташкифеиангелочки! Чтобы все при полном параде, в памперсах!

Меня!!!!!!!!!! Прет!!!!!!!!!!!!

Tantra

А-аааааа! Да что ж такое! В каждой теме! Ушла за памперсом... А то «Поклон земле», «Поклон земле».

Маленькая Фея

Папа! Не нагнетай!

И так прет по-тяжелой!

Памперсы в мою Картину Мира не очень как-то... Можно я буду без них? Думаю, что полный парад допускает такое исключение...

WHITE_ANGEL

А вот и я.

Какая у меня утром йога! Какая йога была! Ой, какая!

Я йогу последний месяц утром делаю. Сделаешь, подкачаешься и, как упругий теннисный мячик, прыгаешь на работу.

Уснула в три, подъем в семь.

Йога! И пусть весь мир подождет!

Все вроде бы в начале как обычно, но!

Я видела вначале, что я как бы внутри тела, а потом эта субстанция выходит, медленно отпочковывается, передвигается в положение напротив, потом вроде бы все как обычно, но!

В конце четвертого круга «Сурьи», растягивая задержки и уже дрожа от приливов-отливов экстатических волн по телу, я вижу, что я это не я, а необыкновенно красивый цветок с большим количеством лепестков вокруг сердцевины. Их много, они переливаются, светятся, внутри сердцевина, тычинки, и аромат. Аромат сердца, «аромат женщины». По телу-стеблю, превратившемуся в тонкую зеленую ниточку, идут волны блаженства, взрываются в сердце множеством брызг-бриллиантов, отражаются вверх.

Сколько я так стояла и созерцала это необыкновенное видение-чудо, я не знаю. Оторваться было просто невозможно от этой красоты.

А оргазмы шли один за другим, один за другим, следующий нежнее предыдущего. И не было сил остановиться и вернуться. Тонкость и нежность, пылкая легкость этого аромата. Что это за цветок, откуда?

Конечно, «Око» дает совсем другой приток энергии, совсем другой. Мощный, упругий напор. Там я уже помню пустыню, жаркое палящее солнце, барханы, песок, жгучий ветер, арабская музыка уносила вдаль.

Но этот цветок, какая красота! Откуда? Вот такого точно не было.

Йога! И пусть весь мир подождет!

P.S.

А у нас по вторникам перекличка? Да?

Памперс будет мешать делать самую экстатическую позу – «Коловорот», ну, вы поняли. Шучу!

Борода

Распирает, не могу не написать, рванул в инет-кафе, дома инет не работает.

Вчера на йоге почувствовал, как через тело протекает Сила, чистая Сила, больше ничего нет. Она пронизывает снизу вверх, струнами, нитями, волокнами, и я – на этой Силе, и я – эта Сила!

Код:

Я есть Сила!
И все есть Сила!

Тело распирало и подпрыгивало от Силы. Надо как-то выразить ее. Чем мы все занимаемся в этом мире? ***Мы выражаем Силу.***

Разными способами окрашиваем ее, преломляем индивидуально, в бесчисленное множество оттенков спектра. Даже когда мы в печали или депрессии, мы проявляем Силу таким образом.

Потом был еще один код:

Сделай новое! В Новом – Сила!

Идея сверкнула: «В этом состоянии, когда я являюсь Силой, можно рождать йоговские комплексы».

Давно пора самим придумывать комплексы!

Сделал новый комплекс йоги. Энергетический двойник начал двигаться, я его ощущал, видел и повторял движения. Меня вообще не было, Сила управляла моим телом.

Комплекс простой, десять движений, глубокие прогибы (которые и вставляют больше всего) и наклоны. Но прет!

Сегодня дома, оттачивая его, сделал пять раз. Больше не смог. Силища неимоверная, в чистом, концентрированном виде! Ядерный реактор. Жар, жар бешеный, тело объято жаром изнутри, гудит и дрожит.

Бабахнем на семинаре и во вторник! Назвал его «Крылатая Сила».

Гвардейцы, памперсы все же будут уместны!

Маленькая Фея

Даешь новые комплексы! Конечно, давно пора! Комплексы и памперсы в народ! Вперед! Сила прет!

WHITE_ANGEL

Нам хлеба не надо! Нам йогу давай!

А где ж я памперс найду на такой рост и на такой вес? А? Лучше с собой, будет предметом Силы, а не детской неожиданности!

Tantra

Борода писал:

Распирает, не могу не написать...
Ага... И я не могу.

Борода писал:

Сделал новый комплекс йоги. Энергетический двойник начал двигаться, я его ощущал, видел и повторял движения.

Меня вообще не было, Сила управляла моим телом.

Комплекс простой, 10 движений, глубокие прогибы (которые и вставляют больше всего) и наклоны. Но прет!

Еще как! Не удержалась после таких-то слов! Пришла. Попробовала. На первом круге вылетела, там тоже Борода комплекс показывал... После второго круга на задержке шлепнулась как последняя... Да. Третий делала с открытыми глазами... Не стала народ пугать.

Простые движенья. Простые движенья. Ля-ля-ля... Да.

Левое «Око» добавило остроты ощущений, снова. Где-то с Бородой йогу делала, частота вибраций офигенная, жар, дрожь, свист в ушах...

Завтра опять пойду.

Тай

Вчера, делая йогу, не могла остановить диалог, болтовня примерно такая: «Хочу делать привычно-любимое „Око", но тело явно настраивается на „Сурью". К чему бы это?» Пытаюсь не мешать, вхожу в состояние... 12 положенных кругов, и ничего – стою очень крепенько. Я скала – вот и стою! Потом стала вообще выполнять незнакомый комплекс, и состояние новое (уже не помню какое). Но рассказать хотелось о другом...

Решили мы с Чификом прогуляться до музея Рериха... Как пришли, помню, как уходили – с трудом. По дороге она спрашивает у меня, почему я не беру инициацию рейки, ответ как-то сам вышел:

– Понимаешь, мы ведь теперь гурманы, можем выбирать. Вокруг летает столько всяких предложений, зачем давиться всем, что рынок предлагает. В нужный момент приходит как раз то, что надо (завернула, да?).

Но после этой фразы реальность вокруг переменилась. Улица плакатом повисла в воздухе, а перед нами – дверь нарисованная, с единорогом. Нет, дверь настоящая, мерседесная, да и конь вроде... В общем, поняли мы это как приглашение, поблагодарили вселенную за юмор и красоту и – в музей. Уже в холле, когда мы стали разглядывать картины неизвестной художницы, нас накрыло, мягенько так, чтобы не спугнуть. Очень тонкие сюжеты разных земных цивилизаций, перед каждой картиной разные вибрации, ну точно для гурманов. От картины «Гибель Атлантиды» мы быстро отошли, посмеявшись: «Вот до чего доводит Богожопство!»

Интересно, что, присмотревшись, замечаешь: каждый сюжет разворачивается на сцене, даже видны кулисы и прожекторы, например, в сцене «Ангел и Дева Мария». Ой, пишу сейчас и выносит волнами из кресла... Потом следовали залы с картинами самого Рериха, рукописи, предметы силы из его личной коллекции. Молча чувствую поток, сшибающий с ног, информация загружается, не прочитавшись. В какой-то момент почувствовала даже легкую тошноту – переела. Мысленно упаковала все, сразу полегчало, вернулась способность к восприятию. Состояние, конечно, измененное, но хочется запомнить ощущения...

Подхожу к стеллажу с кристаллами и дневниками... десять минут – полет нормальный, возвращает сознание странный звук: «Тук-тук-тук». Сверху вижу мое тело, висящее на нити, струящейся сверху и входящей в макушку... Тело медленно и ритмично раскачивается, на носочки-на каблучки, «тук-тук» по паркету. Все, надо как-то возвратиться. Стою, смотрю вокруг, но не глазами: разные переливы, движение, а рядом со мной светящееся облачко. Поворачиваюсь, и удар в третий глаз возвращает привычное зрение. Передо мной Чиффа, в глазах спираль вращается, хлоп, и она тоже здесь. Коленки дрожат, идем дальше.

Маска. Маска «Сурьи». Остаюсь на время, но не отлетаю, а наполняюсь Силой, мощной, как раскаленная лава, что вливалась утром, при выполнении йоги!!! СюрПриз!

Действительно, как пишут наши Мэтры: Сила повсюду, и Ты – Сила, главное не забывать этого!

Вот такой вот энерго-культ-поход.

Ленуська Энерджайзер

По убедительным просьбам Бодреца выкладываю полную версию недавнего опыта.

Уходила я недавно в затворничество, от всех и городской суеты, на дачу, на три дня. Поработать (ноутбук брала с собой), а главное, погурманить в свое удовольствие – поделать йогу в тишине, не думая о том, что кто-нибудь проснется. Последнее время я усердно тренирую осознанность, чтобы не просто вырубаться в экстазе, а сохранять наблюдателя. И вот что интересного словила.

В конце «Ока» мы делаем повороты, руки на макушке. Я им не придавала особого значения. Раньше. Оказывается, просто нужно было делать максимально медленно и разворачиваться полностью на 180 градусов, не размыкая пяток.

Так вот, перед этим руки внизу, разворачиваю кисти наружу, вдох, начинаю медленно поднимать через стороны вверх и... Реально ощущаю, что поднимаю океан энергии, тело горит, а его трясет, как при ознобе. Медленно веду руки вверх и сама обалдеваю: «***Как*** такая громадина мне поддается?!» Руки все выше, энергетическая громадина послушно собирается, уплотняясь, над моей головой. Руки к макушке. Меня сверху насквозь пронзает белый огненный стержень, плавит, но я стою. Вдох, поворот вправо... И тут началось ранее мной не виданное и не испытанное.

С поворотом на 180 градусов вправо на вдохе и вижу и чую, как восходящий поток, проходящий сквозь меня, образует с моей правой стороны что-то типа полукруглой стенки, как вертикальная половинка трубы. При этом с правой стороны меня стало больше, и обострилось восприятие. Спонтанная задержка – с интересом рассматриваю новое белоогненное образование. Выдох, поворот в исходное положение – нисходящий поток образует такую же полукруглую стенку, поверх уже имеющейся, теперь она двойная!

Опять спонтанная задержка, с замиранием сердца (как бы это не спугнуть), продолжаю наблюдение. Чувствую, как от стенки фонит и пышет волнами жара, она так близко от меня, я чувствую ее кожей, и в то же время она огромная. Медленный вдох, поворот на 180 градусов влево – восходящий поток образует вторую полукруглую половинку-стенку, и они обе сомкнулись! Меня ка-а-ак рванет вверх! Балансируя на носочках (но пятки не разжала!), слегка присела, от неожиданности открыла глаза, разницы почти нет: то голубая стена дождя на белом фоне, то белая – на голубом. Спешно закрываю опять.

Осторожненько медленно выдыхаю, поворот в исходное положение – нисходящая стенка смыкается со своей половинкой – лавина сверху, обжигая, чуть не сдирает с меня кожу. Я в капсуле. Стою, вбитая в пол. Сработал код:

Я – мастер стояния на ногах.

Слегка ошалелая, но в полном сознании. Мой наблюдатель все еще ведет репортаж о состоянии энергетики и тела.

Опять задержка, уже ставшая привычной, – так лучше рассматривать, что происходит. Вибрирующий ультрасвист, давно заглушивший музыку, стал восприниматься нормально. У меня сложилось ощущение, что я, расширив проходящие сквозь меня потоки, полукругами вынесла их за пределы своего тела, сохраняя их и внутри. Это одновременное «внутри» и «снаружи» меня запутало совсем... Я чувствовала себя и внутри потока – меня растягивало, как резиновую, в противоположных направлениях до бесконечности, – и в то же время полой трубой для прохождения этой громадины. При этом и себя я ощущала во много, много раз большей!

Теперь я ощущала не только пространство внутри коттеджа, но и далеко за пределами всей округи, Земли. Причем реально как собственное тело! Радость единения с миром затопила всю мою душу, до слез! Правда.

Ме-е-е-едленный вдо-о-о-ох... Хотя невмоготу. Хотелось вдохнуть рывком... Но было очень страшно, что меня просто разорвет, если я разом впущу в себя весь мир. И плавное круговое движение руками – я словно разрезала белоогненные стенки капсулы, собирая ощущение единения с бесконечным миром, и, остановив сложенные руки на уровне груди, впустила мир в свое сердце.

Опять задержала дыхание, слушая, как теперь мир живет во мне, ощущая в себе его громадную *силу*... Медленный выдох, руки скользят вниз, ***сила*** устремляется вместе с ними. Разворот рук вниз – ***сила*** закручивается в шар. Раскрываю ладони в районе пупка и вкладываю в себя шар ***силы***. Ладони скользят по бокам, останавливаясь на почках, – все, теперь ***сила*** внутри меня... Потрясенная, задержку не делала – не требовалось. Открыла глаза, вижу очень четко, никакой дезориентации, слабости, дрожи. Стою не шелохнувшись, слушая, как Мир живет во мне, как его кровь-***сила*** бесконечными тугими потоками течет внутри меня. Я – Мир, Я – Жизнь, Я – Бог, и Я готова Творить!

P.S. Пытаясь снова поймать это ощущение, пробовала делать одни повороты, без всего «Ока» – фиг! Ничего не получается! Только вместе со всем комплексом, и лучше после «Сурьи».

Felicity ЦА-АХ

В последнее время тему «Энергетические Дневники» я открываю очень осторожно.

Вернее, загружаю я ее с утра, но разворачиваю и читаю, уже когда народ в офисе мало-мало разбредется.

Вот буквально сейчас с трудом дочитала Тай. Так накрыло, и картинки, картинки, как будто была там... И спирали в ушах со свистом. Потрясающие ощущения! Взглядом еще цепляюсь за слова, но с каждым словом удержаться все труднее.

Возвращаюсь, а Вселенная, баловница, подсовывает рекламу «Почувствуйте настоящую Силу!»

А вчера вечером еду в машине, по радио играет композиция на тему «В мире животных». Слышала ее много раз, но тут буквально на каждом звуке выпрыгивала и рассыпалась блестками, фонтанами! Сердце пульсировало и разливалось лавой вокруг. И огни за окном танцевали, и улыбка блаженная на лице. «Как прекрасен этот мир! Посмотри!» – хотелось мне сказать любому.

Эрт

Среда теперь стала волшебным днем. В киевский клуб Волшебников ходит пока немного народу. Из мужчин я там один в поле воин. Но все как на подбор! Поэтому неудивительно, что потоки ловим мощнейшие.

Вчера было несколько совершенно новых переживаний, поэтому и решил описать.

Во-первых, ***мантры***.

«Ом»! И пропевание гласных. Наконец-то я понял, как нужно петь. Естественно, я сотни раз читал об этом в книгах. Естественно, сейчас я буду использовать те же самые слова, но в глубине меня сидит то самое ***знание***, которое уже не исчезнет и которое придает смысл всему написанному. Более того, постараюсь это самое ***знание*** закодировать в тексте.

Технически все как обычно: вдох, задержка, на пике задержки – пропевание. Заметил одну штуку. Если держать до момента, когда кислород заканчивается и хочется сделать выдох, и начать в этот момент петь, преодолевая желание резко выдохнуть и снова вдохнуть, то Мантра преображается, заполняет собой всю сущность, становится единственным звуком во вселенной. А вибрации, которые она несет, превращаются в единый поток Шакти. Звук самопроизвольно усиливается, превращается в рев реактивного самолета. А тело охватывает огонь. Словно каждую мышцу и каждый нерв наполнили плазмой. Если открыть глаза, то видно, как по залу, словно рябь на воде, движется что-то, искрится и взрывается. И из этого чего-то соткано все пространство. Если глаза не открывать, то яркая вспышка и вылет в то, где нет ни мыслей, ни знакомых образов. Лишь бесконечность вариантов.

Дальше: ***йога***.

Начали с «Сурьи». Перед комплексом опять загрузил КМ про «последний раз в жизни». Отличная подача Бо была в Кривом Роге. Так выполнять нужно не только асаны. С этим нужно жить постоянно.

Во время комплекса полная самоотдача и погружение. Танец перед лицом вечности. Молитва и созидание одновременно. Удалось отслеживать все потоки, которые протекают во время выполнения, на некоторых асанах вываливался во второе внимание и оттуда следил за собой.

Дальше – больше. Овладев невероятной легкостью и каким-то странным глубинным пониманием, я провел совершенно новый комплекс. Такого раньше не было. С глубоким замиранием, растяжками и пранаямами.

Комплекс добавил звенящей пустоты, а на задержках, после, превратил тело (как выяснилось позже, не только мое) в огненный столб.

Под конец занятия открыли один глазик, правый. Хотел еще открыть и левый. Но почувствовал, что достаточно. Сели в лотос, в мозгах – пустота, вместо тела – поток, и звенящая ясность сознания.

На этом занятие закончилось.

На улице стояли, курили, кто-то что-то пытался говорить. Смысл слов малопонятен, и не имеет никакого значения. У всех пустота и бесконечный покой, разбавленный божественным состоянием гармонии.

Приехал домой. Выпил чаю с медом. Умылся и лег спать. Ни снов, ни усталости, ничего. Мир и любовь всему миру, счастья всем! «Ом»!

Борода

Молодца, Ю-Джинн! Воин самостийного Нахгваля!

Душа радуется, что есть такие, как ты, безбашенные путешественники. Твори, экспериментируй, взмывай все выше!

Гвардия крепнет и растет!

Прощайте, оргазмы, или Московская вторничная йога

(ноябрь 2005)

Борода

Молчит народ. Переваривает. Осмысливает. Очухивается. Пытается найти слова. Да где ж их взять, для такого...

Ну ладно. Как изящно подметил Папа, пофантазируем.

Ох, и странная была сегодня йога. Не похожая ни на что...

Не понимаю, что происходило и что происходит. До сих пор.

Очень сложно описывать. Совсем за пределами слов. И принципиально иное. Вот уж не ожидал.

Видели ли вы не дрожащую в финале нашей йоги Тантру? Нет? Вот и я не видел, до этого. Она тихо сидела, улыбаясь улыбкой адептки, достигшей Нирвикальпасамадхи, прислонившись к столбу счастья, к древу Жизни.

Аншлаг.

Начало термоядерное. Первый прогиб назад на первом же круге «Сурьи», и Бездна распахнулась в своем великолепии, дыхнув неизвестностью. Пришлось открыть глаза, широко, шире некуда, выпучив глаза в плывущий потолок. Вроде бы вот он, потолок-то, и свет яркий от галогеновой лампы льется. Да только это не спасает: потолок-то есть – меня нет. Слегка страшновато стало. А что ж дальше будет?

Собираюсь в решимость: «Идем дальше!»

«Крылатая Сила». Жар несусветный, пот льет струями, гул и звон. Тело расплавлено в жерле мартеновской печи, Сила в полном развороте.

Дыхнули, в одну ноздрю: «Эй, кто это там дышит так легко и мощно, будто ветер свистит в аэродинамической трубе?». – «Я? Как это я?»

Задержки. Тело – слегка загустевший каучуковый пламень... Нет, не пламень. Замедленный разряд сотни молний, спрессованных и текущих в узком пучке пространства, кое хлопцы в Матрице кличут телом.

Ну и, наконец, гвоздь программы, наделавший немало шуму в этом театрально-нагвальном сезоне, вызвавший ажиотаж в магазинах, что торгуют памперсами. А вернее, ***гвоздище калибра № 333***, накрепко прибивший к полу клуб «33 оргазма». Тут уж не до памперсов было.

Нынешний комплекс, по сравнению с тем вариантом, что был год назад, – небо и земля.

Молодец Калабин. Ас, монстр своего дела, что и говорить.

Задержки на выдохе. Выбросы. Задержки на выдохе.

Стоя, лежа, на корточках.

Пистолеты! О-о-о!!! Ковбои могут спокойно попивать парное молочко-виски в своих салунах, прикрывшись ветошью или старым седлом.

Выбросы, выбросы, выбросы!!!

Очень быстро входишь в режим, когда нечто мощнейшим образом само сокращает стенки живота, втягивая его до позвоночника, и еще мощнее выстреливает наружу мышцами живота, точнее, снопами диковинной субстанции!

Какой-то первобытный, древний зверь, огнедышащий, Царь Дыхания, пыхал, плевался и извергал сгустки иного материала. Нематричного. Чистой энергии. Упакованного тончайшего вещества, что есть первооснова всего. Всех миров. И материальных, и субматериальных.

Уже потом, на разборе полетов, смог хоть как-то сформулировать:

Выбрасывая прану резко,
дыханья сущность я познал.

Хотя эти слова ничего не скажут человеку, который не переживал подобный опыт ранее. Его суть, ядро, первопричину, исходную природу. Дыхания энергии. Энергии дыхания. Дыхания-Энергии, Энергии-Дыхания.

Это какая-то загадка, простая, как дважды два, основополагающая, естественная, но незаметная. Слона-то мы и не видим, оказывается. Простая штука, но, тем не менее, вызывающая трепет и восторг! Невозможный!

Выстреливая жаром, импульсами сверхэнергии, снопами сжатых вибраций, колышущихся маревом, салютуя стремительными порывами факелов-ракет, я *знал*, что это такое. И восторгался.

Дышал все сильнее, ровнее, чище, плотнее, жарче, могуче.

Тело – какой-то супермощный насос, исторгающий огненные ураганчики.

Беспредел полнейший, я поражался, как тело вытворяет такое!

И невероятные отлеты, в даль предалекую. И в то же время присутствие здесь, полное и яркое, еще какое.

Устойчивость скалы. Никаких вибраций, видимых. Тело не дрогнет.

Но какие эмоции внутри!

Тонкость – тончайшая, воздушная, легчайшая. И Сила, сжатая с такой степенью, столь плотная, что переходит в иной ритм, в иную природу.

Финал.

Неожиданный...

До левого «Ока» дело не дошло. Закончили калабинской же «Сурьей».

Блаженство. Не хочется ни двигаться, ни говорить.

Да и объятия совсем другие. Оргазмы, ау, вы где? Ну есть, конечно! Как же наши гвардейцы без них, но очень мягко, нежно и тонко.

Непривычно. О-очень странно. Необъяснимо. Неописуемо.

Незыблемость, твердость и спокойствие горного исполина.

Тонкость. Неземная. Воздушность.

Тишина, тишина, тишина – неимоверная, тишайшая, прозрачная. Зеркальная гладь высокогорного озера. Отражающая Ничто.

– Ты видел Ничто?

– Ага.

– Ну и как?
– Никак.

Анекдот придумал по весне. Он как нельзя более точно описывает то, что было в финале сегодняшней йоги:

– Винни, Винни, куда мы идем?
– В Нагваль, Пятак, в Нагваль.
– А что это такое?
– Ничто.
– А где это?
– Нигде.
– А как же мы туда попадем?
– Никак.
– А зачем туда идти?
– Низачем.
– Винни, я ничего не понимаю!
– Правильной дорогой идете, товарищ!

За один бесконечный вечер прожита длиннейшая жизнь, очень ярко, с невозможным восторгом и насыщенной полнотой. Совершенно не похожее ни на что состояние.

Только как бы понять, что это было. И как бы передать это словами?

– Па, а что это было?
– Не спрашивай, сынок, все равно никто не знает.

P.S. Памперсы оказались не нужны. Поздно.

Папа

Папа писал:

Вы забудете, что такое падать и дрожать, будет фантастическая устойчивость.

Код: «Дайте мне точку опоры, и я сделаю уддияну-бандху!»

Да уж, я предупреждал. Прощайте, оргазмы и обжигающая энергия. Через сумасшедший «Раджас» входим в «Саттву».

Вышло еще круче, чем ожидал. Пару раз только дрожал в поперечных вибрациях на поклоне земле, как последняя Тантра, которая даже на корточках не шелохнулась!

А как вставляла оглушительная музыка на задержках?!

Упоение ***силой***! Спокойный отлет. И полностью здесь, и так далеко где-то. В двух мирах одновременно. Причем второй мир – мир олимпийского спокойствия и хладнокровия. Тело колбасится в каком-то невероятном темпе, из последних сил, а внутри ***тишина***!

А какое ***«Око»*** с выбросами?! Там не до экстазу! Полнейшее, тотальнейшее присутствие!

Эх, вы, девчонки, знали бы, что на что меняем, может и нашли бы объективные причины уклониться. А теперь как жить дальше?

Здесь вам не тут, а здесь и сейчас! Добро пожаловать в новый мир!

Осмысление произошедшего придет много позже. Воздействие комплекса многопланово. Я делаю всего-то три недели.

Обнимаю всем сердцем и поздравляю гвардию. Спасибо всем, кто был с нами в этот исторический момент!

Sib-ryak

Огромная Благодарность и Привет всем!

Складывается такое ощущение, что почитаешь «дневники» и больше ничего не надо – накрывает самыми разными состояниями. Присутствует и любовь, и радость, и тепло сердечное. Прямо открытие какое-то. Йогу я начал делать год назад (спасибо Папе, приобщил), но такие состояния, как безусловная любовь и безграничная нежность, были недоступны.

Вообще топтался на месте. Сейчас каждое утро я делаю комплекс «Сурьи» и маленькую задержечку на выдохе и на вдохе. Кто-то писал, что если на первой задержке не накрыло, то дальше делать бессмысленно. Я после первой делаю вторую (мягко окутывает и как бы дразнится еще), на третьей – отключается внутренний диалог и остаются одни ощущения кайфа и безграничной задержки. Вот тут-то и получается «бум-с!», и включается тумблер.

Осознаешь себя на полу вцепившимся в ковер и вибрирующим. Безграничное ощущение удивления и восторга.

Тай

Перечитываю послейожие Папы и Бо, и слезы градом, верите? Это после олимпийского спокойствия и, как Папа верно заметил, хладнокровия внутреннего и внешнего. Ум что-то комментирует, что это похоже на выпускной вечер, когда чувствуешь, что нет возврата, что наступает совершенно новая жизнь, только не осознаешь пока... А нет их объяснений, нет...

Первый день. Танцы.

Танцы очень удивили, совершенно новыми состояниями. Не было привычной легкости, растекания оргазмов, цветных кино-картинок.

Термоядерная Сила, концентрат. Эмоциональный план почти выключился, хотя у меня он в основном ведущий. На задержках – с ног валящий поток, хотя, казалось, тело совсем спокойно, весь процесс внутри. Вдох. Вижу, как сверхмощная лавина, сметающая все, сейчас жахнет. Широко закрытые глаза замирают от ужаса.

Ш-ш-ш-ш... мгновенная перестройка, спокойствие, хладнокровие, констатация «Я» – отсутствует. В безграничной пустоте висят шарики, связанные друг с другом одним ритмом. Сознание может перемещаться в отдельный шарик, чувствуя его индивидуальный ритм и не теряя целости со всеми. Выдох... Невероятная скорость, шарики собирают вместе мое «Я» вместе с рухнувшим телом. Глядя, как штормит Па и Бо, удивляюсь, как выдерживаю это?

Дальше новые, невероятные Гаевские зикры. Какая-то часть меня танцует, пропускает разные спирали энергии, наслаждается, другая часть (даже не знаю, как это сказать, просто чувствовалось) концентрируется, превращаясь в ледокол, сходящийся к макушке головы.

Задержка. Сжимаюсь в маленькую точку, потом как будто получаю разряд электрошока. Вылетаю, очень жестко, целенаправленно. Я – электрический разряд, имеющий четкое направление. Стремительно пролетаю какую-то структуру из стекла. Потом сознание растворяется, темнота, бешеная скорость, вспышки, взрывы, гул, как ультразвук. Человек не может такое воспринять... Очень сильный удар и звук разбивающегося чего-то, на всю Вселенную.

Возвращаюсь покадрово: темнота – яркий свет от лампы дневного света – космический гул везде. Осколки зеркала медленно вращаются в пустоте, так же покадрово вхожу в тело. Состояние – шок. Мыслей – ноль. Чувство – очень сильный удар макушкой... Думаю, не вспомнила бы ничего, очень сильный шок был, особенно у тела. Но помогла Ай. Она стояла рядом, как бы на страже, и видела транслируемую картинку. Одна я вряд ли вспомнила бы...

На последнем зикре медленное возвращение чувств, трехголосие, и откуда-то сверху наблюдаю Творение, завершение... Все, можно отлететь навсегда...

Вчерашняя йога... Не готова еще писать. Усилием воли пытаюсь что-то сложить в слова, а в ответ тишина... Но было Очень Сильно, устойчиво и непонятно.

Tantra

Я не собиралась описывать все это. Нечего описывать. Некому и нечем. Как описать Ничто? Как справедливо заметила Тай после танцев: «У тебя же в основном текстильные ощущения». «Текстильные»... Да.

Но раз отцы помянули меня всуе... Попробую...

«А вы поменяете 2 кг обычного порошка на 5 г необычного?»

Обмен оргазмов и вибраций на Пустоту.

Практика началась с «Сурьи». Всего два круга, кажется, но накрыло... Потом не помню... Дышали... Может, даже и пели что-нибудь...

Дальше «Крылья Силы». С открытыми глазами ничего не вижу. Ощущение, что ослепла, но это так... индифферентно. Движения слушаю и угадываю.

Передо мной темное, глубокое живое пространство. Оно дышит и затягивает. Сколько кругов сделали? Пять? Не помню. Простые движения, наклоны, прогибы... Гениальное – все просто. Задержка. Передо мной светящаяся сетка. Еще это похоже на ячейки и соты... Матрица, мать наша? Я, в виде некой жидкой, густой субстанции, плавно лечу в нее и заполняю собой. Она вытягивается в конусообразную трубу, подобно перевернутой Шуховской башне, и мягко уходит вперед и немного вниз. Пролетая ее насквозь, рассыпаюсь на тысячу вспышек, рассеиваясь в темноте.

Новый комплекс с выбросами. Выдохи, выбросы, задержки. С каждой сменой положения тела – состояние, будто энергия внутри уплотняется. С ужасом думаю о задержке на вдохе. Вдох, ноги на всякий случай ставлю широко. Сверху медленно и плавно опускается густой и плотный поток, смывая все то, что я могла бы назвать собой. Ощущаю это физически, удивляясь только отсутствию малейших вибраций и абсолютной устойчивости. Соединяю ноги и делаю еще одну задержку. Поток уплотняется и, давя через макушку, как поршень, медленно проходит сквозь меня, вытесняя остатки... Чего? Меня из меня. Ну и терминология... Да.

Третья задержка – то пустое, что некогда было мной, заполняется Силой, она входит горячим густым потоком, внутри огненный столб, а снаружи: –1 °С. Ну, как будто изморозь на коже, при этом озноба нет, просто колоссальная разница температур на разных участках тела.

Передо мной россыпь звезд на темном ночном небе. А сама я, по устойчивости, подобна обсерватории, крыша которой на вдохе сдвинулась, чтобы это самое небо увидеть, а на выдохе плавно вернулась назад. Полная осознанность при полном отсутствии. Тотальное пребывание в Силе.

На «Сурье» Калабина снова ничего не вижу с открытыми глазами, но устойчивость сохранена, и поза имени меня прекратила свое существование. Почти год я прыгала в этом положении, прилагая колоссальное количество усилий, чтобы удержать равновесие на носочках, сложив руки в намастэ. Из вредности хотя бы, чтобы Папа перестал дразнить. Ни фига не получалось. А здесь... Спокойно, ровно, без напряжения. Просто стою, и всё. «Поклон земле». Так. Слегка. Папа сдержал обещание и лишил оргазма...

«И у горла распускается цветок». Он превратился в сверкающий прозрачный кристалл и мягко вошел в Вишудху...

«Око Возрождения» с задержками и выбросами совсем не похоже на обычное «Око» ни по выполнению, ни по результату. Закрыв глаза, на задержке вижу торжествующее лицо Папы: «Я же говорил!» Отгоняю, рассеиваю, ничего не меняется. Потом исчезает, а вместо него вижу глаза Бороды. Господи, ну что, больше нет никого в зале, что ли? Выдыхаю и делаю следующую.

Через макушку в тело врезается огненный столб, намертво соединив мои ноги с полом, при этом чувство такое, что я резиново растягиваюсь одновременно вверх и вниз, выходя за границы физического тела, ощущаю себя этим самым огненным потоком. Он уже не в теле. Он – это я, слившаяся с ним. Я становлюсь тождественна ему. А тела нет. И не было.

И ощущение, что переключили... Прыжок вверх на несколько жизней.

Ложимся и дышим. Задержка на выдохе. Предельная. То, чего нет и не было, пытается испытать оргазм. Зачем, интересно? Лишнее это. Затем задержка на вдохе. Затопило Пустотой. Она мерцает густым фиолетовым цветом, и из ее глубины на меня внимательно смотрит... Кто (внимательно смотрю в ответ)? Я.

Борода, ты все правильно увидел и описал... Не могла я ни встать, ни обняться.

Сидя в «полулотосе» и сложив руки перед собой, я могла лишь находиться в этом потоке и принимать... Тела не чувствовала абсолютно, только Вишудху и Аджну. И Сахасрара шевелилась. Но вот это ощущение, что «во лбу звезда горит», временами становилось невыносимым по силе.

Краем уха слышу, что Папа раздает диски с новыми комплексами. Вяло подумав, что нужно встать и взять, я не пошевелилась. Медленно проплыл любимый коан (родившийся после Самары из фраз Любы и Воланда... Сладкая парочка. Хи!): «Не нужно ни о чем беспокоиться – все придут и дадут сами».

Через несколько секунд мне в руки падают два диска. Боги – они очень щедрые. Нужно только вовремя подставить ладошки.

В общем, не получилось ничего описать, хоть и А4.

Все было не так.

Не понятно.

Будем распаковывать.

WHITE_ANGEL

Тантра, браво! Как описано! Как передано состояние! Браво! Какие тонкие переходы чувств и переживаний! В неописуемом восторге!

И отцы порадуются, всенепременно!

Они и утра не дождались, чтобы поделиться впечатлениями...

Прихожу в себя, распаковываюсь... Постараюсь выложить... Хотя что?

Борода

Тантра, глазастая ты наша воительница, целую в то, что от тебя осталось! В межбровье и в маковку.

Tantra писала:

В общем, не получилось ничего описать, хоть и А4. Все было не так. Не понятно.

Да. Но тебе удалось.

WHITE_ANGEL

Добрый вечер. Я с трепетом пытаюсь что-то описать. Но после вышеизложенного это так волнительно делать, честно говоря...

Дорогая передача,
И во вторник чуть не плача,
Мы до йоги добрались...
Папа впереди маячит,
Бородуля крылья прячет...

Впервые с трудом пытаюсь что-то описать. Обычно я фонтанирую, а тут...

Я в шоке, тихом и глубоком, ничего не понимаю, ничего не анализирую, перевариваю, расщепляю и вкушаю. Как странно, как странно...

Непонятно, загадочно, другой уровень игры, совершенно другая грань. И для Папы с Бородой, и для нас, конечно. Не понимает, по-моему, пока никто. Но описать надо, как-то надо «распаковать зазипованный файл».

«Сурья». Громкая музыка. Бьет со всей мощью в воздух. В воздухе плотно висит напряженное ожидание нового и, конечно, Сила. Она уже здесь и проникает в меня, вытесняя из сознания матрицу, суету и все остальное.

Прикосновение к глыбе, айсбергу, большая часть которого в такой глубине, о какой и помыслить трудно... Держишься ручонкой за страховочную нить, которая обрывается в глубине, и опускаешься вниз-вниз-вниз, вдох-выдох, вдох-выдох...

И нет сил остановиться, Бездна манит и манит.

Даже «Сурья» была другой, не тонкой и чувственной (она у меня почему-то часто такая), а какой-то плотной, спрессованной, мощной. Пружина сжалась до предела, я внутри спирали и готова к прыжку...

Крылья, крылья, крылья...

«Крылья Силы» такие мягкие и одновременно сильные, нежные и настойчивые, мощные и чувствительные, простые и уносящие в неведомую даль (куда?), такие же, как автор... («Сурья» тоже простая, но какая в ней тайна! Да, гениальное оно такое... Незаметное практически... Невидимое и почти неощутимое, потому что глубинное и родное.)

«Крылья»... Я буду их делать так же, как и «Сурью» – медленно, тонко, наслаждаясь каждым вдохом и выдохом...

А вот и новый комплекс.

«Ну, все, приплыли! Баста, карапузики, кончилися танцы. Заливайся, музыка! Запевайте, братцы!»

Папа показывает, как делать. Начало...

Постепенное нагнетание Силы, Мощи, Энергии, Потока.

Нагрузка на тело. Полное и мощнейшее воздействие на Дыхание. Контроль и внутренний диалог вырубает напрочь. В какой-то момент я понимаю, что еще чуть-чуть и «фее, не шмогу я, не шмогу»...

Тельце, мое чувствительное тельце ничего не понимает. Шо с ним творят, шо и за шо? Мнут и мнут, как при массаже. А еще оно, мое тельце, не поймет, хде... Хде... Ну эти, как их? Ну... Аргазмы! Шо, совсем не будет? Со мной что-то не то? Да нет, ну что-то же определенно должно быть. Где-то... Где-то здесь (когда лежа дышали, были).

Все в тумане, какие-то тени в сером пространстве, двигающиеся, как облакообразные существа.

Инструкции долетают из далекого далека. Я тщательно фокусирую внимание на той части тела, которая должна сейчас делать следующее движение, а тела-то уже нет... Нет его... А что же тогда есть? И где я? Где? Ау, ау!!!

Где картинки? Где образы? Где видения? Их почему-то нет. С нашей-то фантазией, да.

Я что-то пытаюсь увидеть внутри. Тщетно...

«Посмотри на это небо, посмотри на эти звезды, ты видишь это все в последний раз».

Задержки плавно-плавно, осторожно-осторожно, трепетно, потому как можно уйти и не вернуться. И эта Сила, она и вокруг, и во мне. И когда ее вдыхаешь, она плавно и плотно впрессовывается в меня, в мое нутро. И уже нет ничего.

«Око» новое, другое, с такими же элементами, как и комплекс с выбросами. Да уж. Мощная, плотная, окончательная и бесповоротная упаковка Силищи.

«Бултыхания» стенками живота раньше у меня были часто сами по себе, на выдохе. В позе «Собака», например, и т. д., а вот сейчас это еще и элементы новых комплексов.

Такое ощущение, что Папа вложил в эти комплексы всю силу, на какую был способен, всю мощь. Мечтал три недели показать тусовке. Остался доволен и даже, по-моему, очень рад! Как будто мечта осуществилась! И был он в тот день просто папой...

Конец игры, конец комплексов, неужели конец... мне казалось, его и не будет...

Дышим лежа... На задержках после очень интенсивного дыхания тело выгибает мощной дугой и сотрясает мощнейшим взрывом в горле...

Можно просто лежать... Как хорошо... Как хорошо... Просто отдаться потоку энергии, идущему внутрь, и ни о чем не думать. Хотя на краю обрыва мелькает мысль: «Распечатку бы и диск с записью». Обнимаюсь с Танечкой и получаю то, о чем только подумала. И даже не удивляюсь. Спасибо!

Я обнимаюсь... Танечка, Феюшка, Таюшка, Ай, Ганеша... Как-то бестелесно и неосязаемо, хоть и с оргазмами (а вот и они!), но как-то воздушно-призрачно! Как-то...

Под конец – Тан, слегка касаюсь лба, слегка... Потому как прикоснуться просто не решаюсь, так все хрупко в ней, так тонко. А обниматься ей нечем, есть только горлышко и лобик. И все.

* * *

Анекдот.

Тэту з сыном поихалы на морэ (отец с сыном поехали на море).

– Дывысь, сынку, оце морэ...

– Дэ, тэту?

– Блыще...

– Дывысь, сынку, оцэ морэ...

– Дэ, тэту?

– Блыще...

– Дывысь, сынку, оцэ морэ...

– Дэ, тэту?

Вот и с нами было примерно то же...

Что-то было... А что? Где-то были... А где? И что-то с нами будет... А вот что?

Да...

«Ни в сказке сказать, ни пером описать...»

Маленькая Фея

• Пролог

Эти встречи каждый месяц для меня, как вехи. Вехи на пути... Очередная стартовая площадка, очередной виток, очередной замер.

Октябрьская йога принесла сумасшедшие потоки, сверхскоростные полеты и разрывающую сердце Любовь к Миру. На этой волне я жила целый месяц. Но в душе крепло одно намерение – смягчить Силу, обрушивающуюся и сметающую мое непривычное к такой Мощи тело. Тело, плавящееся под напором Огненной лавы, уставшее от полыхающего пожара в Анахате и нестерпимого жжения Аджны. Я взывала к Силе и молила о снисхождении. Я не просила ослабить поток, нет. Просила не быть ко мне такой жестокой. И была услышана. Я пришла с намерением. И оно было исполнено.

• Часть первая. Танцы

Совсем другая энергетика. Почти нет картинок. Второе внимание. Я в тумане. Белая пелена окутывает меня. Серебряный блестящий шарик. Бутон, расцветающий передо мной, превращающийся в прекрасную белую лилию.

Энергия – тончайшая, как кружево, которое можно легко продеть сквозь игольное ушко. Складывается и распадается мозаика. Цветные узоры перетекают один в другой, переливаются нежными оттенками. Что это? Что за прозрачная невесомая субстанция, которая нежно входит в меня на задержке? Наполняет меня легкостью и тонким блаженством? Это Она. Сила. Я знаю. Я чувствую ее Мощь. Но я открываюсь Ей. Раскрываюсь полностью, и Она входит, наполняя грудь прозрачным туманом вместо пожара, нежно и властно заполняя тело. И я отдаюсь этой легкости, этой нежности, этой тонкости без остатка. И растворяюсь, растворяюсь среди блеска переливающейся мозаики, мерцающих огней. Я нигде и я везде. У меня нет тела. Оно стало облачком, которое растаяло в воздухе. Какая легкость и какое блаженство! Спасибо!

«Бисмилла». Порхаю... Бабочка... Красивые крылья... «Аш-хаду Алла Иллаха Ил Алла». Мужская и женская партии... Я тоже часть этой могущественной Силы. Сегодня сама нежность и невесомость.

Объятия... Как танец. С каждым особый. Сливаясь, срастаясь, делаем Силу слаще, но в то же время еще мягче. Выдох-вдох. Размываюсь, растворяюсь во Вселенной. В этой тонкой нежности... Так хорошо!

Вплываю домой, внося с собой легкий шлейф искрящегося блаженства. Витая невесомо, я вдруг обжигаюсь и понимаю, что это мои собственные Анахата и Манипура.

На следующий день я не хочу собирать себя. Переливающиеся пазлы меня самой разбросаны в пространстве. Я почти не понимаю слов. Есть не хочу, не могу со вчерашнего вечера. Как хорошо! Побуду такой до йоги... А что будет на йоге? Посмотрим. Мне говорят: «Тебе противопоказана сегодня йога. Ты не вернешься. Или станешь совсем неадекватной». Шутка, конечно. Но в каждой шутке... Учту. Вернусь. Рано решили выставить в качестве экспоната мой светящийся кокон.

Но это уже совсем другая история...

Смайлик

Ребяты, вот это меня щас колбаснуло!

Пришла с работы, вся больная и сопливая! Поспала час и решила йожкой себя побаловать (с учебой-работой замоталась в последние дни, так не занималась вовсе).

Почистила сначала все чакры и каналы, помедитировала, поймала ощущение ***полного покоя*** и ***пустоты***. Обалденно-пофигистично – нет меня, и всё – пустота и покой!

Потом была «Сурья»! Вот это красота! Перед глазами миллионы кружащихся звездочек, световых ручейков и радуг. В теле ощущение упоительной упругости – мною как будто что-то управляло изнутри. Оно кайфовало от каждой позы и плавно перетекало из одной в другую. Не комплекс, а песня! Впервые (а может, и не впервые, просто не осознавала раньше) было ощущение, что я наблюдаю за всем со стороны – неописуемо словами! На задержке облило жаром-кипятком с макушки до самых пяток (в испуге осматриваю себя, нет ли ожогов).

Дальше дыхание частое-частое и пританцовывание (ну, кто-нибудь скажет мне, как это называется, а?). Были какие-то ощущения. Не помню... А-а-а-а! Опять не помню! Но были же точно и картины, и что-то еще! Потом вдруг почувствовала спиной, что в комнате кто-то есть, справа позади. И та-а-а-ак страшно стало – обдало холодящими мурашками! Вмиг пришла в себя, открываю глаза – никого... Уф! Отлегло.

Внутри соглашаюсь со всеми ощущениями: «Да! Да! Да!» – и дышу дальше. Страх сменился полным покоем! ***Безмятежность! Ничто и нигде!***

Автоматический внутренний кто-то делает выдох и небольшую задержку. Рвущийся наружу взрыв изнутри... Не пускаю. Опять страх. Задержка на вдохе!

ДА! – всем страхам и ощущениям, приятным и неприятным. И практически сразу полное отключение. Просыпаюсь от боли в затылке, заднице и где-то под лопаткой... При этом ощущаю жужжание где-то внутри головы, посередине, ближе к затылку, слышу звон и... Как бы это описать...

Ощущаю себя в облаке роящихся мурашек, очень холодном. Оно, уменьшаясь в размерах, прилипает ко мне и становится тем, что у людей называется кожным покровом. А внутри жарко так! И до меня доходит, что я лежу! ***Я упала? Не может быть! Я упала, что ль?*** Ага! Так отключилась, что ничего не помню! ***Уррра! Я первый раз упала!!!***

Ржу, как дурень. Встаю. Ойй-е-ейй! Моя лопатка... А лежа было не так больно! И сразу делаю еще задержку! Спокойно так, тепло. Потоки внутри гуляют, ручейки красивые бегают – ляпота. Довдохи делаю – не, не падается больше. Ну и ладно – еще успею!

Вот так подарочек!

М-да, перечитала все еще раз и удивляюсь: как же все-таки трудно упаковать ощущения в слова и передать их. Или я слов таких не знаю, или их еще не придумали...

P.S. Побочный эффект – от насморка и следа не осталось! Ну, я круть! Не нахваливаюсь – ВКМ питаю!

ЗвезднаЯ

То, что происходило вчера, – необычно-непривычно для меня во всех отношениях. Да, «новый уровень, новые состояния». Согласна. Возможно. Я не знаю, как это было раньше. Попав именно в московскую тусовку, где подключаешься к струе и уже находишься в энергетическом потоке, просто встретившись глазами с человеком, понимаешь, что все, что было до, это все не то... И все такие родные. Все такие любимые.

Общее впечатление от вчерашней йоги интересное. Через тебя протекают огромной силы потоки энергии, уносят, успокаивают. И в то же время – абсолютно четкое осознание того, что происходит! Рождаясь в районе пупка, энергия разливается перекатными волнами блаженства, питает все тело, каждую клеточку. Ощущение нахождения в энергетическо-восходящей струе.

Разминка. Чувство того, что находишься внутри энергии, в мягком, практически незаметном потоке. Состояние лености-«размазанности», предвкушения чего-то грандиозного.

«Сурья Намаскар». Один круг. Задержка. Пожалуй, впервые я осознала, *как* это – стать частью энергии. Абсолютная четкость сознания. Ты здесь, и в то же время это не ты. Две реальности. Две жизни. Ты далеко, но полностью осознаешь процессы внутри.

Спасибо Бороде за его потрясающий, нежный, мягкий и одновременно уносящий комплекс. Энергия невероятной силы, тянет в разные стороны, распирает... Может, благодаря этому появляется невероятная устойчивость. Ты просто вливаешься в восходящие вихри. Это уже не ты, не твое тело. Разум, сознание, но не тело. Тела ***нет***, есть только энергия... Сегодня при попытке проделать комплекс дома, не смогла сделать даже два круга. Энергия сшибает напрочь.

Спасибо Папе за новый комплекс с выбросами. Здесь слов уже не хватает. Энергия к тому времени раскрутилась ***так***, что запомнить последовательность движений для меня вообще стало нереальным. Тяжело физически. Тело не выдерживает. Помню, мысль даже скользнула: скорее задержка бы уже – может, сшибет, хоть пару секунд полежать... Но! Задержка... и стою! Причем абсолютно твердо! И музыка во всю мощь! Отделилась от своего существа вмиг!

Для меня новыми ощущениями стали наблюдения за энергией. Вот идет по руке. Поворачивает. Идет к сердцу. Или может вдруг «передумать» и пойти в другую сторону, туда, куда нужно?

Сумбурно... Непонятно... Я только учусь.

Смайлик

Обчиталась темки и решила продолжить занятие... ***Мало мне!***

Вся и так горю, а напиталась еще и нежностью, и силой, и спокойствием, и жаркотой сердец ваших (от каждого такая разная энергия – м-м-м-м, ляпота, вкусняшка!).

Продолжила занятие с дыхания. Пятнадцать минут (отследила по музыке) прошли как одна. Картинок нет, только звук: вслушиваюсь в дыхание «вдох-выдох-вдох-выдох» и опять отлетаю, становлюсь этим звуком – шипением носа, ***ничего*** больше нет! А шипение само живет, подпрыгивает, и ему весело, улыбается. Задержка на вдохе. Жаркие горячие потоки гуляют во мне – знакомо так, но не улетается почему-то. Присутствую тут, наблюдаю жару. У-у-ух!

«Око». Правого хватило за глаза... Знакомые ощущения упругого резинового пространства, металлический привкус во рту (как-то Маленькая Фея описывала похожее – как будто прикасаешься языком к батарейке пальчиковой). Ощущение, что голова болтается, как шарик воздушный, привязанный к шее тонкой ниточкой. Руки кажутся намного длиннее своего обычного размера, с острыми когтями и какие-то непривычно тяжелые... На прогибах вдруг ка-а-ак пошли вспышки – одна за другой они выплывали из темноты и взрывались перед глазами! Чувствую, теряю равновесие, сейчас упаду. Не-е! А доделать комплекс! Фигушки тебе – падать будешь потом. Открываю глаза, изображение как-то странно восстанавливается – кусочками. Вижу комнату и не узнаю... Дико, шоково! Больно глазам... ***Всем*** ощущениям – ***да***! Успокаиваюсь, закрываю глаза и доделываю, наслаждаясь, – приятно вкусно, кайфово!

Задержку не помню. Но устояла. Все! Хочется покоя. Наигралась.

Ложусь в «Шавасану», глубокие вдохи и выдохи, спонтанные задержки. Наблюдаю, как успокаивается и ритмизируется сердечко. Не управляю процессом – тело само разберется, чего ему хочется и как удобней, а я наблюдаю. Успокоилась, что все в порядке, и переключилась на музыку. Растворяюсь... Какое звучание! Столько оттенков, красота! Она волнами льется, мелодии обнимаются, танцуют, струятся, укрывая шелковой нежностью и любовью. Тепло, умиротворяюще, спокойно и радостно.

Вернуло предательское «апчхи»!

Три часа. Спокойной ночи. Обнимаю, укутываю любовью!

Мадонна Кэт

Вчера в Интернет выйти не смогла, но записала некоторые ощущения от йоги. Сейчас вышла выкладывать и просто обалдела от потрясающих отчетов, хоть и не все еще успела прочитать! Спасибо всем!

Конечно, описать все невозможно, но, когда пытаешься это сделать, частично возвращаешь себя в пережитые состояния. А это стоит всех писательских потуг!

Йогу во вторник запланировала на поздний вечер. Хотелось синхронности с нашими отцами и другими собратьями – пусть не в пространстве, но во времени. Готовилась прилежно. Голодала. Вечером – занятия на танцах живота. Для разогрева оказалось просто супер. Предвкушала весь день.

Допредвкушалась.

С первого же комплекса накатило нечто ***другое***, несвойственное. Да так неожиданно, что я почти захлебнулась этим, как высокой волной. Даже воздуха стало не хватать, и я резко глотала его.

Я, конечно, не остановилась. Потому что уже поздно было останавливаться. А ведь моментами становилось просто жутко.

«*Куда* я попала? *Что это?! Да зачем* мне все это нужно?» – были и такие вот панические ноты, да.

На семинаре и когда просто делала йогу не одна, не страшно проходить новое. Потом, после семинара, дома испытывала в целом знакомые состояния. Хотя и с вариациями, всевозможными аранжировками, оттенками. А тут – можно сказать, в одиночку на чужбине. Но хватит индульгировать. Наиндульгировалась уже вчера.

Все же успокоилась. Периодически повторяла про себя: «Не боюсь, отдаюсь, осознанна», – такое пришло в голову заклинание.

Отдалась происходящему. Не дрожала. Не падала. Не было к этому никаких физиологических позывов.

Только иногда сильно напрягалась, пытаясь удержать свою человеческую форму, потому что ее разрывало и срывало всевозможными способами.

Вот один. Сила входит в тело мощным, плотным ощущаемым жаром. Тело переполнено до краев, а Сила продолжает входить и распирать его. А потом вся эта мощь просто раздвигает стенки заполненного собой сосуда (то есть моего тела), и его границы быстро раздвигаются во всех направлениях, сначала до пределов комнаты, потом до бесконечности. И то ли я стала размером со Вселенную, то ли меня не стало вовсе – в тот момент я это упустила.

Кажется, где-то вдали проплывали мои стиснутые кулачки.

Еще один. С меня сверху снимают, сдергивают мою «оболочку», как шкурку банана. Резко так, легко и спокойно. Потом еще одну, еще, еще. Я успеваю почувствовать кожей, или что там осталось, как она скользит по мне снизу вверх. Непривычно, но ничего неприятного. Каждый раз по-разному – ощущение более гладкого или шершавого, теплого или горячего. Снимается много слоев. Меня каждый раз немного тянет вверх за оболочкой, а потом легкий «чпок», и все – оболочка отцепилась от меня. То есть со стороны, наверное, я слегка подпрыгивала на месте.

Все это было как налетевший вихрь! Сколько продолжалось, не знаю. Может быть, и не долго. Времени не ощущала совсем.

А затем – о, чудо! Буря улеглась, и вдруг – тишина! Спокойствие! ***Покой!***

Вода, как зеркало, ни морщинки на поверхности. Такая тишь может быть только после бурь и потрясений!

Но в этом покое ощущалась ***такая сила***! Наверное, так ощущают себя вечные скалы, величественные вершины и холмы; в таком покое застыли необъятные природные просторы, которые взирают на нашу возню и суету со снисходительностью более сильных и мудрых.

Вечный покой. Но не мертвый, а наоборот, заполненный жизнью до краев, да еще и жизнью в более концентрированной, сжатой форме; нечеловеческой.

В этом состоянии движения замедлились до предела.

А сила в руках-ногах, казалось, была такой, что, если неосторожным движением руки задела бы дом, он бы просто рухнул или отлетел в сторону.

Поэтому движения сделались очень осторожными.

Боялась нечаянным взмахом руки разрушить мироздание!

Потом заметила еще одну особенность. Этот покой, проявляющийся в моем теле, на самом деле не был неподвижен, а состоял из множества мелких движений, настолько не уловимых вначале, что их легко можно было пропустить. Вроде того, как смотришь на воздух прищуренными глазами и в неподвижном пустом пространстве начинаешь видеть множество движущихся точек. Зато когда я их уже заметила, не ощущать эти движения было уже невозможно. Почему-то не хочется называть их вибрациями. Может быть, потому что отдельные частицы двигались с разной беспорядочной скоростью. Каждая сама по себе.

На одной из задержек, после «Крылатой Силы», сверху придавило так, как будто бы мне резко добавили в нагрузку сотню-другую лишних атмосфер. Меня буквально пригнуло к земной тверди, и не знаю, какая такая поза получилась, но ноги у меня стояли, а затылком я ощущала твердый пол!

То ли это был супермостик, то ли – сейчас осенило! – это был не пол...

Жаль все же, что камеру не включаю. Надо бы хоть раз попробовать.

Делала йогу я примерно полтора часа. Потом просто поняла, что ***все***, ну не могу больше. А с группой товарищей, наверное, смогла бы больше.

Кое-как на негнущихся ножках пошла к кровати. Но снова удачно заловила себя на этом индульгировании и пришла в себя. Почему-то вспомнилось, как Эрт после йоги пил чай с медом. Наверное, потому что это было последнее, что я на тот момент в конфе читала. И мне ужасно захотелось чаю и меду. И я выпила чай как впервые в жизни! А потом легла.

Мое состояние: абсолютная, небывалая ясность сознания, сила, покой, счастье, отсутствие внутренних мыслей, присутствие тотального понимания всего, – и все это во мне одновременно, и полное отсутствие времени, оно остановилось.

Борода

Спасибо, спасибо, дорогая наша гвардия, наша гордость, уникальная, неповторимая, отважная и нежная ***команда***, за то, что были с нами!

Тантра, Фея, Ангел, Мадонна! Только вслушайтесь, какая небесная компашечка подобралась!

И за то, что нашли человеческие слова для нечеловеческого!

Обнимаю вас безбрежным облаком сердца!

Фея, ждем «другой истории»!

Маленькая Фея

• Часть вторая. Йога

Честно говоря, очень хочется откосить от написания. Но получилось, что уже намекала на продолжение, ждут уже. Ангел говорит: «Распаковывай». Борода добрые слова такие сказал... Как можно не написать? Попробую, но не знаю, как получится. Все перемешалось. Недоосмысливается... Ладно, осмыслю по ходу.

Долгая разминка. Растягиваем прелюдию. Морально мы уже готовы. К новому прыжку. На пять ступенек? Да хоть на десять! Подготовка проведена на «отлично».

«Сурья». Старая... Добрая... Два круга. Сила входит в тело. Мягко и нежно. Не бьет по голове и не поливает кипятком. Просто наполняет тело. Вибрации, вибрации... Обещали отменить. А вот картинки, между прочим, отменить не обещали... Неужели перепутали?

«Крылатая Сила». Прогибы и задержки по максимуму. Руки, расправленные крыльями. Грудь, распахнутая навстречу Силе... Второе внимание. Но без манящей черноты. Зыбкое белое марево окружает. Время течет иначе. И сильно запаздываю с комплексом. Широко раскрываюсь в прогибе – уже наклон... Касаюсь пальцами пола – а ведь уже прогиб...

Если скажу, что видений нет, это будет неправдой. Вижу Тантру с огненно-рыжими волосами. Где же мы встретились с тобой? У сетки в виде сот или в трубе? Место встречи, как говорится... Снова Тантра, Тантра, Борода, Тантра, Борода, Папа, Борода, Тантра, Папа... Нда... Нет, я вас очень люблю, конечно, но хотелось бы большего разнообразия.

Новый комплекс. Не принято стонать. Ох, не принято... Но сдержаться не могу. Не хочу просто. Хорошо, что музыка такая громкая. Папа был абсолютно прав. Сумасшедший экстаз! Это иначе не назовешь. Это даже не оргазмы, а что-то намного большее. Накатывают волны такого блаженства, в котором растворяешься без остатка. Балансирую. Стараюсь удерживать равновесие. Меня сносит. Где обещанная устойчивость?

На задержке, как ни странно, стою, но что творится внутри! Где-то в глубине сумасшедший ритм бесчисленных вибраций...

В какой-то момент просто перестаю слышать голос Папы. В ушах вата... Я ничего не слышу. Тело делает что-то само по себе... И правильно, кажется, делает...

«Сурья» Калабина. Ура! Будет поклон земле! А мы с Тантрой уже не надеялись. Делаем первую часть. Прекрасно! Какой сладкий комплекс! Поклон земле... Бьюсь в конвульсиях. Всхлипы, стоны. Все равно уже... Но сейчас не втягиваюсь под землю через Третий глаз. Слишком вкусно! Снова поклон земле. Переводя дух, ехидно отмечаю, что оргазмы продолжают иметь место быть.

Вторая часть комплекса. Доходим до поклона земле. Наклоняюсь и... ***ничего***! Ни единая мышца не дрогнула! Мой внутренний наблюдатель, который уже давно включается автоматически, констатирует: «Это не второе внимание». А какое? Третье, что ли?

Снова поклон земле. Тишина. Полнейшая. У внутреннего наблюдателя сбой. Состояние не поддается классификации. Я в вакууме. Нет ни мыслей, ни эмоций, ни картинок. Причем я явно не здесь, а где-то... за стеклом. В каком-то холодном стеклянном Мире. Хотя тело здесь. И делает комплекс довольно успешно. И действительно стало устойчивым. А внутри... Это не олимпийское спокойствие, это отсутствие эмоций вообще. Причем тела я все-таки не чувствую. Его нет, оно растворилось, растаяло. Меня тоже нет, я там, «за стеклом»...

А кто остался? Что-то же должно было остаться! Приходит осознание того, что остался только внутренний наблюдатель...

Дышим-дышим... А потом растекаемся, растворяемся на задержках...

Три часа йоги! С ума сойти! В прошлый раз народ валялся в изнеможении, дрожал от экстаза, а сейчас спокойные, какие-то пустые, прозрачные все.

Обнимаемся. Никогда не обнималась так. Без тесного слияния, вкладывая в выдох все, что есть, плотным потоком. Только нежно, едва касаясь... Тонкой прозрачной струйкой вливая Силу в сердце. А оргазмы? Да нет их. Правда, потом тело, разомлев от вливаний Вселенской Любви, начинает реагировать на горячие потоки... Но это рефлекс. Условный. Наверное...

Осознание состояния еще не наступило. Но я поняла другое. Я и Сила – суть одно и то же. Я – часть этой Силы. Я наполняюсь ею и могу управлять. Могу принять ее как огненную лавину и как легкое облачко... Выпустить жарким потоком и нежным ветерком...

Спасибо за новый шаг в неизведанное! За перелет через несколько ступенек вверх по лестнице... Это действительно был исторический момент... Что-то действительно произошло. И очень важное... Только что? Пока не знаю.

Получилось так... не слишком эмоционально. Но такое состояние.

• Эпилог

Разучить комплекс с выбросами не успела. Уже два утра подряд делаю «Крылатую Силу». Вот это класс! Искренний восторг! Мощь, плавно вливающаяся в тело... Как давно я не делала йогу с улыбкой восторга.

Делаю задержку до упора. Довдохи. Довыдохи. Как долго, оказывается, я могу не дышать! Только нам, наркоманам, не хватает еще глубокого прогибчика под конец. И я ввожу в индивидуальном порядке этот прогиб. Прокручиваю комплекс три раза. Сегодня не выдерживаю и делаю четвертый. На последнем прогибе знакомое ощущение колоссального провала, но уже без судорог и кипятка. Без этих прибамбасов состояние оказывается очень даже захватывающим. От комплекса просто в восторге!

Название удивительно точное. После йоги в груди ощущение Великой Мощи, а за спиной, прямо под лопатками, чувствуешь сильные легкие крылья!

Завтра буду добавлять новый комплекс. Выпадение в ***Великое Ничто***! Добро пожаловать в новую реальность!

Спасибо за внимание!

Tantra

Закон сохранения энергии помните?

Энергия в природе не возникает из ничего и не исчезает. Количество энергии неизменно, она только переходит из одной формы в другую или переходит от одних тел к другим.

В свете нашей йоги и танцев звучит совсем не так, как в школе, правда?

Количество ее – безгранично, форму меняет постоянно, а уж как переходит от одних тел к другим во время обнимашек...

Но я, собственно, не об этом.

Я вот сегодня обнаружила ***закон сохранения оргазмов***.

Поскольку на вторничной йоге они пропали, то должны же были где-то появиться... Или в другой форме...

Появились они на вечернем занятии Хатха-йогой... На глазах у изумленной публики. И хотя движения совсем не простые и асаны выстраиваются глубоко и сложно, но это же не йога от Па и Бо. Так. Гимнастика для пенсионеров.

И ладно бы после моста или плуга... А то началось-то все после банального «треугольника». Потом Уштрасана («Верблюд», извините) компенсировалась в половине черепахи, а это все же почти поклон земле... Ну и накрыло... В перевернутых позах эффект усилился многократно, поэтому на голову я так и не встала. Хи-хи!

Маленькая Фея

Тантра пишет про закон сохранения оргазмов... А у меня вот они, оргазмы эти, сохранились.

Сейчас я делаю вкусный комплекс «Где мои крылья, которые нравятся мне». Новый комплекс с выбросами, от которого в животе сладко летают бабочки, и «Сурью Намаскар» либо до, либо после всего этого безобразия. Причем я сегодня обнаружила в «Крылатой Силе» финальный прогиб назад. Не прошло и недели! Ну, не видела я его ни на видео, ни на бумажке! И на йоге не помню! Вчера решила просмотреть еще раз видеозапись, удивилась так, ну, думаю, на бумажке точно нет. Беру бумажку: черным по белому написано... Да. Вот что йога с людьми делает!

Учусь делать «Наули». Полная иллюзия того, что получается. Пока не посмотришь... В общем, учиться и учиться.

Устойчивость относительная есть, оргазмы тоже, даже полнометражная мультипликация наблюдается, а вот в «Застеколье» такое, как у нас на йоге было, не попадаю я... Неужели для этого нужно «Сурью» Калабина сделать? С поклоном земле?

Борода

Оргазмы – это святое. Их у народа не отнять!

Весьма рекомендую поделать «Сурью» и «Око» с выбросами на каждой задержке на выдохе – сразу, до комплекса с уддиянами, и вы узнаете, что такое настоящий оргазм.

Ждите последних новостей и свежайших ноу-хау из Самары-городка.

Izyaman

А что такое выбросы и как их выполнять?

Борода

На задержке на выдохе (подбородком упереться в грудь, анус подтянуть) глубоко и сильно, до позвоночника, живот втянуть. И резким мощным сокращением мышц его вытолкнуть, выбросить наружу. Опять втянуть и вытолкнуть, раз за разом. Темп средний, не быстрый.

WHITE_ANGEL

28.11.05.

Почти полночь.

Пришла мысль.

Обнимания...

Сердечный центр (то есть Анахата) и Муладхара соединены непрерывным колесом орбиты, по которому постоянно течет энергия...

Раскручивая сердечный центр, концентрируясь на нем и открывая его во всю мощь, мы активизируем подъем энергии от нижних центров. Делаем эти энергии тоньше, утоньшаем, очищаем, что вызывает прилив энергии в других, более высоких энергетических центрах и их постепенное раскрытие... Поднятие энергии снизу вверх вызывает эффекты (аффекты) и различные грани просветленных состояний и просто эйфорию.

Через сердечный центр энергия (Кундалини?) запускается в постоянную циркуляцию, и мы как бы учимся управлять ею.

Именно в этом пути через сердце и очищается, как в горниле, Сила (первородная и детородная Сила природы), превращаясь в нежнейшую и мощнейшую энергетическую субстанцию, в человеческом представлении именуемую Любовью и имеющую множество персонализаций, граней и внеличностных преломлений.

Ольга*

WHITE_ANGEL! Замечательно про обнимания написала, очень с моими мыслями и ощущениями перекликается... Я когда первый раз обнималась – ощущения, самые яркие и сильные, были в нижних чакрах.

А потом, словно вихрь завертелся и поднялся вверх, и тут уже вибрации не такие сильные стали. Наступило состояние какого-то утонченного ***блаженства*** и покоя, какой-то всепоглощающей уверенности... Господи, ну как это описать?

Tantra

Борода писал:

Оргазмы – это святое. Их у народа не отнять.

Весьма рекомендую поделать «Сурью» и «Око» с выбросами на каждой задержке на выдохе – сразу, до комплекса с уддиянами, и вы узнаете, что такое настоящий оргазм.

Ждите последних новостей и свежайших ноу-хау из Самары-городка.

Добавила выбросы к твоему комплексу. Вернее, они сами добавились, после «Сурьи» и «Ока». Офигеть! Сразу вылетела в «шуховский» тоннель. До Калабинского не дожила.

Пойду попробую поработать.

Борода

Эрт предложил в пункте 7 «Крыльев» добавить пранаяму. Делаю давно уже, забывал написать.

Просто взлетаешь!

Маленькая Фея

А вот мне «Крылатая Сила» нравится больше всего в первозданном виде. Без выбросов и пранаям. Такая легкость и Силища!

Самарские путешествия. Оргазмы возвращаются. Уддияны и Крылья Силы

(ноябрь–декабрь 2005)

Тай

Добрый день, дорогая редакция!

Пишет Вам давняя поклонница, заядлый оргазмастер. Который день хочу написать в свою любимую рубрику и в который раз не получается. Все по той же причине – накрывает по очереди – то меня, то компьютер, а у него организм нежный и оргазмы – долгие.

Рассказываю энергетическую историю...

Буквально вечерком читала Фейку, радуясь, что можно о Застеколье теперь с кем-то поболтать (частенько туда выносит). И вдруг совершенно неожиданно меня приподнимает Сила, как на ладошке, куда-то к потолку. Даже чувствую тепло, причем сознание очень ясное. В состоянии невесомости удивленно наблюдаю...

Что-то неуловимое приближается ко мне и... удар, мягкий, нежный, между лопаток. Да, да, именно откуда растут крылья, вы ведь знаете комплекс «Крылатая Сила». От этого удара расстегивается молния на спине, маленькими мурашками проходит дрожь по телу (которое все чувствует и в кресле, и под потолком), и я испытываю неописуемый оргазм. Бывало раньше, конечно, испытывать пяточный или сердечный оргазм, в любой точке физического тела, но Это трудно передается описанию!

Это сладострастие расходится, как круги по водной глади, от точки в лопатках, и у меня разворачиваются крылья, прекрасные, звездные крылья. Пространство вокруг расширяется, окатив меня дыханием прохлады. И сама я в темной, бездонной глубине, среди звезд, в бесконечной вселенной. Я – Настоящая! То скрытое внутреннее Я разливается звездами, где время ускорено в 100 000 раз и остановлено одновременно! И я там безмолвно кричу от состояния, от осознания Свободы, забытой... Это оргазмическое состояние, которое накатило вначале, давно превратилось в льющийся поток. И этот поток накрывает тончайшей нежностью и в то же время мощнейшей силой все молчаливое мироздание, в котором существует только мой беззвучный крик. Это состояние длилось вечно, но внутри сохранилось течение привычного времени. Но по возращении мне было странно осознавать ту кристальную ясность происходящего, без потери.

«Я», которое, конечно, не вместится ни в какие привычные мне до сих пор понятия. Это звездное пространство не закрывается и до сих пор. Я вижу и чувствую там летящую себя, находясь в неизмененном состоянии. От благодарности в который раз глаза полны слез, и сильное желание хоть чуточку передать Вам это ощущение.

В тот вечер я все-таки сделала посадку у компа, горя желанием поделиться переживанием. Когда я начала писать, состояния стали накатывать с новой силой. Огромный спектр различных состояний, которые как бы проносились сквозь меня. Я находилась одновременно в нескольких вниманиях, наверное, так правильнее выразиться. И в различных туннелях, проходящих сквозь, и вокруг, и внутри меня, – с бешеной скоростью проносились и сюжеты, и ощущения, и вообще невообразимое Нечто. Энергия совершенно разного качества.

Но самое удивительное – это дыхание. Жах! Накрыло, а потом легкая дымка, но то Неизменное Крылато-Сильно-

Звездное состояние оставалось, как основа, как платформа, на которую все другое наносится прозрачной слюдой меняющихся узоров, миров, вселенных. Но эта основа, она звучит неизменно.

Похожие переживания у меня были с любимым человеком, в самом высшем, Божественном экстазе. Но тогда это было слияние и растворение, сейчас что-то другое, необъяснимое... Пока необъяснимое.

Тай

(из темы «Самара-Нагваль, транзит, далее без остановок. Ноябрь 2005»)

Ну, как, расскажите мне, ну как возможно *такое* описать...

Эх, Самарский семинар, да еще на послемосковские дрожжи... Честно говоря, такой обширной распаковки кодов, состояний, отьежаний и вьезжаний у меня еще не было. Приехала я в Самару в первый день семинара и интуитивно решила денек выждать, чуть осмыслить, что же произошло на йоге в Москве...

Пришла на семинар в середине второго дня. Вхожу в зал, видимо, перерыв на обед. Внешне все спокойно, казалось бы, сидят себе тихонько люди, пьют чаек, тетрадочки листают. А на самом деле, мама дорогая! Что ж вы, родные, эти полтора дня делали? Энергия настолько плотная в зале стоит, что потребовалось минут пять, чтобы отдышаться. Медленно плыву обниматься, давно не видела самаритян, землячков, светлячков! Ой, а светятся-то как все, надо ж еще лица разобрать... Промелькнул знакомый острый взгляд, изображение настроилось. Ой, Борода! Привет, как рада видеть, давно мы не виделись...

Народ наполовину незнакомый, но видно уже хорошо «пойожившийся». А мужчин-то сколько, они меня еще приятно удивят на обниманиях! Верно заметили, что Самара положительно действует на людей, и энергия своеобразная, вроде мягкая и струящаяся, как матушка-Волга, и в то же время есть в ней какая-то природная сила.

Практически весь семинарский опыт можно выкладывать в «дневники». Состояние: все энергия. Сейчас нужно только подобрать нужное описание.

Я опоздала на утреннюю йогу и немножко расстроилась. Ритуалы, заговоры, это все, конечно, интересно, но йога... Вы меня понимаете. И тут после зикра Борода предлагает всем на вечернюю йогу посягнуть, кто смелый. ***Ур-р-ра!!!*** Я уверена, ошарашило всех.

С первых минут у меня происходит погружение в другое пространство. Состояния абсолютно новые. Тело само выполняет движения, внимание предельно ясно слышит команды главы парада Бороды. А со мной что происходит? Никаких картинок нет. Все! Насмотрелись мультиков. Идет трансляция ощущений бешеной скорости.

Я нахожусь в бескрайней темноте, оставив тело с привычным вниманием в зале, а сквозь меня пролетают протуберанцы, расплавленные столпы огня, острые диски. «Сквозь меня» – это очень относительно звучит, так как меня, в общем-то, и нет, но что-то или кто-то это все созерцает. Пока без объяснений.

Через какое-то время включается внутренний комментатор-контролер. И начинается классификация примерно такого типа: множество воронок, в каждой происходят определенные процессы и вращения. Влетаю по спирали, с острым визгом проносятся диски, они разрезают пространство и меня на маленькие пласты. Если честно – страшновато. Вспоминаю, что я доверяю Вселенной, жму дальше. Что оно там, дальше... Один из разрезанных пластов отделяется и находит в этой воронке щель, просачивается туда. Интересно, я себя сейчас чувствую в этом пласте. Мне намного легче, изменяются вибрации и плотность, вокруг все озаряется радужными волнами, и я тоже волна. Появляются чувства, и я понимаю, что попала в чувственный план. Каждый цвет и длина волны – определенная эмоция или чувство.

Определенный общий звук есть у всего этого волнового многоцветия, и у каждой волны в отдельности. Вдруг что-то в этом пространстве начинает меняться, и меня буквально выталкивает. Очень интересно было наблюдать переход, когда я еще не вышла из этих волн и уже входила туда, где я в зале делаю йогу.

Знаете, что меня вытолкнуло? Да, да, тело, делавшее йогу, содрогнулось от оргазма. И когда это успело, без меня... И тут меня накрыло волной: ой, ой, ой! Как интересно на лету подхватить свой же оргазм! А казалось, без эмоций. И это только начало...

WHITE_ANGEL

Извините, я не могу удержаться!

Тай! Как написаны оба твоих сегодняшних поста! Они рождены, просто сотворены вдохновением и дыханием чего-то совершенно неземного!

Как они дышат... Надышаться не могу! Я столько увидела в них в самой сердцевине.

Борода

Дорогая поклонница нашей передачи Тай!

Приз – в студию! Прошу внести импортный просветлитель с программным управлением! Встраивается в любую часть тела, по желанию награжденного.

Аплодисменты зала и телезрителей!

Тай

(из темы «Астральные выходы»)

После вчерашней сумасшедшей ночи даже растерялась: куда писать? – и в «Энергетические дневники», и в «Осы», и в «Астральные путешествия», и в «Сказки» – столько сразу всего и параллельно.

Раньше у меня часто всякие вылетные приключения были, но вчера ночью... Очень странно. Даже не по сюжету, а по состоянию, когда присутствуешь одновременно в огромном количестве параллельных жизней, и осознание всего происходящего не теряется.

Попробую это рассказать.

Штормило меня уже вечером, и было ясно, что оставаться одной мне не хочется – мало ли куда забреду. В общем, осталась я у товарища. Лежа в кровати, я честно пыталась уснуть, хотя это только видимо я просто лежала в кровати. А на самом деле, мне навстречу расстилалась огромная мгла. И если бы она была спокойная, то это еще ладно. Но из нее вылетали, проходя сквозь меня, окутывая, разрезая и делая со мной какие-то немыслимые вещи, – диски, молнии, искры и раскаленные огненные струи.

Я одновременно находилась и в кровати, чувствуя, что друг уже спит, и в этой мгле. Мне стало скучно. В темноте летит все быстро, а в комнате стоит все медленно. Заглянула к другу в сон, и там скукотища. И уж не знаю я, как это получилось, но стали двойники мои расходиться по разным картинкам, то есть по тем жизням (со мной в главной роли), которые протекают параллельно. И я присутствовала одновременно во всех местах, реально все чувствуя. Представляете, какой набор переживаний, когда присутствуешь во всем этом одновременно – не соскучишься!

И вдруг там же (я лежу в кровати), из мглы, которая никуда не исчезала, стало появляться что-то отличающееся от всего виденного. Это была иголка в светящемся и радужном яйце. Я сразу поняла, что кто-то пришел в гости, раньше такие визиты больше чувствовались энергетически. Позабыв про все другие картинки, внимательно смотрю: что же дальше? При этом я совсем не сплю, могу даже почесаться.

Это яйцо мягко наблюдает, и потом от него выстраивается коридор, пространство, в котором такое легкое, небесное... Мягкий бирюзовый цвет. Я выхожу из тела (раньше таких ясных выходов не было), и коридор разворачивается под моими ногами, как скатерть-самобранка. И выхожу я в горы Гималайские, прямо над вершинами, дышу свежестью утра. Полюбовавшись, поворачиваю обратно, где в конце коридора видна комната. Мгла тоже никуда не делась, мелькает. Прихожу, коридор закрывается, яйцо тает в воздухе. Я даже спасибо не сказала.

Я собираюсь входить в тело... и покрываюсь мурашками. На кровати рядом со спящим другом лежит собака. Почему-то появление радужного яйца меня так не ошарашило, но собака... Причем она дышала, высунув язык, огромная, но не агрессивная. Я не знаю, что мне делать, хочется уже спать лечь... Двигаю собаку, она лениво облизывает мою руку. Потом я все-таки решаю разбудить друга, вроде как-то не положено собаке тут разваливаться на всю кровать. Друг вроде проснулся, сел, но был полусонный. Я ему говорю про собаку, что мне спать негде, пусть денет ее куда-то.

Что потом происходило, с трудом осознается. Как-то мы поняли, что заблудившуюся собаку обычным ходом не вернешь, и мне придется нырять другу в сердце, чтобы ее возвратить. Мне не хотелось этого делать, неприятная это процедура, крутит, как в катапульте. Успеваю поймать себя на мысли, что очень хорошо знаю, как это будет, как будто каждый день по сердцам бегаю.

Предчувствия меня не обманули. Когда я с этой тяжеленной собакой нырнула в сердце, меня укачало, как на каруселях. И то ли от этой качки, то ли еще почему-то, но в один момент я не запомнила – где и куда собаку выпустила. Помню, как возвращалась. Очень уставшая, плюхаюсь в тело и спать...

Но похождения мои только начались, впереди была еще вся ночь...

Впереди еще вся ночь. Разминаю тело, удобненько устраиваюсь. К мельтешению второго внимания уже привыкла, но что-то не дает расслабиться. Где-то во дворе жена с пьяным мужем разбирается. Уснуть невозможно.

Встаю, выхожу в подъезд и только потом соображаю, что опять не в теле, а осознала это, поняв, что иду без тапочек и мне не холодно. Ну, прям Маргарита, и одежда та же! Только Маргарита летала, а не по подъездам шастала. И я, гордо подняв голову, вылетаю в форточку.

Вычисляю, из какого окна ругаются, и – туда! Женщина поддатая, еще молодая, но, как говорят, безнадежно замужем, материт из окна пьяного мужа. Я ее прошу говорить потише – спать мешаете. Она совсем не пугается меня, жалуется на жизнь. Я помогаю ей закидать снежками мужа, прощаюсь и улетаю.

Почему-то в таких полетах удивляют не странные вещи. И в этот раз я удивлялась, что за окном у этой семейки висит старая детская коляска...

Все. В квартире. Устала. Хочу пить. Выхожу на кухню, в теле. Ой-ой-ой, как мне трудно им управлять. Товарищ мой проснулся. Я его прошу запомнить похождения, сил записать нету. А он, оказывается, помнит про собаку. Помнит и молчит... Ну, ладно, утром расскажет. Но до утра...

Выспалась я минут за пять, хотя усталость была сильная. Наверное, вспоминала, как я была в Гималаях, и восстановилась.

Вдруг мне вспомнилось, что двойники мои скачут по другим картинкам. Ну, я, конечно, опять туда. Загулялась я там и совсем забыла, что пришла туда из комнаты. Живу там самостоятельной жизнью, об этой забыла напрочь. Людей встречала там и знакомых в этой жизни, и незнакомых. Ощущения сна не было, только когда укладывалась спать.

Сюжет идет такой. Прихожу я на семинар к Бороде, ничего нового. Разговариваем мы с Бородой вроде о ерунде, и тут начинает он без предупреждения проделывать страшную, в тот момент, для меня вещь. Я вижу, как мир вокруг нас и сам Борода медленно рассыпаются на атомы. Это происходит очень медленно, формы предметов еще не потеряли очертания, но между крутящихся атомов видна пустота. Я кричу: «Зачем, ну зачем ты все разрушил?!» Борода мне отвечает: «А с чего ты взяла, что Что-то есть?».

Я прошу его прекратить, хотя нет Бороды, уже только его отражение, и меня нет. Хотя все осыпалось, но кто думает? Кто все это видит? Чья это рука в пустоте забыла осыпаться? Мир именно осыпался. Последняя мысль: «Вот так все осыпалось в Хиросиме». После этого были несколько раз вспышки сознания, очень странные. Как раскаленный песок пустыни накатывает, собирая изображения, и потом осыпается... Замки из песка. В комнате я появилась именно таким же песчаным накатом, видя, как из пикселей появляется тело. Но в этот раз меня не рассыпало, я даже не удивилась. Мне не хотелось вспоминать, кто я. Просто поняла, что раз меня не рассыпали сейчас, значит, закинули в нужную картинку.

Удивилась я, когда увидела друга. Я конечно, долго не вспоминала, кто же он здесь. Просто помнила, что встречала его и в других картинках тоже, и там я его лучше помню.

Борода

Н-да... Выпадаю в...

Тай писала:

Я вижу, как мир вокруг нас и сам Борода медленно рассыпаются на атомы. Это происходит очень медленно, формы предметов еще не потеряли очертания, но между крутящихся атомов видна пустота. Я кричу: «Зачем, ну зачем ты все разрушил?!» Борода мне отвечает: «А с чего ты взяла, что Что-то есть?»

Я прошу его прекратить, хотя нет Бороды, уже только его отражение, и меня нет. Хотя все осыпалось, но кто думает?

Кто все это видит? Чья это рука в пустоте забыла осыпаться? Мир именно осыпался. Последняя мысль: «Вот так все осыпалось в Хиросиме». После этого были несколько раз вспышки сознания, очень странные. Как раскаленный песок пустыни накатывает, собирая изображения, и потом осыпается... Замки из песка. В комнате я появилась именно таким же песчаным накатом, видя, как из пикселей появляется тело.

Удивительно точно поймала и описала мои иркутские переживания, один в один! Как будто сам писал.

Тай писала:

Это была иголка в светящемся и радужном яйце. Я сразу поняла, что кто-то пришел в гости, раньше такие визиты больше чувствовались энергетически.

Это был Воще Бессмертный! Или Бессметный.

Показывал твое просветление! Надо было пролезать через игольное ушко, в Царствие Небесное. Верхом на белом верблюде.

Тай

Борода, интересно, какие твои переживания я еще ловлю? Но прямо сплошные уроки, спишь – не спишь, приходится учиться, а это я люблю! Хотя учеба с вами, сэр, одна «Большая перемена».

А яйца я стала видеть тоже после самарского фестиваля, первый раз в гостях у одной дамы-волшебницы. Мне это яйцо подарила Мария Магдалена (приходила в тонком теле). Я, конечно, была в шоке от подарочка и никому не рассказывала.

Да, дяденько Кощей не дурак был...

Ленуська Энерджайзер

Оргазмпривет, народ!!!

Веду репортаж из безвылазного второго внимания. И вылазить, честно говоря, не хочется.

Но сильнее хочется поделиться с вами, поэтому пишу сюда в первую очередь, так как очень по всем соскучилась! Размусоливать предысторию не буду, вы и так, наверное, в курсе – в Самару приезжал Борода.

Вечерняя йога на семинаре, встреченная с энтузиазмом! Наконец-то! Накрыло сразу и безоговорочно. Так, что, думали, даже зикры уже не нужны – можно сразу обниматься. Подробнее об этом в самарской теме. Хотя почти все можно писать сюда – такое ощущение, что семинар был по энергетике, тур по Нагвалю!

А теперь о главном! Признаться, я заказывала новый уровень, новые ощущения, что-нибудь неожиданное и мной не вообразимое... Назаказывала! Получила и то, и другое, и «без хлеба». Даже не знаю, с чего начать, одних кодов только сплошняком полстраницы. Начну не сначала, но зато с самого для меня потрясающего.

28.11. Понедельник. Вечер. Йога

Вообще, я большая охотница полакомиться Силой на «Оке» и никогда раньше не любила уддияны, не понимала их. Но новый комплекс с уддиянами!.. Так вот для чего уддияны! Из живота вылетают тугими клубками воспламеняющиеся фонтанчики! Кайф!

Итак, «Сурья», первое «Око», «Крылья Силы». Крылья! Их я опишу отдельно попозже, сейчас – именно на них я поймала «ключевой момент». После необъятного прогиба наклон вперед, почему-то выдыхала долго и без остатка, как будто хотела выкачать из себя весь воздух, до последней капли, спонтанно все дожимала и дожимала. Вдыхать не хотелось, получилась задержка. От этого живот прилип к спине, анус подтянулся. Все само. Я не рулю, только наблюдаю. Борода командует уже поднять руки за спиной, а я все в наклоне, только подумала руки поднять... и тут такое сладострастие (пардон!) словила, что от неожиданности вырвался прерывистый шумный резкий вдох... Зала нет.

«Тварь дрожащая» верещит: «Прекратить! Вернуться! Сейчас все заметят!» Ошарашенная, доделываю комплекс. Наивная, и не предполагала, что меня ждет дальше. А дальше было второе «Око», только теперь с уддиянами. Все вышенаписанное было подготовкой и прелюдией.

Народ! Если кто-то из вас нечаянно потерял оргазмы или они ослабли, с этого места читайте внимательно! Может пригодиться! Помня про сладостные ощущения от задержки на выдохе и уддиян, совмещаю все это на «Оке». Вдох, задержка. Прет, как обычно. Разворачиваю кисти. Медленный выдох, до конца, подбородок на грудь. Чуть приседаю, втягиваю живот, довыдох, втягиваю живот максимально ближе к позвоночнику, поджимаю анус, распрямляю колени, шею, макушкой тянусь вверх. Задержка на выдохе. Жду. Сверху спускается Нечто, вливается в меня, нет ни гула, ни шипения, ничего похожего на испытываемое мной раньше... Я в большинстве визуал, а тут шла голимая кинестетика... Не то что словесному, даже видеоописанию это и дальнейшее не поддается! (Тем не менее я буду стараться.)

Было двоякое ощущение: одновременное наполнение и опустошение, ощущение свободы и благодати, нежности... Когда Это дошло до солнечного сплетения, стала делать уддияны. *Ууухх!* Эта пустая наполненность стала скачками ускоряться, стремясь пройти меня насквозь, а внизу-то замок! И Оно разливается внизу, заполняя меня без остатка!

— Ммммааа-мммаааа!!! — закусываю губы, чтобы не заорать и не опозориться. Но не в силах удержать вдох удивления, наслаждения, бешеного экстаза! Вдыхаю с силой широко открытым ртом, носом просто не в состоянии, только довдох. И сразу же задержка на вдохе, с верхним замком. Вся эта сладкощекочущая пустополная истома, подкрепленная восходящим потоком, теперь плавно устремляется вверх. Из горла просится «Ааааааааааа!!!», но сдерживаюсь, зато глаза — «чпок!» — открылись на максимум... Только не видят ни фига...

Ощущение, что у меня пооткрывались и позажигались все чакры, даже там, где их нет. И я теперь просто выливаюсь наружу во всех направлениях... Выдыхаю, раз выливаюсь — «Ооооой! Как?! Это все еще продолжается?!» — опять перехожу в задержку на выдохе. Оргазм долбанул сильнее предыдущего! Грохот! Сквозь ресницы вижу — это Данилка мне под ноги рухнул. Вот это меня прет! Аж парни вокруг валятся! Кайфуй, Данилка, прем дальше!

Воодушевленная продолжением, опять перешла в задержку на вдохе, потом опять на выдохе... Тут главное не ослаблять замки ни на секунду (сколько выдержишь), особенно нижний, чтобы сохранить увеличение концентрации ощущений. Так и гоняла в сладострастии этот поршень, с нагнетанием вверх вниз, все «Око». Биоробот его послушно выполнял, хотя на «Собаке» чуть не воткнулась в пол, т. к. чуть все внимания и сознания разом не потеряла от нахлынувшего... Финальная задержка – слов таких нету! Просто теперь я понимаю, что означают слова: «Вселенная постоянно пребывает в состоянии оргазма». Только как она это выдерживает?! Данилка опять у меня под ногами... Надо ему каску, что ли, подарить...

Ну, вот и поделилась с вами наконец-то! А то об этом рассказывала только Бороде, Тай и Бодрецу, чтобы не забыть, хотя не забывается такое никогда. Это можно делать где угодно, хоть в трамвае! А вот интересно, этот метод только для женщин, или для мужчин тоже работает?

Борода

О! Товарищ великая исследовательница Оргазма и экспериментатор с Утекающим сквозь пальцы! Выползла из щели между мирами.

Как вкусно и ярко пишешь, жми педали дальше, колись!

Классное ноу-хау!

А про «Сурью» с выбросами?

Славный город Воронеж! Яркое солнышко, весенняя погода, бурление в крови! Но все воспринимается нереальным, будто поставленным на паузу, в режиме стоп-кадра.

Воронеж замер.

Я тоже. Как тигр перед прыжком. Выпустив когти. Рычу. Тело – пружина. Туго-туго перекатываются энергетические мышцы.

Уже жахнул йогу. Сейчас жахну еще! Подпрыгиваю под потолок. В нетерпении. Цепная управляемая термоядерная реакция!

Они не подозревают, что их ждет. Я тоже.

Тай

Вчерашняя утренняя йога меня насмешила. После сумасшедшей ночи (в темке «Астральные выходы» писала) «Сурья» была как гимнастика для пенсионеров. Вроде тело в своем ритме, само делает наклоны, выпады, я не мешаю, но и особо ничего не чувствую, скорее похмелье сгоняю.

У меня бывает по утрам, после энергорасколбаса. Да и внутренний диалог: бла-бла-бла. Минут сорок прошло, я уже собиралась заканчивать последний круг, и тут начало что-то происходить. Изображение тихонько задрожало, я думаю, сейчас земля крутанется, бывает и такое.

Но происходит следующее. Пол, комната и кусок дома, в котором я нахожусь, выдвигается вперед на улицу. Это похоже на выдвижной ящик в комоде, но без стенок. И этот ящик со мной выдвинулся до окна, в соседнем доме напротив. Очень быстрым движением. Удерживая равновесие, спрашиваю: «Зачем?» Ящик также быстро захлопывается обратно, в дом. Но я успеваю заметить висящую старую детскую коляску, за окном напротив... Теперь знаю, куда я ночью ходила.

Честно говоря, после таких фокусов делать задержку както странно. Но я еще сделала «Крылья» два раза. Тоже вроде не особенно сносит, приятно просто очень. Закончила, а чувствую, энергия все прибывает. И тут я начинаю делать незнакомый комплекс, причем с точным знанием, для чего какое движение нужно. Руки просто сами берут энергию, как шаль, и как будто накрывают шарик (в котором я изнутри), увеличивая его, меняя цвет и гармонизируя. Жалко, что пришлось остановиться, – уж такой красивый был комплекс, точно как танец с шалью.

Tantra

Тай! Ты просто подарок какой-то!
Тебя на ночь читать – самое то!
Ленуську утром, перед йогой, а тебя – перед сном...
Приснись мне, что ли... Потанцуем!

Тай

Тантра!
Вот у меня четвертые сутки грохочут станицы,
П чти уж неделю не ем и не сплю.
нфу, как в астрал, выхожу насладиться,
и чувствую, как Вас люблю.

Ленуськины рассказы... Блин, за стенкой бабушка спит, а я тут вздыхаю, стону. И не нужны никакие замки, давно есть отмычки! Помнишь, рассказывала, как меня в автобусе... З-з-з-з! Ну, в общем, ты как раз эту йогу и делала.

А еще особый кайф – пообщаться с вами. Слова-то, конечно, не всегда нужны. Но это особый кайф, с косичками – когда после занятий наперебой делишься впечатлениями, складываешь по кусочкам общую картинку, подпрыгивая от счастья, что не одна там прыгаешь, что киношку можно с друзьями посмотреть. Это же круто, особенно если что пропустил или не догнал, можно спросить. И получается примерно такой разговорчик:

– А вот это помнишь? (Идет игра жестов, мимика, вздохи, жалкая попытка найти нужные слова.) Ну летишь, внизу вроде матрица, но не соты, цветы, но вроде не чакры...

– А! Так я уже давно там была! С привкусом железа? Нет? С колючими звездочками в правом крыле? Ну, тогда не знаю, надо вон у той ведьмочки спросить. Вроде она что-то рассказывала похожее. Да, она помнит – ее там не было...

WHITE_ANGEL

Доброй ночи, дорогие!

Обожаю нашу конфу. Вверх в Небеса взлетаем по мановению волшебной палочки и обратно – с такой же легкой невесомостью вниз... Такие разнообразные темы у нас в конференции... На любое состояние души... И тела...

Тай, я цитирую тебя: «Ради *этого* мига стоит жить!!!»

Если начать с самого утра, то, сделав утром йогу со всеми последними рекомендациями и пребывая в несколько неадекватном, нерабочем настроении, я вплыла в свой офис, открыла конфу, нырнула в пост Ленуськи и... обалдела! Те же ощущения, те же – ммм! – неописуемые оргазмы на «спецэффектах» во время задержек.

Эээ... Я думала, что уже это... Как бы знаю, что такое энти самые энергетические оргазмы... Как я заблуждалась!!!

И ничего-то я не знаю, потому как в этот раз на задержках на выдохе вибрировали все возможные и подвластные вибрации, мышцы и части тела... Ооо!!! Множество ми[illegible]скопических взрывов-фонтанчиков брызгами расс[illegible] в стороны от мощнейших вибраций внутри лона, [illegible] крупные сливались с мелкими. Все это смешивалось во мне в необыкновенно горячий и неожиданно потрясающий коктейль... Общее состояние – потрясение! Не может быть...

И все это почти до крика. Мда...

А вот «Крылья» я делала в первозданном варианте, без спецэффектов...

Мягко... На первой же задержке на вдохе, в самом начале, в сочетании с глубоким наклоном назад, сверху накрывает горячей волной, которая льется внутрь тебя, в сердцевину, уносит... Глубокие прогибы и наклоны назад с задержками на вдохе очень напоминают наши задержки после зикров...

При подъеме рук-крыльев («Крыльев Дракона») очень широко открывается грудная клетка, и сердце, сердечный центр, просто навылет, настежь! Есть такие китайские фонарики. Они в сложенном состоянии плоские, а если их раскрыть на 360 градусов, внутри раскрывается множество потайных кармашков-ячеек... Такое внутри таящееся богатство!

Руки-крылья с мощным упругим оперением распахиваются сзади (слышно хлопанье оперения), кончики касаются стен... и ты растешь вместе с ними на все пространство комнаты, дома и дальше.

Крылья вниз, глубокий наклон, накрест... Вниз по ним стекаются горячие потоки энергии-силы, жидкокристаллической плазмы. Несколько кругов делается. Еще и еще... Каждый круг – на едином порыве-вдохе и на едином выдохе. Нет промежутков, единый порыв. Очень легко, очень. Внутри необычайно легко, светло и прозрачно ясно! Выпадаю из картинки...

Воссоединение с самим собой, со своей глубинной сущностью. Умиротворение, чистота, удовольствие! Тонкое-тонкое смакование энергий! Пиршество Духа!

Тай

• Записки с Самарского

Зикры. Опять полет в густой темноте, мимо энергий, похожих на диски, вращающиеся в пустоте, или волны, или обжигающие зигзаги. Но я лечу быстрее их, в какой-то момент ускоряюсь и, обгоняя все это, лечу в полной темноте. Вокруг ничего, только моя скорость. Чувствую искры электроразрядов, иногда небольшое зарево вспыхивает вокруг меня (я, наверно, и есть этот разряд).

Приближаюсь к пространству, которое полем простирается внизу на довольно большую площадь, прямо посадочный аэродром. Вдруг это горизонтальное поле разворачивается и встает передо мной вертикально. Ха-ха! Соты! Видали, видали. Изображения в сотах скачут в виде энергий (далее из текста «похожие на чокнутые тени»; честно, я и сама не понимаю сейчас, как это?). Мне эта картинка даже стала скучной.

Я вроде собралась менять траекторию полета, но вдруг появилось движение. Сами соты неожиданно ожили, задвигались и стали менять свою форму. Стенки из жесткокристаллических стали силиконовыми. Хотя в тот момент я не осознавала себя привычным «Я», что-то мне стало неуютно. Поняла – надо мотать отсюда.

В это время изображение в сотах стало плавиться, превратившись в цветной слоистый коктейль. Соты сжались, и этот коктейль, как вода из разбитого аквариума, фонтаном хлынул во всю эту вселенскую темноту и на меня... Как я оказалась опять в зале, в теле, в сознании, я не знаю. Немного сморщился нос от удара при падении. Меня совсем не волновал вопрос «кто я» или «туда ли я попала». Это чувство, когда прыгаешь на подножку уходящей электрички и мысль только одна: «Успела!» Что могло бы быть, если бы не успела – упала бы под рельсы или еще что-то дурацкое, ум дорисовывает потом, а в тот момент он «off».

Шок проходит за долю секунды, оживают чувства. Как я упала! Ударилась, больно... Это падение – отдельная история, потому что я упала не на пол! Трудно объяснить словами, потому что меня, как плоскую бумажку, втянуло в это пространство. Но немного промахнулись, мимо тела. Меня где-то рядом с телом развернуло и уронило вертикально, на невидимую стеклянную стенку передо мной, как на стеклянный пол. Руки-ноги в растопырку, нос приплющило.

Сейчас вспоминаю – смешно. Выглядит как пантомима. А тогда... Больно, блин! Даже обидно как-то. Хнычу, но говорю себе: вытри нос и скажи спасибо, что все помнишь, и даже не пытайся что-то объяснить!

Ленуська Энерджайзер

• Распакованные материалы

Кое-как дождалась, пока все мои уснут, и скорей в конфу! Девчонки-и-и! Тай, Фея, Тантра, Ангел!

Похоже, мы все тут настолько сроднились, что получаем очень схожие ощущения независимо от расстояния, и даже не успев прочитать (и написать) отзывы и рекомендации друг другу! Когда получаю что-то новое, у меня, наверное, так же как и у вас, первая мысль: «Надо нашим рассказать!»

Интернет – классная и нужная вещь, но для наших скоростей очень долгая. Да и измучаешься вся, пока переводишь на человеческий язык непостижимое. В итоге – в словах получается блекло по сравнению с испытанным, и не совсем точно... Поэтому трансляция новых переживаний идет сразу, напрямую, через открытое любящее сердце! Вместе-то ведь еще увлекательнее. Каждый, вдохновляясь, добавляет, привносит что-то свое, и это двигает (несет!) еще дальше.

Вот и сейчас, читаю – оказывается, Ангелочек уже приняла посыл и уже все испытала! Супер! Сердце настежь! Читаю дальше (а перед этим скинула материал в самарскую тему), Тай пишет то, что я видела в Самаре на семинаре, как будто отвечает мне! Надо было сначала сюда зайти. Но все равно и здесь напишу про наши самарские полеты на второй день семинара.

Мы давно не виделись и поэтому обнимались с большим удовольствием.

От Тай шла тонкая скоростная энергия. Да-а, ее путешествия даром не прошли! Нам даже настраиваться друг на друга не надо – слились разом, и... как нас рвануло! По матричной картинке проносились волны, а мы все улетали...

Тай – сиренево-фиолетовое, с воздушными, искрящимися крыльями и развивающимся шлейфом Существо, по которому протекали огоньки ярко-белого и лилового света.

«Тай, какая же ты красавица!» Завороженная, я просто следовала за ней. А она, несмотря на сверхскорость, была потрясающе грациозной, перетекающей!

Я выдохнула в нее всю любовь и нежность, на какую была способна, и одновременно ощутила от Тай ответный поток, и тут заколыхалась уже астральная картинка. Она начала разъезжаться, распадаясь на кусочки, точки, расстояние между которыми все увеличивалось, обнажая Нечто... Нас с толчками и всполохами разносило, как осколки в разных направлениях, с бешеной скоростью, была жуткая вибрация.

Головы у меня не было, вместо нее дыра, а ноги и руки, держащие Тай, я еще ощущала. Нас сильно кидало по залу. Тело Тай было выгнуто назад и сотрясалось от проходящих по нам разрядов, руки безвольно висели, да и я была на грани... И только ответственность за это красивое, хрупкое существо в моих руках удерживала меня на ногах. Из последних сил загружаю коды:

Я мастер осознанности.

Я мастер стояния на ногах.

Более-менее отвердеваю, упорядочиваю поток. Вовремя – Тай вылетела совсем, и ее тело висит у меня на руках.

Усадив ее на стул, пытаюсь с ней разговаривать, чтобы вернуть бесстрашную путешественницу. Она лишь неуверенно кивнула. Отхожу, знаю, что вернется, – не впервой.

Тай, а ты хоть что-нибудь из этого нашего полета помнишь?

Маленькая Фея

Да, Ленуська, ты права. Мы, похоже, все на связи.

Приятно удивлена количеством новых сообщений. Здорово как вас почитать!

Делала йогу сегодня вечером уже. И такой Поток у меня был! Шквал просто. Сначала мощно-нежные «Крылья». Но я уже теряю звуки и очертания окружающего мира.

Прогиб. Задержка. И тут попадаю под водопад. Обрушивается сверху с такой сумасшедшей силой. Смывает меня, просто смывает. Но меня, оказывается, не так просто смыть. Недели три назад, до нашей ноябрьской йоги, я бы уже точно была на полу от такого. Причем с довольно неприятными ощущениями. А тут стою и даже удовольствие получаю. Даже мысль есть, правда, одна: «Стою!»

Потом делаю «Сурью» и по совету Ленуськи концентрируюсь на замках, особенно нижнем. На первом же выдохе держу замки и тоже стою, жду. Чего спрашивается? Вдруг появляется передо мной глаз, голубого, кажется, цвета. И как только он на меня глянул, понесло меня, потащило назад со страшной силой.

Новый комплекс, с выбросами, какой-то спокойный такой, не считая оргазмов в Свадхистане, конечно...

А потом делаю «Око». Уже как попало, потому как что за чем уже не соображаю. А вместо мощного головокружительного потока после прогиба получаю непроизвольно сладкие выбросы... Так вот и наблюдала, что тело само делает... Анахата-Манипура-Свадхистана. Очень вкусно!

Сделала и думаю, почему же так классно? Вечером делаю потому что? А вообще-то наши в это время после Гаевских танцев обнимаются, да и Борода в это время в Воронеже зажигает, и Самара до сих пор колбасится. А все вместе. Так что спасибо вам, мои хорошие, за мою сегодняшнюю йогу. И не только...

Тай

Да, связь действительно скоростная! Интернет не успевает передавать это тончайшее и очень прочное!

Когда я осознала, насколько в тесной связи мы все состоим, ко мне пришло необычное чувство ответственности: «Думай – что думать! Отслеживай – что чувствовать!» Это, конечно, дело индивидуально личное, но не хотелось бы транслировать Вам, любимые, что-то не очень вкусное, ведь не все умеют закрываться. Ну, конечно, совру, что помню об этом всегда... Но ведь есть уникальная возможность, при замыкании, попросить волшебного пинка.

А вчерашний вечер был действительно на пике. Я была в гостях, приходилось маскироваться, но состояния передавали так щедро... Я просто сидела и пропускала через себя столько разного, сколько можно воспринять. Вибрации такие непохожие, от мощных электрических, до тонких, еле заметных и оттого более интересных. В таком состоянии я могла только сидеть и ощущать. Ум говорил, что может попробовать перенести это в какую-то форму, нарисовать что-то или сделать. Как будто стыдно сидеть вот так и кайфовать, наслаждаться, растекаться, собираться и испытывать еще бесконечное число состояний.

Состояния просто протекали сквозь меня. Потом какая-то их часть стала накапливаться. Наполнив меня доверху, все это стало выливаться в окружающий мир, через сердце, глаза, горло, тысячи дырочек в голове. Так что мне повезло почувствовать себя дуршлагом. Внешне я выглядела абсолютно спокойно, даже из вежливости ела пироги.

В какой-то момент эта лавина стала прибывать... Звонок. Звонит мне Зизи Рокель. Что-то говорит, хотя это лишнее. Ой, меня кроет все круче и круче. Ее, видать, тоже. Матрица танцует рок-н-ролл. Я, притворясь, что есть пол, медленно ухожу в ванную. Телефон, создание хрупкое, естественно, вырубается. Но все ж успеваю узнать, наши сейчас танцуют! Ой, спасибо...

Ангелочек! Как я пропустила твое ***такое*** описание «горячего коктейля»? Это то, что нужно сейчас моему телу, которое вообще не чувствую, зависаю наверху. Сейчас же бегу, и под елкой на сугробе – йога. Задержки. Ура!

WHITE_ANGEL

Здорово как! Как здорово, что все мы здесь сегодня собрались!

Вы пишете о том, о чем я сегодня в течение дня думала! Про тончайшие душевные связи, позволяющие считывать состояния, про человеческое тепло, передающееся за тысячи километров, про близость вне расстояний... Как же я вас чувствую!

Ленусик, мы ведь с тобой близко не общались в Самаре, а чувствую я тебя очень. Душевно, близко... А впечатления о

«Крыльях» мы с тобой выложили одновременно среди ночи, около 4 утра, с разницей в 25 минут. Улет!

С Тай вообще... Только подумаю, она пишет. Или SMS, или в конфе. Я балдею... Пиши, пожалуйста, и не думай, что надо, а что не надо... Тебя читаешь, и такая волна уносит, «в пооод-неее-беее-сье»!

Фея... Фея... Мы с тобой близко и в матрице, и вне. Ни слов не надо, ни аськи.

Тан, «гляжусь в тебя, как в зеркало».

Ленуськин пятничный пост про йогу не давал покоя все выходные и запустил меня на какой-то новый виток.

Ее слова-цитата: «Вселенная живет в состоянии оргазма. Как она это выдерживает?»

Да, действительно, вот как?.. Есть макроВселенные, а есть микроВселенные... Каждый человек – это микроВселенная... А значит, каждый человек может...

Воскресенье, утро, йога. Ставлю диск, не смотрю, что ставлю... Ну, поехали.

«Сурья». Первый круг... как хорошо! М-м-м! И тут первая короткая тема заканчивается и начинаются темы, под которые мы обнимаемся. Что тут началось!

Do you wonna be gypnotise?..
move your body...
begine to relaxe...

Я не знаю, то ли это чувствительность тела так упражняется и обостряется настолько, что экстатические ощущения возникают уже просто от прикосновения музыки, от легчайшего прикосновения одежды к коже, особенно в области сердца, особенно почему-то на спине...

Ножки на носочках, ручки вверх, тянемся изо всех сил... Сверху течет поток нежности, входит через руки-антеннки. Ладошки разогреваются... На себя уже надеваю разогретую жидко-плотную массу. Дрожь по телу. На втором круге экстатические волны накрывают... Неземная благодать! «Космическая сексуальность цветов» (Ай, это фраза твоя, откуда она?).

Я делаю «Сурью» без спецэффектов. Мне так ближе, в первозданном виде... Тело нагревается, просто раскаляется. О! И это танго! Первые аккорды, звук капель дождя, чей-то легкий смех... Неземная музыка! Все, меня нет.

Задержки... Нет картинок. Уже нет. Все, что я вижу, – какие-то вспышки света, светящиеся сеточки из точек, давление, сильно, упругое давление Силы сверху... И я выдыхаю...

Я не могу выделить отдельных вспышек-взрывов, просто один сплошной экстаз в течение полутора часов с усилением, накатыванием волн, подъемом вверх и плавным спадом. И несет-несет-несет. И я колышусь на этих волнах (слова не передают этих ощущений!). Как будто в колыбели, в чьих-то сильных уверенных руках.

«Око», спецэффекты, спецаффекты!!! Мда...

Как стояла на ногах? Непонятно! Штормило! Сносило! На задержках – вспышки!

«Крылья».

Прогиб назад, вдох... Горячий ошейник обхватывает горло и голову... И она... она... она... исчезает... Я не знаю, как это описать. Она растворяется. Вместо туловища – огненно-колышущаяся субстанция. Рук-ног тоже нет, вместо них – шлейфы расплавленно-разряженного газообразного пара, причем в виде струй. И эта субстанция дрожит и содрогается в мареве экстаза.

Потом постепенный возврат в себя, в какую-то более-менее приемлемую форму.

Открыв глаза, я понимаю, что нахожусь в теле, человеческом теле... Да. Прикольно.

Снова перефразирую Тай: «Ради ***такой йоги*** стоит жить!»

Слушаю эти темы, под которые мы обнимаемся по кругу, не переставая.

«Космическая сексуальность». Как звучит! Мда...

WHITE_ANGEL

Ленусик, снова в который раз прочла твой пост про йогу и про то, как ты (пардон!) «сладострастие словила»...

Это баловство тебе и всем-всем-всем, кто счастлив был, есть и будет:

Товарищ, верь, взойдет она, звезда пленительного счастья!

И на вершинах сладострастья напишут наши имена!

Да простит мне Александр Сергеевич сие баловство... Шалим помаленьку!

Борода

Ольга* в самарской теме спрашивала, зачем нужно записывать свои энергетические ощущения. Дублирую мой ответ в этой теме, «обоснование» будет полезно многим.

Осознанность в путешествиях – ключевой момент!

Описав новый опыт, ты столбишь переживание. Оно тебе уже знакомо. Ты можешь управлять этим состоянием, входить в него силой намерения и играть.

Описывая состояние, ты кодируешь его, создаешь пароли, коды, для того, чтобы входить в него и проводить туда других. Просто читая, чувствительные люди будут в него погружаться. «Фейерверк волшебства» – энциклопедия состояний.

Ты делаешь неописуемое, непознанное, кусок мозаики второго внимания – доступным для первого внимания, для обычного сознания. Расширяешь островок тоналя.

А так «побалдела, да, классно», но что было, где и как, ничего не помнишь. Увлеклась ролью, заигралась.

Мы – коллекционеры состояний! Чем больше у тебя набор состояний, тем интересней и насыщенней жизнь!

Для чего запоминать?

Во втором внимании, при сверхвысоких частотах, когда картинки, ощущения и озарения мелькают с калейдоскопической быстротой, затмевая одно другое, сложно запомнить вообще хоть что-то.

Ты открываешь какие-то ***ключевые*** вещи, но удержать их в сознании трудно. ***Там*** ты вспоминаешь что-то ***главное*** для себя, глубинное, но забываешь, потрясенный новыми откровениями. Как обидно порой! Забыть ***себя...***

Ты нарабатываешь осознанность и присутствие в путешествиях.

Нарабатывается привычка наблюдать, созерцать.

Нарабатываешь и усиливаешь чувствительность к энергии и ко все более высоким частотам вибраций и восприятия.

Описывая состояние, ты формируешь ***намерение двигаться дальше.***

Освобождаешь место для нового, готовишь трамплин к следующему прыжку. Опустоши сосуд, дабы наполнить оный.

Папа

Вчера в Хайфе удостоился чести общаться с Наташкой из Хайфы, которая, возможно, приедет летом на фестиваль, будет рисунками работать, одно ее присутствие трансформирует. ***Гуру***.

Я ей сказал, что создаем коды-описания переживаний.

Она: «Зачем? Описывая, обедняешь картинку, она блекнет и искажается».

Вечером получил сильнейшее переживание.

Код к нему:

> Взрыв сверхновой – это выдох просветленного йога после задержки дыхания.

И ***отследил*** рождение коана. С восторгом созерцаешь во втором внимании завораживающие картины, а на выходе, при переходе в первое, вся картинка схлопывается, и из огромной воронки второго внимания, в которой первоначально находилась, стекает каплей-кодом в сознание. Это божественное семя-нектар энергетического праздника-оргазма! Внутренний диалог выключен, код-озарение возникает сам в виде ярчайшего образа.

Главное, успеть его сформулировать словами, иначе последующие картины второго внимания могут быть не менее яркими и тем самым затмят предыдущее.

Правил нет. Хотите – описывайте, не хотите – не описывайте. Нам с Бородой пока эта игра нравится.

Гуд Лак.

Мяучий

Ребят, вот вы качаете гигаватты космической энергии...

А вы не хотите ее применить к конкретным вещам здесь, на Земле?

Хоть вы и не пускаете в свою КМ некоторых вещей, стараетесь не пускать, но для других они есть. Хоть и этих других самих для вас скорее всего нет. Но попробуйте: накопив в себе энергию покоя самих себя (физики поймут), подгрузиться к обычному, ПКМ-му миру и свизуализировать для всех людей что-то очень нужное, радостное, чтобы эта мечта на всех парах понеслась реализовываться!

Можете даже, чтобы особо не напрягать молчащие после йоги мозги, возьмите за основу мечту Анастасии (кто читал Мегрэ)... И, кто знает, может быть, именно благодаря ***вам*** этот мир расцветет, и старая ПКМ навсегда уйдет из миллиардов умов, и ее место займет жизнеутверждающая ВКМ?!

Борода

Старо, как мир, желанье этот мир «спасти».
Но каждый выбирает сам свои пути.
Нырнув за грань, восторгом пылким я плесну из сердца,
В ком не угас зов приключений, тот откроет дверцу.

WHITE_ANGEL

И было утро. И была йога. И было хорошо.

Наша конфа – наша Виртуальная Вселенная, давайте творить ее прекрасной и делать это красиво!

Всем добра! Всем! Всем! Всем!

А как измерить количество гигабайт энергии на квадратно-энергетический сантиметр? Может, формулу изобретем?

Ольга*

Вчера делала на ночь «Сурью» – три круга. Такое интересное ощущение было на выдохе после задержки!

Тело – как жевательная резинка, настолько мягкое и гибкое! Такая волна пошла гладкая, спокойная, без вибраций, а голова и таз начали двигаться в разных плоскостях очень плавно, причем никаких сознательных усилий я к этому движению не прикладывала! Господи, какое же тело гениальное существо!!!

Борода

Еще к вопросу, зачем нужно записывать свои энергетические ощущения.

Вспомнилось. Вот что накатал по этому поводу два года назад (откопал в теме «Поездка на лотосы»).

Борода писал:

Приземлился. Пока в Кенигсберге. Где в следующий раз, не знаю...

Улетал сегодня утром из Шереметьева, проливенный дождище с утра, Аллах ревел и неистовствовал.

Разок всего медленный вдох с энергией в самолете сделал, когда тот по ВПП катился, рассекая струи дождя. И началось! Едва сдерживался, сидя в кресле, чтоб сильно не вибрировать, не стал соседям ПКМ крушить. Мое тело слилось с самолетной махиной, и легким усилием оторвал эту бандуру ТУшку-154 от полосы. Чуть из тела не вылетел, когда самолет от земли оторвался! А при наборе высоты даже ногти нагрелись. Чего сейчас с телом происходит, ну как это опишешь?! Офигеть можно! Дрожь турбин Саяно-Шушенской и Усть-Илимской ГЭС!

Ловите Поток! Срочно формируйте намеренья, попрет!

Как в Кениге оказался, не знаю. И где был, тоже. При посадке самолетом-телом сделал дырку в облаках, и в Храброво уже солнышко вышло, а сейчас вовсю наяривает, теплынь, разделся до футболки. Дальше не стал.

Пока летел в славный град Кони с Берега, задался вопросом: «Зачем вообще описывать энергетические опыты?»

Вот что с ходу пришло:

1. (Для меня основная причина.) ***Распирает*** от энергии, клокочет она и бурлит, хочется выплеснуть, вылить в творчество, освободиться. Зудит, в общем.

Побочный эффект: Тем самым Поток усиливается.

2. Описывая мощные энергетические переживания и декорации, окружавшие в то время, испытываешь их снова, и при наличии ТАКового намерения, состояние усиливается. Протаптываем тропу уже, а не тропинку, к состояниям. Знакомо это, знакомо. Так и книжку пишем, описывая энергетические ощущения, в Потоке, окунаясь опять в Огненную лаву. По фигу где, хоть всю ночь в проходе поезда, на откидном сиденье, при дежурном свете. Остановиться нэ можно.

Да вообще, постоянно этим в последнее время с Папой занимаемся: описываешь самому себе (или кому-то или чему-то) свои ощущения. И Поток от этого мгновенно накрывает!

3. Тексты такие – это могучее средство для тех, кто их читает (и даже неважно, чует ли он энергию, все определяется намерением автора описания), чтобы окунуться в Поток.
4. Ну и классики тем же баловались. «Дон Хуан и Карлсон» (© К. Тарнаруцкий). Карлсон&сотоварищи сколько лет потом вспоминали свои необычные ощущения, восстанавливали пережитое во втором внимании, в Измененных СС. Дабы слить первое и второе внимание.

Тогда можно без донов и зикров, когда знаешь состояния, легко в них шастать.

Шерли

Приветики всем волшебникам со стажем и без!

Несколько дней упивалась форумом. К «дневникам» страшновато было прикасаться.

Прочла запоем! Я не сошла с ума, потому что столько разных людей одновременно это сделать не могут.

Первый раз попала на танцы год назад. И уже на третий день танцев, во время зикра испытала оргазм! Удивлению и восторгу не было предела. Попели-походили, и здрасьте, приплыли (была с подругой, она тоже).

Красиво и витиевато, как в форуме, описать второе внимание как-то не получалось, но подписываюсь под всем, что пишете *вы!!!*

Папа

Тут с Любой вчера встречался в Тель-Авиве. Передала немного текстов. По поводу вербализации следующее:

Вербально формулируя воспринятое, мы тем самым закрепляем его в Личном информационном поле, что дает возможность:

– реинкарнироваться на более высоком уровне понимания;

– развиваться дальше;

– иметь доступ к общему информационному полю, как пользователю с личным кодом доступа;

– обогащать общее информационное поле лично переработанной информацией, что является импульсом его развития.

Даешь космический Интернет!

Формулировать осознанное стало главным моим удовольствием. (Формула – форма.)

Л. Рыкель

Ведь я – сочинитель. Человек, называющий все по имени.
Отнимающий ароматы у живого цветка.

А. Блок

Тексты Любы выкладывать не собираюсь. Вот ее соображения по этому поводу: *«Читаю в конференции, как у людей работают техники, и чувствую, как ветер наполняет мои паруса, расправляет крылья. А Папа – молодец, умеет раскрутить интригу. Вот выложил бы все материалы, люди бы прочли и забыли. А так по зернышку, по следу, неизвестно когда, непонятно где. Мы же любим и ценим все по капле, по искорке. Потоки и лавины нас пугают».*

Ленуська Энерджайзер

• Распакованные материалы (продолжение)

Так вот, в воскресенье вечером, как и многих из нас, распирало и меня, только я на тот момент не отследила, откуда «ветер дует», – у меня гости были, надо общаться, а меня распирает! Поэтому сидела я с ними в двойном экземпляре – ловлю двух зайцев. Первый экземпляр дружелюбно общается, а второй настроен на Поток и откровенно колбасится, временами взлетая на такие вершины... Отчего первый экземпляр вдруг начинает общаться очень зажигательно!

Эта раздвоенность меня доконала – было невыносимое желание сделать йогу, поэтому, да простят меня мои гости, я их быстренько отсиморонила. Уходя, они спросили, как я могу быть такой веселой и как будто подшофе, хотя пила только сок? Некогда мне было им рассказывать, как это делается... Ну не было никакого терпежу уже!!! Своим домашним даже говорить ничего не пришлось, они уже видят – мать прет! Поэтому, взяв ключи от работы (рядом с домом), только сказала: «Больше не могу!» – и убежала. На работе закрылась, поставила музыку и внутренне замерла, «слушая» Поток...

Потом без всяких предисловий почему-то сразу стала делать «Крылья»... Очень медленно. Полтора часа без остановок и перерыва... Интересно даже, на сколько бы я зависла в этом, если бы охранник не постучался?

«Крылья»... Фея, как точно ты сформулировала, именно так – «мощно-нежные Крылья»!.. Для меня этот комплекс какой-то очень трогательный, личный даже... Это как свидание с собой настоящей... Помните сказку про царевну-лягушку? Схожие ощущения.

С еле заметным вздохом разворачиваю руки назад, прогиб, на выдохе сцепленные руки тянутся вниз – приятное напряжение! – рвется шкурка и... вырастают Крылья! Расправляю их с ликованием и наслаждением, ме-е-едленно, с нарастающим блаженством! Свобода! Наконец-то! Я намного больше, чем кажусь в теле, вся свечусь! Мои крылья огромные, невесомые и в то же время мощные и сильные, я ощущаю это! Они струятся из меня в пространство потоком светящихся искорок! Центр излучения – Сердце, любящее Сердце! Безусловная Любовь крылата! И свободна!

Наклоны как точки перехода: схлопывается один мир, разворачивается другой. Пранаямы – скорость взвинчивается. Пространство летит сквозь меня... Я, как сеть, проникаю во все и ничему не препятствую. Я во всем, все во мне... Ощущение распространяющейся разреженности. Любовь льется из открытого Сердца оживляющим Светом. Обнимаю крыльями всю Вселенную, все ее великолепие и многообразие, подаренные ею откровения, понятое и непонятое, и с благодарностью и нежностью собираю и вкладываю крылья в Сердце. Ведь это его крылья. Они с теплом встают в «ножны».

Ощущение торжественности, благородства и достоинства каждый раз! Свободная, без твари вечно дрожащей, я, нежно улыбающаяся, излучающая спокойную Силу и Любовь! Теперь, в любой момент, если взгрустнется, стоит вспомнить, что у меня за спиной два прекрасных крыла, почувствовать их – и грусти как не бывало!

Стою, упиваясь этим ощущением. И тут, сама по себе, стала сначала медленно покачиваться. Как будто я в теплом молоке... Руки стали совершать плавные движения – светящееся молоко тянулось за пальцами, создавая затейливые линии, узоры, воронки... Это было красиво! Потом я стала раздвигать это молоко ладонями, телом, получались какие-то туннели, коридоры, я входила в них, закручивала, изменяла, лепила новые, я играла! Это так увлекательно и нежно-приятно! Охранник постучался, я вернулась, но новую игрушку запомнила.

Уже по дороге домой, вспоминая, поняла, что эти плавные движения, которые я спонтанно совершала, очень похожи на цигун, а еще вспомнила Тай и ее танец с «шалью». Вот она, связь!

Во вторник был клуб. Придя домой, минут двадцать стояла у входной двери, но код домофона так и не вспомнила, пришлось звонить... По мобильнику... Без комментариев.

Извиняюсь заранее, что не совсем по теме, но прошу вас, уважаемые модераторы, оставьте здесь хоть на пару дней мой ответ.

Мяучий писал:

Ребят, вот вы качаете гигаватты космической энергии...

А вы не хотите ее применить к конкретным вещам здесь, на Земле?

Хоть вы и не пускаете в свою КМ некоторых вещей, стараетесь не пускать, но для других они есть. Хоть и этих других самих для вас скорее всего нет. Но попробуйте: накопив в себе энергию покоя самих себя (физики поймут), подгрузиться к обычному, ПКМ-му миру и свизуализировать для всех людей что-то очень нужное, радостное, чтобы эта мечта на всех парах понеслась реализовываться!

И кто знает, может быть именно благодаря ***вам*** этот мир расцветет, и старая ПКМ навсегда уйдет из миллиардов умов, и ее место займет жизнеутверждающая ВКМ?!

Это делается регулярно, каждое утро. Помнишь, у Маленького Принца: «Проснулся утром – убери свою планету».

Я понимаю тебя. Я ведь раньше тоже носилась с этой идеей – спасти мир. Пока окончательно не осознала, что для того чтобы спасти мир никуда ходить не надо, и пытаться его исправлять тоже бесполезно, это силовой метод, нерабочий.

Ты говоришь, что мы стараемся игнорировать неблаговидные моменты матричной жизни. Это так, и это делается осознанно, ведь на чем зафиксировано твое внимание (не важно, какой эмоциональной окраски), то и растет. Вот мы и не замечаем, чтобы не росла всякая гадость. А если замечаем, то трансформируем ее во что-нибудь полезное. Мир не вовне, а внутри каждого, и меняется он изнутри, так как важен не факт, а твое отношение к нему, это твоя волшебная палочка.

Слышал выражение: «Вокруг одного святого спасутся тысячи»? Это о том, что счастье заразительно и даже один счастливый, свободный и веселый человек может передать это состояние многим. Он как свет, рассевающий темноту. Это регулярно происходит на семинарах Папы и Бороды, а также теперь и в мире каждого из нас. Просто народ у нас скромный, со здоровым чувством собственного достоинства, и не считает нужным хвалиться, что он сегодня сделал хорошего. Даже особого внимания этому не придает, это же естественно, стиль жизни.

Счастливые люди, как маленькие солнышки, ничего специально не делая, просто светясь внутренним ликованием, освещают все вокруг, и мир окрашивается радостными красками. А если человеку мир видится в мрачных красках, так добавь Огня! Не хватает своего – зажигайся от лучащихся рядом! И ты увидишь, что Бог не послал к тебе никого, кроме Ангелов...

А с таким количеством Ангелов (один из них даже у нас в конфе открыто тусуется!) и лучащихся счастьем людей ПКМ автоматически перейдет в ВКМ, куда ей деваться-то!

Маленькая Фея

Ленуська, потрясающе! Полтора часа «Крыльев»! Мне не приходило это в голову... Но за свои ежедневные четыре круга я испытываю что-то настолько похожее на то, что пишешь ты, что у меня дух захватывало, пока я тебя читала... Как же ты написала волшебно!

Я сладко-трепетно люблю этот нежный комплекс! Такой тонкой любовью... Ты права. Что-то интимное есть в этом чувстве.

Спасибо за то, что нашла такие слова! Я теперь тоже чувствую их за спиной... Крылья.

Ольга*

Ленусик! Так перекликается, особенно про плавные движения и покачивания! Вчера делала йогу на ночь, а после решила сделать энергетические упражнения с шарами. Никогда раньше такого не чувствовала. Руки ощущают плотность энергии кокона, прямо-таки погружаются в нее, причем сопротивление такое... густое и с покалываниями. И еще. Если тело после йоги отпустить, предоставить ему двигаться, как оно само захочет, – это уже отдельная песня! Вчера танец получился, такой диковинный, руки сами пассы какие-то выделывают (индийское что-то, как мне показалось). И кайф такой – тело все делает само! Пишу сейчас, а в груди такое ***тепло***! Приятно-о-о-о!

И еще хочу похвалиться. Сегодня сняла маме головную боль и давление, представляла себя в золотом потоке и этот поток направляла маме в поле, в черную воронку (ну, так я увидела ее боль). Причем давление замеряли опытным путем, и оно действительно снизилось!

Папа

Гвардия раскуражилась не на шутку. Ой, что будет 27 декабря!

Дал ссылку на «Сурью» в теме «Интересные ссылки» и обнаружил, что на наклоне вперед ладони кладутся рядом со стопами пальцами вперед. Стал делать. Здорово. Упираешься пальцами и дожимаешь корпус к ногам. Возникают вибрации в солнечном сплетении со стороны спины. Очень круто в «Крыльях». Появилась вибрация на первых трех асанах, дожимаем ее на наклонах вперед.

Пустячок, а состояния дает неописуемые!

Два простеньких кода...

Отпусти все!

Все просто!

Эти два простеньких кода продвинули к фантастическому переживанию. Теперь живу в этих кодах!

Спасибо Наташке из Хайфы.

Что-то не слышно восторгов по поводу нового комплекса с выбросами. Вывод: никто не делает. А зря!

Борода

Из переписки с одной дамой, или, как она пожелала представиться – с «временами осознанным пациентом дурдома»:

Борода: «Как объяснишь, так и будет».

Пациент: «Получается, что это вопрос осознанно выбранного безумия?»

Борода: «Можно и так сказать, спасибо за формулировочку!»

Добавлю. ***Осознанно выбранное осознанное безумие есть просветление.***

Папа

Стала понятна поговорка: «Говорящий не знает, знающий не говорит».

Потому что ***Это*** словами не выразить!

Борода

В Воронеже записывал ощущения от йоги, которую делал перед семинаром, на диктофон. Уж очень круто было. Вот кое-что.

• Памятник Гагарину

После комплекса с уддиянами, задержки на вдохе стали очень долгими. Поверхность тела превратилась в какой-то тонкий стальной каркас. Внутри пустота, полость, но в ней что-то неописуемое. А металлический остов – как футляр – стальной, плотный, устойчивый.

Попытался закодировать – метафора «Памятник Гагарину». На ВДНХ. Он стоит, весь из себя устремленный ввысь.

«Вас приветствует Юрий Алексеич!»

Пока был Гагариным, вспомнил, а точнее, вошел в переживание, которое часто возникало после комплекса с выбросами, и в Самаре, и позже.

Внутри мягкий, ровный жар, распределенный по телу. Равномерно разлитый кипяток. Но не обжигающий, а очень приятный. А тело представляет собой тончайшую оболочку, оно одето в скафандр. Он непроницаемый, он никакой, в нем нет ощущений вообще. А снаружи него прохлада, обдувает легкий, почти неуловимый, прохладненький ветерок. Очень непривычное для меня ощущение. Обычно бывает жар.

И при этом отлеты в необъяснимое Нечто. Нахождение Здесь и Там сразу.

• Всадник без головы

Другое переживание.

Тело – колба, стеклянный сосуд из разноцветного жидкого, пластичного стекла, что-то внутри перетекает, движется. Раскручивал на задержках верхушку этой колбы круговыми вращениями головы и плеч. Созерцал и обалдевал, как от этого Сила уплотняется.

Она сформировалась в разрезающие диски, опускающиеся сверху в горизонтальной плоскости, плотные, толстые, как шайбы. Они накручивались друг на друга, и когда «детская пирамидка» нанизалась до уровня сердца, мне «сняло» голову и отнесло в сторону.

У колбы, которой я являлся, верхушку-голову плавно увело вправо. Причем я видел, как плавится это стекло, подобно дыму, как жидкий Огонь янтарного цвета. Голова из огненного дыма стала бесформенной, точно клубы сигаретного дыма, тающие в воздухе. И исчезла. Стою без головы... На уровне сердца протуберанцы пламени, верхняя граница «тела», обрывающиеся в бесконечность.

Стою, чуть расставив ноги, в полуприседе на потоке.

Всадник без головы. Прикол! Стоит себе как ни в чем не бывало. Ум просто офигел от такого.

Маленькая Фея

Папа писал:

Что-то не слышно восторгов по поводу нового комплекса с выбросами. Вывод: никто не делает. А зря!

А вот и неправда. Каждый день.

Но я в словесных выражениях затрудняюсь, потому что он у меня... Как бы это сказать... Очень эротический получается комплекс.

Поэтому с твоего позволения, Папа, от словесных описаний пока что отклонюсь.

Есть, правда, еще один «побочный эффект» этого комплекса. Состояние умиротворения, причем какого-то очень глубокого!

WHITE_ANGEL

Так не бывает... Так не бывает... Так не бывает...

Так бывает!

Хожу последние два дня и думаю про Папу... Как он там в Израиле, что делает? И я с ним в диалоге как бы. Даже думала в «Энергетических дневниках» об этом спросить. Ну, думаю, и другим же будет интересно про Израиль узнать, про Любу и других интересных личностей...

Там *Люба*! Как она там?

Захожу в конфу и что я вижу?! Слов нет!

Очень захотелось «реинкарнироваться с новым уровнем». Очень!

И у нас, по-моему, Космическая Аська, без проводов! Чес-слово!

А мой любимый код для перезагруза:

Все – фигня! И нет ничего!

(Вторую его половинку мне подарили.) То же, что и «Все просто»! Хоть и «ангел», а из песни слов не выкинешь... (Это про «фигню». Извините.)

После него возникает ощущение пустоты и расслабленности, этакий ментальный вакуум. А потом я начинаю его заполнять (творю Вселенную): книгами, дружбой, теплом, йогой, встречами, радостью... А «жопка» (простите!), ну, вот она иногда выглядывает и хитро так смотрит на меня, увижу я ее или нет. И подмигивает... А когда я ее вижу и показываю кулак, она пугается и снова прячется... Так и играем в прятки...

Про новый комплекс с выбросами...

Я его (комплекс) учу, кусочками. А спецэффекты добавляю как сиропчик. В «Крылья».

Так что мы йогу-то делаем, мы ж наркоманы, то есть эротоманы (пардон! шутка!).

Ленуська Энерджайзер

Маленькая Фея писала:

Ленуська, потрясающе! Полтора часа «Крыльев»! Мне не приходило это в голову.

А полтора часа «Крыльев» получилось само, я не планировала, просто зависла от наслаждения. Если вначале меня и колбасило ощутимо, то потом (когда именно, сказать не могу, естественно) движения становились все медленнее и медленнее, вдохи-выдохи все длиннее, а частоты от этого все выше, и *уже* не трясет, проходит даже мелкая дрожь...

До этого я уже ловила это ощущение – когда частота такая, что тело просто не успевает колебаться с такой скоростью, но это было непродолжительно и на задержках. А тут я плавно и осознанно перешла в это состояние во время комплекса, регулируя скорость дыханием. Чем медленнее и незаметнее дыхание, тем выше нарастает скорость. В теле нет ни тряски, ни гула даже, – был звон... На высокой ноте... Иногда он переливался, но потом опять становился ровным.

Я настолько была заворожена происходящим, что не замечала ни времени, ни того, сколько кругов сделала... Зависла, вошла в транс. Видно, матрица забеспокоилась, что вдруг я нечаянно просветлюсь, и охранника послала, чтобы дернул меня обратно. Так что видно рановато мне.

А тело, кстати, от нагрузки не только не умерло, но даже стало непривычно легким! Странно, кстати... Я ведь помню, как оно стонало во время семинара, когда мы все, после двух йог, техник, зикров и обниманий, откровенно говоря, перекушали.

• Из распакованных материалов

Еще немного, и пойду «йожиться».

На задержке после первого «Ока», в понедельник (последний день семинара). Картинка звездного неба, живая. Ну, красиво, но ничего особенного... Потом вдруг с нее медленно сползает налево вверх тонкий прозрачный слой с изображением картинки – кадр на прозрачной пленке, в самой картинке практически ничего не меняется. Это как линзу с глаза снять, только намного тоньше. Потом следующий слой, следующий... Мало-помалу картинка едва уловимо начала меняться.

Завороженная, я забыла о дыхании. Борода дал команду снять задержки, но я все держала – так хотелось посмотреть, что там дальше. Уже приготовились делать следующий комплекс, пришлось снять задержку. Но перед этим я запомнила, что увидела – Вселенная, как стопка наложенных друг на друга кадров на прозрачной-прозрачной пленке, такой тонкой, что границ слоев не видно, и кажется, что все едино. По всей вероятности, за первым кадром – Ничто...

Вот написала, и вроде ничего такого, старо как мир... А само переживание было таким завораживающим!

Еще на вечерней йоге, в понедельник, я поняла, почему вожди индейцев и их шаманы носят такой наряд. Это было на задержке, только, к сожалению, уже не помню после какого комплекса.

Было ощущение, что я подвешена в пространстве, по мне сверху струился Поток, как плащ, вместо головы светящийся шар, из которого длинными языками горело белое пламя, окаймляя этот шар, ниспадая до плеч, как корона... Вожди индейцев, видимо, тоже входили в подобное состояние и, желая его передать, изображали это из подручных средств. Корона из перьев очень, очень похожа!

Теперь все на сегодня.

Маленькая Фея

Сегодня йога была особенная. Ее чувствуешь сразу. Когда встаешь на задержку в самом начале, а тебя сразу подхватывает, несет, в грудь волнами льется Любовь... Такая йога была у меня сегодня. Так бывает, когда кто-то родной делает в это время йогу, а я это чувствую. Еще так бывает перед некоторыми семинарами.

Я сегодня решила больше внимания уделить новому комплексу с выбросами, чтобы все-таки понять, что я на самом деле испытываю... Поэтому делала каждую часть комплекса намного дольше, чем обычно.

Если долго делать йогу, пропускать сквозь тело сверхплотные потоки стоя, в какой-то момент ловишь себя на том, что хорошо бы лечь и позаниматься в таком положении. Поэтому я начинаю новый комплекс не сразу, а когда немного устану.

Положение лежа. Стопы соединены. Какая-то очень спокойная поза. Наверное, потому, что только начало. На вдохе тело наполняется легким дымом, очень похоже на надуваемый воздушный шарик, на задержке действительно становится им, на выдохе тает, растворяется...

В следующей позиции задержку на выдохе держу бесконечно долго, выдыхаю уже потому, что вспоминаю: пора. Люблю это положение еще и потому, что в нем задействован пресс. Я уже давно научилась получать особое удовольствие от упражнений на пресс. А тут еще и выбросы! Задержка на выдохе – в области Свадхистаны начинает собираться тепло, нижняя часть тела нагревается, довыдох, вдох, выдох, задержка, выбросы... Вот теперь тепло никуда не уходит. Оно сладко растекается по телу, его становится больше.

Сажусь. Как на качелях вверх-вниз, меня поднимает, уносит, цветной волчок перед глазами.

Руки под колени. Ощущения усиливаются. Тепло заливает, заливает... Свадхистана уже горит огнем. Выбросы, выбросы... Уже происходят сами по себе.

На носках стоять, не опираясь руками на пол, ну никак не получается. Каждый день пробую: вдруг уже научилась?! Но нет. К этому моменту вибрации уже настолько высоки, что на выбросах я неизменно ищу пол. Но, как мне кажется, так даже слаще.

На носки. Ха-дыхание. Да, а дышу-то я из Свадхистаны...

«Наули». Упорно учусь делать. Не стреляйте в пианиста, он играет, как умеет... Тело уже изрядно болтает в разные стороны. А пожар разгорается!

«Пашимоттанасана». В этой позе неизменно вспоминаю Папу. Сумасшедший экстаз. Да, это он. Я уже забываю все ощущения, которые старательно запоминала до этого. Только чувствую, как извергается вулкан в моем теле. Хорошо, что никого нет дома и никто меня не услышит.

Снова Ха-дыхание. Полуприсед. От резкого выдоха жар из ступней поднимается по телу, проходит по соединенным рукам и с указательных пальцев, тянущихся вверх, устремляется в небо...

Заключительная часть. От прикосновения к каждой чакре неповторимые ощущения, затылок сегодня просто обжигает, но самое любимое прикосновение, когда ладони закрывают живот. Я жду его с предвкушением. И в этот момент я уже совсем не думаю о том, что теперь уже даже соседей могу потревожить.

Самое потрясающее, что при всех сумасшедших экстазах в нижней части тела, в душе состояние такого глубокого спокойствия и гармонии... Оно усиливается на задержке... А потом передо мной распахивается Великая Пустота, я шагаю в нее и она меня поглощает.

Лежа в «Шавасане», отмечаю, что в области Свадхистаны все бурлит и клокочет, а голова совершенно ясная. И тут через Аджну входит что-то немного заостренное. Как стержень. Что-то очень твердое...

Ну и конечно, я большую часть того, что собиралась описать, потеряла... И уже не вспомню. Если только на следующей йоге.

А вообще обычно я после комплекса с выбросами делаю «Око». Без замков и выбросов. Но тело все делает само. Оно усвоило урок и исправно выполняет все, что нужно, я могу его уже не контролировать. Тело делает задержки и выбросы, испытывает оргазмы.

Каждый комплекс имеет свою энергетику, свой характер. Начало каждого комплекса как встреча с близким другом, не похожим на других. Добрая, радостная «Сурья», ласковые и сильные «Крылья», замороченно-чарующая калабинская «Сурья», мудрый искуситель «Новый Комплекс» с выбросами и бурлящее-огненное «Око». От каждого комплекса свои ощущения, но, выполняемые в разном порядке, они приобретают новую гамму оттенков. И я меняю, чередую, знакомлюсь с каждым из хороших друзей заново, узнаю их с другой стороны. Каждый раз меня ждут новые открытия, новые ощущения, новые грани известного и любимого!

Ой, чуть не забыла... На «Сурье» в наклоне дотрагивалась пальцами пола и мягко дожимала, наклоняя корпус к ногам. По позвоночнику вверх (правда, получается вниз, раз тело согнуто) горячая струйка. И каждый раз я забывала, что нужно делать потом. И это в старой доброй «Сурье», которую я знаю наизусть!

Ленуська Энерджайзер

Наде-К. То, что ты делала, это практически астральная йога. Мне ее показал Серега Д., а ты сама к этому пришла, молодец! Поздравляю! Но все-таки попробуй делать и физическим телом, и астральным, тогда кайфанут оба! Чем медленнее, тем сильнее ощущения. Удачи!

Идущая по воде

Никак не решалась писать сюда. Читаю, люди такое описывают, а я что? Еще пока что только задержки делаю. Так что не судите строго новичка. Сегодня просто не могу не рассказать о том, что было. Решила я поделать задержки полчасика. После седьмой или восьмой меня начало раскачивать вперед и назад. Вот думаю – может, сама себя раскачивала... Потом появилось ощущение, что я растворяюсь, рук не чувствую, но это часто у меня бывает, а вот потом произошло что-то новое. Мне показалось, что я выросла, стала высокой-высокой, но именно не взлетела, а просто стала гигантом.

Ну, думаю, надо просто постоять, подышать. Стою, чувствую, руки нагреваются. Когда я начала делать очередную задержку, руки как магнитом в стороны потянуло. Я подняла лицо, и появилось ощущение, что на меня льется горячая вода, и еще уши загорелись. Потом жар стал опускаться и окутал все тело. Думаю, снова постою, отдохну. Через некоторое время после повторной задержки ощущение с жаром повторилось. Но не было стержня энергии, пронизывающего сверху или снизу, про который часто говорят, и позвоночник с ногами тоже не особо отвечали. Хотя я благодарна и за те ощущения, которые уже получила.

Я решила лечь и отключить все мысли. И тут опять началось что-то странное. Тело немело, а потом начало закручивать. Голову тянуло влево, а ноги – вправо, как спираль. А перед глазами возникла картинка Вселенной, знаете, как часто изображают ее закручивающейся.

Это ощущение сменилось другим. Когда пьяным бываешь, закрываешь глаза, и у тебя все кружится и плывет. И у меня было так же, только не постоянно, а наплывами: накатит, уносит куда-то, отойдет (я была трезва, не думайте!).

Настал черед еще одного нового ощущения – мне показалось, что я потеряла объем. Вроде бы только контур мой есть, а формы нет, как будто листок, рисунок... Было странно, и я открыла глаза.

Не знаю, что значат все эти чувства, не знаю их ценность. Думаю, нужно йогой заниматься.

Взрыв сверхновой. Космическая йога (декабрь 2005)

Эрт

В пустоте, там, где ни времени, ни пространства, появилось что-то наделенное сознанием. Целую вечность то, чему нет ни имени, ни определения, томилось в одиночестве, пока не произнесло звук «Ом», который был вопросом: «Кто я?»

– Кто Я? – разнеслось в пустоте, вибрируя, превращаясь в энергию. «Кто Я?» Мощный поток создавал бесконечность миров и сущностей.

Каждый мир и каждая сущность спрашивала себя. В благодарность за дарованную жизнь, пытаясь найти ответ.

Не помню, где я такое вычитал (или не вычитал). Но вчера почему-то вспомнил. Лег в «Шавасану». Закрыл глаза. Задал себе вопрос: «Кто я?» Попытался осознать ответ, и ответ пришел в виде сгустка энергии. В виде теплого, наполненного блаженством участка пространства.

Кто Я? – И снова ответ, на этот раз в груди зародилось что-то очень женское, что-то невероятно нежное и тягучее.

Кто Я? – Звенящая пустота, наполненная миллиардом искорок.

Кто Я? – Плотный вихрь, который превращается в дракона.

Кто Я? – Точка осознания.

Кто Я? – Бесконечный поток Шакти.

Кто Я?

Затем состояние вернулось в обычное, я снова оказался на диване. Практически сразу уснул.

Утром спросил у отражения в зеркале: «Кто Я?» Оно игриво улыбнулось в ответ. «Житель планеты Земля. Но помни: Земля тоже спрашивает у себя: "Кто Я?"»

WHITE_ANGEL

Добрый вечер, друзья!

Было на днях одно чистой воды переживание... Третий день прихожу в себя...

11.12.05.

Вчера видела рождение Звездной Галактики... Было это после йоги.

Вижу воронку, подхожу к ней, какое-то завихрение пространства. Страха нет...

Ныряю в нее, вихрь, провал. Оказываюсь перед каким-то стеклянным, прозрачным, отвесным пространством, поверхность которого вибрирует волнами, переливается, зовет внутрь... Некоторое время ожидаю, а затем шагаю внутрь. Я как бы поднимаю ногу (пока еще ногу), а там, за этим «застекольем», она уже превращается в Нечто расплавленно-жидкое... Затем все понеслось со страшной скоростью. Это Нечто, чем стала я, было жидкостью, сгустком жидкой энергии (как будто «белково-энергетическое» тело). Оно двигалось в определенно-нужном направлении, перетекало через какие-то препятствия-предметы (предметы ли?). Неслось со страшной сверхзвуковой скоростью по тоннелям, ракушкам, трубам... В конце концов «стекло» в какую-то огромную Воронку. Все время пока «Я-Нечто» неслось с этой невероятной скоростью, я не успевала рассмотреть, что же там по сторонам.

Очутившись в глубине Воронки, я подняла «глаза» и увидела огромное Небо, Космос, усыпанный миллиардами звезд, Бескрайний, Бесконечный, огромный, Бездонный...

Скопления миллиардов звезд внутри Галактик...

Перехватило Дух от увиденного!

Потом я вдруг все увидела сверху. Галактики звезд вращались внутри Воронки-Бездны, которая конусовидно сужалась вниз, и там, внизу, ее держали Чьи-то руки. То есть это и не руки, но кто-то определенно Всем этим дирижировал и сверху наблюдал.

И я сказала (Кому-то): «Какая Красота!»

А мне: «Ты хочешь увидеть, как рождается Звездная Галактика?»

Я: «Конечно, да!»

И мгновенно вдоль того, чем было тогда мое тело, прошлась тонкая рука невидимого скальпеля. Края разошлись и оттуда хлынули Звезды, которые были нанизаны на темную мантию Неба, а она была уложена складками... Складки выскочили, как лепестки из бутона, распрямились, расширились.

Мантия засверкала огнями сотен тысяч звезд и стала расширяться в Необъятном Пространстве. Восхитительно! Так я увидела, как рождаются Галактики.

P.S. Я не знаю, может, я не права, но по моим ощущениям, энергии ушло на это созерцание огромадное количество. Который день прихожу в себя, зато какие воспоминания!

P.P.S. Перечитала свое сообщение и Эрта... Прослеживаются параллели... А действительно, и непонятно, Кто мы и Откуда, а главное – Куда и Зачем... А выбор бесконечен!

Папа

WHITE_ANGEL: писала:

Очутившись в глубине Воронки, я подняла «глаза» и увидела огромное Небо, Космос, усыпанный миллиардами звезд, Бескрайний, Бесконечный, огромный, Бездонный...

Скопления миллиардов звезд внутри Галактик...

Перехватило Дух от увиденного!

Потом я вдруг все увидела сверху. Галактики звезд вращались внутри Воронки-Бездны, которая конусовидно сужалась вниз, и там, внизу, ее держали Чьи-то руки. То есть это и не руки, но кто-то определенно Всем этим дирижировал и сверху наблюдал.

И я сказала (Кому-то): «Какая Красота!»

А мне: «Ты хочешь увидеть, как рождается Звездная Галактика?»

Я: «Конечно да!»

...тогда мое тело, про-
...ля. Края разошлись
...нанизаны на тем-
...дками... Склад-
...рямились, рас-

...и стала рас-
...ни и ... тельно! Так
...тво – созд...
...ибраций на йог...
...тересно, что дальше?

...му:

...сюда поместить:

...*ым и неутомимым* ...

Не стал расшифровывать. Теперь сделаю.

Стою на задержке. Давление нарастает. Вижу себя в виде огромного плотного яйца, внутри которого бушует *Огонь*. Собираюсь выдыхать, но решил подержать. Вдруг открывается «второе дыхание». Стою легко. В яйце возникают дырки. Оттуда вырываются лучи. Дырок все больше.

И тут происходит взрыв. Скорлупа Яйца разлетается, медленно, будто в замедленной съемке. Остается ослепительное энергетическое яйцо, из которого в разные стороны вылетают спирально вращающиеся галактики.

Я рождал *Весь Космос*!

Переживание фантастической силы.

Наташка пыталась его передать раньше, но ей не удавалось. А тут она создала намерение передать переживание, но мне об этом не сказала. Беседовали о всякой ерунде, понимая, что по фигу о чем разговаривать, надо просто быть рядом, и случится что-то очень важное.

Когда я ей выдал код о задержке йога, она радовалась, как ребенок.

Я кинул код в конфу с намерением.

Ангелочек, мне тоже удалось передать! Супер!

Уже две недели живу под впечатлением этого взрыва!

WHITE_ANGEL

Папа... Шок...

В который раз понимаю, что [redacted] равно удивляюсь...

У меня такое ощущение, что с[redacted] исходит через какие-то энергетиче[redacted] ве. Например, когда мы делаем од[redacted] как бы входим в единое пространс[redacted]

Заметила, что стало меньше в[redacted] крадется новый уровень! Очень и[redacted]

Папа

Решил письмо от Вкуснятинки [redacted]

Посвящается нашим бесстрашн[redacted]*, сомневающимся и бесконечно любопытным, начинающим и продвинутым, прекрасным и безмерно любимым волшебникам конфы и всего мира.*

Это меня после задержек колбасит.

– Жар в сердце и стремительный разбег,
Оторванность от мира и проникновенье.
Ты – Существо! Но почему-то ты зовешься Человек...
Пойдем летать! Оставим на фиг страхи и сомненья!!!

– Свобода Жить, Любить, Летать и Быть!
Быть просто Ветром, Силой, Морем, Солнцем!
И, растворяясь сам в себе, светить
Любовью, Кайфом, Счастьем – весь до донца!

– Ты все во всем, и всё в тебе лишь миг!
А что такое время? Точка? Трасса? Бездна?
Безудержность желаний вырастает в крик...
Сорвали маску – ты не станешь трезвым...

– Ты будешь пьян божественным экстазом
И верою в слияние сердец.
Открыв себя энергетическим оргазмам,
Забудешь – где начало, где конец...

– Не будет Смерти, Времени, покоя.
Узнав Любовь, стремясь познать себя,
Огромнейшее сердце вдруг откроет
Блаженство и бескрайность бытия.

– И распахнется – к людям, к миру, к свету,
Познав такую легкость Доброты
И уловив тончайшую мечту рассвета,
Перенесет Любовь в сокрытые миры.

– Ты – Бог, и ты сейчас играешь с миром.
С мирами, существами, сам с собой.
И таинство переплетений паутины
Тебе доступно – лишь танцуй и пой.

– Не бойся ничего, как можешь ты бояться
Себя? Любви? Переплетенья звезд?
Иди! Вперед! К блаженству! Просыпайся!
Твой путь загадочен... и очень прост.

– Дари! Люби! Кайфуй! Без остановок!
Не спи! Очнись – сердца друзей с тобой.
Ты в нас, есть нить меж нами – век недолог
Того, кто дремлет, – он лишь звук пустой.

– А впереди – опять, опять открытья!!!
И мир тебя качает на руках.
Захочешь – крылья унесут в просторы, и событья
Останутся картинками в покинутых мирах.

Обнимаю крепко-крепко, сердцем всегда с вами.

Вкуснятинка

Эрт

Недавно были совершенно экстремальные и запредельные переживания. Йога плюс медитация...

Чтобы все описать и рассказать, не хватит книг и слов. Поэтому решил заархивировать все в несколько строк.

Распаковывайте, наслаждайтесь...

Я закрыл глаза, чтоб увидеть свет.
Он куда-то исчез на тысячу лет.
Мне во сне сказали: «Любовь где-то есть!
Чтоб ее найти, оставайся здесь».

Старый Мастер шепнул, тихонько смеясь:
«Невозможно меня найти не любя»,
И добавил: «В тот день, где сольюсь я с тобой,
Ты поймешь, что сам обнимаешь себя».

Ленуська Энерджайзер

Эрт, супер! Так проникновенно прошибает! И так наводит на собственные переживания этого же откровения – нас много и мы разные, но на самом деле нас только Один, «вечно играющий в вечном саду»...

Щука

Все мы – изрядные тупицы, когда вступаем в мир магии. Да и это не гарантирует нам перемен к лучшему. Некоторые из нас остаются идиотами до самого конца.

КК

Ну, старпер, Борода, сам напросился! Щас наведу ужаса на народ из чистой любви к искусству!

КМ такая: в принципе любое энергетическое мероприятие приводит к квантовому скачку скорости вибраций, возникновению новых паранормальных способностей и т.п. Встраивание этой скорости и объяснение происходящего – процесс индивидуальный.

Вот что вызывало шок – отсутствие понимания умом...

Спонтанно возникало ощущение мгновенного мощнейшего набора скорости внутри тела. Вначале я думала, что это распад матрицы, мною испытанный. Пыталась зацепиться за какие-нибудь банальные предметы, но матрица не распадалась. Как будто бы внутри начинал работать сильнейший «вентилятор». Внутри распаковывается Силища и дальнейшие события происходят, так сказать, без моего непосредственного участия в физическом теле.

Шла она не по позвоночнику и оргастических ощущений не вызывала. Столь сильный возгон мне раньше был неведом. Смерч внутри. Временами было ощущение «завихрения» вокруг тела. Бросало то в жар, то в холод, то тошнота, то состояние, близкое к обморочному. Концентрироваться не могла. А потом меня просто начала бить дрожь. Причем стоим в курилке, и меня всю начало колошматить, то есть все тело мелкой дрожью. При этом страха не было, а была равнодушная апатия. Моя начальница напрямую спросила: «Что с вами? Вы уже неделю сама не своя. Может быть, вас в отпуск насильно отправить?»

Основная сложность была в том, что это происходило где угодно. Дома, на работе, в кафе, на улице... Изначально «запуск вентиляционной системы» я остановить не могла, только потом, осознав, что на «физике» творится что-то неладное, начала сбавлять обороты. При этом я понимала, что, так сказать, перехожу во «второй уровень реальности», что мне доступно все, чего ни пожелаю. Может быть, поэтому возвращаться и не хотелось.

При наборе оборотов кардинально менялось цветовосприятие, возникали непривычные ощущения от собственного тела (изменения формы, размера), дрожь в конечностях. Временами нестерпимо жгло Анахату. Ощущение раскаленной лавы в груди, которая потом растекалась по всему телу. Как-то было ощущение, что мозг весит килограммов сто. Сообщила мужу. Ржал. Сердце расширялось до размеров тела – ноги пульсировали.

Экспериментируя «куда пойти», оказывалась в «нужном» месте. Если «маршрут» не простраивала, то варианты были преимущественно «воздушно-облачно-космического» плана. Как-то вылетела в сад, где находились муж с дочерью. Оказавшись там, поняла, что вижу объекты глазами Тони. Стала временами слышать ее мысли.

Произношу «Ом» и попадаю в тропический лес верхнего уровня. Яркий, льющийся отовсюду золотой свет. Без источника типа «солнце». Подо мной колышущееся зеленое море деревьев. Ангелоподобные сущности с радостными лицами. Понимаю, что это рай. Мысль: «Что-то рано вознеслась!» Все пропадает.

Любая электронная музыка включала «вентилятор». Приходим с сослуживицами в обед в кафе. Там звучит что-то откровенно медитативное. Садимся, ожидаем заказ, и я понимаю, что расширяюсь до размеров всего помещения. Ощущаю себя всем – одушевленными и неодушевленными предметами сразу...

Не могу оценить, сколько раз за день это происходило. Кажется, что больше пяти, но точно вспомнить не могу, а вести подсчет тогда мне в голову не приходило. Началось это во вторник и продолжалось до вечера понедельника. В принципе, после того как разозлилась на себя из-за отсутствия в Матрице – свела ощущения на нет за два дня, хотя голова трещала дольше.

Окрашивать подобные состояния в те или иные эмоции – воля ваша. Очень рекомендую не использовать деструктивные краски...

Как же происходят изменения описания мира?

Лев – самый сильный хищник, слон может больше всех съесть, а человек пришел, чтобы учиться.

Г. Р[illegible]нин

Щасталка (Щастя)

Щука писала:

Началось это во вторник и продолжалось до вечера понедельника. В принципе, после того как разозлилась на себя из-за отсутствия в Матрице – свела ощущения на нет за два дня, хотя голова трещала дольше.

Окрашивать подобные состояния в те или иные эмоции – воля ваша. Очень рекомендую не использовать деструктивные краски...

Щука! Восхищаюсь. Какая ты... четкая!

Прежде чем «свести ощущения на нет», ты их сначала сформулировала? Или отменила резко – одной командой?

Дело в том, что я в подобных... несколько иных, но очень и очень похожих ощущениях болталась несколько лет.

Сейчас пытаюсь ответить себе, почему?

Вероятно, мне это нравилось? Как все неизвестное... Интуитивно шла через преодоление. Ведь вполне можно было просто отменить. И отменяла же... частично. А потом включала по новой.

Izyaman

Здрасти! Распирает, аж не могу не поделиться.

Тело упругое. На задержках на вдохе волосы встают дыбом на руках и ногах. Перед глазами мелькают образы из прошлого, тело качает вперед-назад. Вибрация гуляет по ногам и рукам. Вижу себя Орлом над поляной возле родного города летящим, шатает в видениях словно пьяного, лечу чуть выше верхушек деревьев. А земля качается подо мной. Что-то ментоловое появляется в носу и стекает вниз. Холодок и пощипывание в нижней части гортани. Указательный палец на подушечке под большим пальцем, и при задержках ментол маленькими порциями входит в горло. Задержки по несколько минут, дыхание наиглубочайшее.

Код:

Куда интересней играть в это, чем в то.

Щука:

Щасталка (Щастя) писала:

Прежде чем «свести ощущения на нет», ты их сначала сформулировала? Или отменила резко – одной командой?

Началось с того, что позвонил мой старинный приятель-медик. У меня что-то екнуло, и я ему начала рассказывать про «физику». Я его в свои «энергетические» эксперименты особо не посвящала. А он мне: «Поздравляю! Похоже на наркоманскую ломку. Психика – вещь темная. Любое вмешательство может привести к самому непредсказуемому результату. Попей валерьянку на ночь, если не поможет – обращусь к знакомому психотерапевту». Что-то меня это так сильно разозлило! Думаю, вот ни фига себе, необусловленная любовь! И вернулась.

Я понимаю, что это действительно нравится. Возникает какая-то «заколдованность», что ли... Все мы от чего-то бежим или к чему-то.

Нынешний виток осознания произошедшего и происходящего со мной сейчас – второй день в измененке, принес мне следующее (спасибо Бороде!): все подобные процессы с той или иной степенью легкости можно регулировать намереньем. Честно говоря, мне больше ничего не помогало. И не обязательно от них отказываться...

Izyaman

Сделал «Сурью». Встал, сделал прогиб назад – задержка, и накрыло, как будто куполом, верхнюю часть тела. Поток такой прохладный, расслабляющий руки, голову, торс. Держу задержку, начинает сводить мышцы. Появился страх задохнуться, вдыхаю... и кот перед глазами из кустов вылезает такой глазастый. И снова ментол в носу и ниже...

WHITE_ANGEL

15.12.05.
Йога среди звезд

Фантастика! Мощно, красиво, космически!

Ставлю любимый диск... «Сурья», руки-ладошки в намастэ. Первый же глубокий вдох накрывает лавиной-кипятком. Ничего себе! А что дальше?

Первый круг «Сурьи», глубокие вдохи, задержки, прогибы, наклоны... На вдохе я вижу огромадное Солнце, пылающее жаром во всю мощь своего огненного существа! Яркий солнечный свет ослепительно сияет во все стороны. Не ослепла я лишь потому, что сердцевину этого Солнца закрывала другая планета (то есть как бы небольшое затмение Солнца). Созерцаю эту Красоту, тело движется, а я, настоящая, под куполом огромного Звездного неба! Легко, просторно, безграничная свобода и ощущение возможности и безграничности всего. Фантастическая свобода! Одним пожеланием мысли я знала, что могу очутиться в любой точке этого пространства (у Этого не было границ).

На задержке после Сурьи еще более яркое видение, я – воронка Вселенной, звездной Вселенной, я вращаюсь внутри всей звездной поверхностью, укутанной легким серебристо-фиолетовым шлейфом-сиянием. Все сияет и светится...

Я за всем этим изнутри и снаружи наблюдаю. Это происходит в разных частях моей Вселенной: вот вспышки звезд, распад и создание новых, а вот туманности, а вот просто звездные вихри и потоки...

Фантастически! Космически красиво! У тела сильнейшие вибрации.

Пранаямы. Задержка, глубокий медленный вдох после пранаям и... взрыв! Мое тело (?!), оболочка тает, и внутри меня, в самой сердцевине, остается сияющая серебристо-голубая Звезда, от которой исходит свет мощными потоками в шесть сторон, вверх, вниз и по четырем сторонам по бокам... Тело нещадно трясет, термоядерная тряска! Голову чуть не оторвало! Я отпускаю тело, оно делало все, что хотело. Мощно!

В сердце ощущение радости и счастья! Какая красота! Как хорошо, что все это есть! Я благодарна за то, что могу это видеть, что мне открыли глаза!

* * *

Одно из мощнейших по силе переживаний из того, что вообще было.

«Крылья». Как делала, вспоминается с трудом. Я стала огромным расплавленным шаром с диаметром в несколько метров. Расплавленная лава внутри него двигалась, переливалась, дрожа и мерцая. Внутри шара – красная, раскаленно-красная сердцевина – радость!

Состояние после – благость, умиротворение, благодарность произошедшему и происходящему. Тишина, счастье.

Весь день наедине с миром. Только я и мир, уединение и единение... Только я и мир, и никого больше...

Bodrec

Коды. Коды к состояниям.

Никто не предупредил, что эти коды идут на уровне божественного откровения.

Стою на задержке, и ***вот оно***! Выдается фраза из четырех слов. Все! Нужно все срочно бросать и идти проповедовать Божественную истину. Хотя нет, еще передают следствия. Да и ум чего-то там делает... Угу, угу, интересно... Да ладно, уже фигня какая-то пошла. Надо все бросать и идти! Как куда? Проповедовать! Истину. Да, истину... Блин, забыл. Ну прикол, божественную истину забыл. Какие-то обрывки из следствий остались, а истина выпала. Ну и ладно... И хорошо, в общем-то.

Щасталка (Щастя)

Коды... ***Вот оно!***

Бодрый! Я сегодня на задержке дораспаковывалась... Поздравьте!

Всем нутром приняла: ***Матрицы нет!***

Вообще нет. Тотальная свобода! Знала ведь на уровне слов, на уровне предвкушений. А сейчас... вот она, ***истина***.

Папа

Щасталка (Щастя) писала:
Матрицы нет!

Переживание иллюзорности Матрицы потрясает. У меня была обида такая, как в детстве: я искренне верил в реальность Матрицы, а меня... на@.

Более точно: Матрицы нет и Матрица есть. Она – и иллюзия, и реальность. В ней медленные вибрации, и она «дырявая». Это видно, когда возвращаешься из миров фантастических вибраций.

А вообще Матрица – прекрасный, медленный мир отдохновения, собирания сил, залечивания ран, формирования ***Намерения***. Да здравствует ***Матрица – Ма-Ма-а-а-а-а!***

Bodrec

Щасталка (Щастя) писала:
Бодрый! Я сегодня на задержке дораспаковывалась... Поздравьте!

Молодец, сообщи Нео, а то он только до ложки добрался. Кушать парень хотел несколько серий, а ложки нет.

Жаль, что ты не забыла по дороге. Теперь все, надо идти проповедовать. Что, не пойдешь? Почему?

Погодь, Щастя, как это Матрицы нет? Она есть, она не может не есть. Мы же с тобой общаемся, а значит, Матрица есть. Матрица, она же ПКМ, позволяет нам играть коллективно. А то ж будет скучно время коротать.

Щасталка (Щастя) писала:
Всем нутром приняла...

Что-то ты мне напомнила. Где-то я читал недавно. Про Бога. В начале начал. Когда он хотел проявиться, а некуда. Нет же ж ни фига вокруг. Один он сам себе. Посмотрел вокруг – ну точно, нет ***ничего***. Пустота. Тогда он, Бог, в себя заглянул. Понравился сам себе (еще бы!). И чтобы как-то проявиться, взял и вывернул все из себя, из нутра своего божественного, наружу. Вместе с Матрицей.

Щасталка (Щастя)

Папа писал:
Переживание иллюзорности Матрицы потрясает. У меня была обида, такая, как в детстве: я искренне верил в реальность Матрицы, а меня... на@.

Более точно: Матрицы нет и Матрица есть. Она – и иллюзия, и реальность. В ней медленные вибрации, и она «дырявая». Это видно, когда возвращаешься из миров фантастических вибраций.

Па! Погоди... Дай здесь покайфовать.

Для меня это, с моими картинками и видениями, жизнью в постоянном дежа вю... Будто один и тот же фильм повторно смотришь. Можно кайф находить и в повторе, в новых нюансах, искрящихся моментиках. Это чувство новизны – четкое и яркое ощущение, что ***все*** в первый раз.

Такого даже в детстве не помню. Я не была ребенком... Не помню... Была такой маленькой ведуньей.

Папа писал:

А вообще Матрица – прекрасный, медленный мир отдохновения, собирания сил, залечивания ран, формирования ***Намерения***. Да здравствует *Матрица – **Ма-Ма-а-а-а-а!***

Да! И это приняла. Сформулировать пока не могу.

Кайф от повседневной реальности, кайф от разрешения желать себе того, что ***я хочу*** (не «мне нужно», а ***«я хочу!!!»***), желать простых, земных вещей, отношений... И ***хочу*** получать желаемое.

После серой полосы наблюдательства... это что-то!

Bodrec писал:

Что-то ты мне напомнила. Где-то я читал недавно. Про Бога. В начале начал. Когда он хотел проявиться, а некуда. Нет же ж ни фига вокруг. Один он сам себе. Посмотрел вокруг – ну точно, нет ***ничего.*** Пустота. Тогда он, Бог, в себя заглянул. Понравился сам себе (еще бы!). И чтобы как-то проявиться, взял и вывернул все из себя, из нутра своего божественного, наружу. Вместе с Матрицей.

Угу. Все так. Именно так и рождается Матрица... Каждую секунду, между прочим. Или еще какой-то более мелкий промежуток... Чего? Времени? Я вообще о чем?

Ага. Слова – классная игрушка... Их прикольно говорить. Полезно. Или пальчиками на экране рисовать. Обязательно. Иначе как узнать, какую я Матрицу создала именно сейчас? Щупать себя уже недостаточно, и в зеркало глядеть тоже. Там такие кино показывают...

Что есть Матрица?

Что-то достаточно устойчивое, более-менее постоянное.

Отсутствие Матрицы – это множество ее моментальных срезов... А между ними – что хочешь. Все, что хочешь... Ага, вы писали об этом, много раз. Да и эти переживания были, но не такие яркие... Мда.

Доигралась. Тебя не было в том срезе Матрицы, в котором я писала предыдущий пост... а вот захотела, чтоб ты появился, и ты написал сообщение. Так и создался новый срез.

Мда... Хорошо, что все уже привыкли к моему бреду. Полезно иметь репутацию чудачки – и психиатры опять же все в городе знакомые. Почти коллеги.

Bodrec

И чтобы как-то проявиться, взяла и вывернула все из себя, из нутра своего божественного, наружу. Вместе с Матрицей. Кажется, я это уже где-то писал...

Борода

(из темы «Екатеринбург. Рубеж. Переход. Тотальная распаковка» и «Кролики – это не только ценный смех, но и...»)

Сестрички. Сонька и Ольга. Дуэт фантастический, суперодаренный.

Ольга в 12 лет перечитала Кастанеду в третий раз.

Фестиваль под Екатеринбургом. Вынесло на три недели из тел, в созерцание своих биороботов, в окружение таких же биороботов. Панические письма нам с Папой, ужас перед сумасшествием. Драматические картины мира, неумение управлять энергетикой.

Байкал. Приехали с несгибаемым намерением научиться играть с Силой.

Семинар Папы в октябре. Воины, регулярно делающие йогу. Сейчас очень окрутели. За такой короткий срок изучили многие наши состояния, освоили и открыли новые слои. Наработали огромнейший исследовательский материал: техники распаковки, проработки биороботических реакций, захватывающие дух эксперименты с сознанием, ключи-коды, детальнейшая картография ИСС, философские размышления...

Два толстенных блокнота, испещренных мелким почерком.

И все это за каких-то три месяца! Да многие из «духовки» и за всю жизнь сотой доли такого гигантского скачка не совершают.

Спят очень мало, каждый день – крутейший тренинг, с разбором полетов и моментальной неотложной проработкой слабых мест. Без обид и жалоб.

Я был в шоке. Смотрел и не верил глазам своим! Да они ли это? От напуганных малышей, индульгирующих из-за малейшего сдвига точки сборки – до наставников, глубинно изменяющих людей просто своим присутствием. До Мастеров осознания, кропотливо отслеживающих свои реакции, постоянно работающих над самосовершенствованием, азартно и неустанно документирующих открытия и наблюдения.

И все это через смех, через пылкую жажду приключений и детский восторг от познанного, через обезоруживающую открытость миру!

• Словарь сестричек

«Кралик» – очень многозначный термин.

1. Краль (от слова «краля») – тот, который красуется (выеживается). Он милый.
2. Королик – маленький король. Он что хочет, то и делает.

Основной критерий Кралика – это его умильность. Представьте, что сидит очень умильный котенок и моет лапку язычком. Вот! Очень похожее ощущение. Только оно увеличено в несколько раз.

Вспомнилось, как сестрички разговаривали про кого-то: «У него в глазах – нехватка любви, отменим завтра важное дело и понежим его любовью».

Они – Дарители Любви.

У сестричек Любовь включена автоматом. Как только я оценивал кого-то критически, они улыбались, качая головой: «Фу-у, кра-алик». Чуть укоризненно и чуть насмешливо, необидно, как мама в детстве.

Ключ Папы:

> Тварь дрожащая включается автоматически, а необусловленную любовь надо включать усилием воли.

Вот у них она включена постоянно, в автозагрузке.

Кралик боится меняться. Потому что боится, что в его жизни будет слишком много Любви. Потому что тогда слишком многое изменится. Он боится, что его сочтут сентиментальным, слишком подверженным чувствам. Потому что правильные Кралики так себя не ведут. Потому что он боится стать изгоем. Потому что окружающие ждут от него тех краличьих реакций, которые он выдавал раньше, а не лавины Любви.

Те микродозы Любви, которые он излучает (и соответственно получает) и которые не дают ему помереть с голоду, обеспечивают в его жизни хоть какое-то, пусть шаткое, но равновесие с пугающим чуждым миром, так и норовящим вторгнуться в зыбкое спокойствие Кралика чем-то новым, неизведанным.

А впустить Любовь в каждое мгновение своей жизни? Да вы что?! На самое дорогое покушаетесь?!

Дорогие Кралиководы! Не ругайте своих и других Краликов за эту слабость. Они небезнадежны. Лучше хвалите, когда они выдавят из сердца хоть капельку любви.

Кралик думает: «Вот будет у меня много Любви, мне так вкусно будет жить. Но вдруг она кончится? Ведь все же когда-нибудь кончается. И тогда мне будет очень, очень больно. Так больно, как не было никогда раньше! Не-ет! Ни за что! Может, когда-нибудь, потом, я рискну. Уж лучше сейчас перебиться на подножном корме, чем потом совсем сердце положить на полку».

Но Она – Любовь! – не кончается.

Да, волны откатывают, обнажая пустой песчаный берег. Но если ты захочешь, они вновь и вновь будут омывать островок твоего засохшего, закаменевшего сердца. Если ты захочешь и станешь открывать в себе роднички той великой Силы, что пронизывает даже Хаос (а может, и создает его), струйки польются в море. И волны будут накатывать все чаще и сильнее. Наполняя тебя ликованием: ***«Я люблю!!!»***

И может быть, когда-нибудь, эти волны размоют, растворят твой островок, и он воссоединится с Океаном.

Но Кралик этого уже не увидит. Ибо перестанет им быть.

Тай

Ура! Любимые! Давно не могла зайти в конфу!

Последняя жопная выходка отслежена, отсмеяна, и сразу все выдуманные преграды смело, как наводнением. Знаете, что напрочь растопило, перекрасило помутнение в голове вытворявшей бяки? Прочитала сегодня цитаты Бороды из сестричек: «Кралики, они ведь трепетно хотят любви!»

Ой, как меня эта невинность-то прошибла! Матрицу тряхнуло, меня перевернуло раз десять где-то, где вроде бы должна быть кухня. А состояние... Как будто скорлупа моя, считавшая за достоинство сильный характер (а на самом деле, по-краличьи выглядывавшая, чтоб никто не пнул нежное), треснула, обвалилась, освободив светящееся существо, пока еще привычной формы (ручки, ножки, голова). Так, светясь и зависая в воздухе перед компом, я распахиваю дверку на сердце и позволяю свободно туда литься нектару или малиновому варенью, что там заложено между строк у Бородинских сестричек.

Постепенно проявившаяся Матрица тоже окрасилась в этот нектарный оттенок, яркий закат, вещи вокруг наполняются до краев. Выходя или вылетая на улицу, в своем же любимом физическом теле, подумалось мне, что вот встречаемся мы – люди, волшебники, Кралики... В разных вниманиях, состояниях, телах, в нигде или ни с кем. А потом в самой простой ситуации хлюпаем носиком, вредничаем, не поднимая глаз на любимые глаза... Краликам хочется любви, и это так понятно, и в то же время этот факт иногда труднее принять, чем иллюзорность всего сущего.

Может, конечно, не в темку, но как-то меня энерджануло, как джинна. И бутылка вдребезги!

* * *

Вчерашние занятия в клубе – какие-то сверхмощные переживания, йога, танцы...

Еду на йогу, по времени опаздываю на полчаса, внутренний голос молчит. Постепенно начинаю чувствовать – начинают, раскачиваются. Минут через десять состояние – благостная улыбка. К клубу себя доводила на ниточках, глядя сверху. Состояние – непривычно-измененное, но мысль идет в привычном режиме.

Перед порогом сжимаюсь (зачем?) и падаю, разбив в кровь колено. Вбегаю на второй этаж, по пути успевая намерить: «Колено на йоге – заживи!» Честно, не помню, какие шли комплексы – одно сплошное нечто! Вот, например, синхронное прыганье горящих шаров, которые раздуваются, раздуваются, а потом утоньшают огненные тела в какую-то плазменную материю – это мы с Ленуськой Энерджайзером дышали ртом, подпрыгивая. Смотрела на это каким-то другим зрением – выглядело любопытно. Открытые глаза или нет – без разницы. Вижу Ленуськину энергетическую огненную гриву – как это заколка держит ее волосы. Моя уж давно свалилась, хрясь, и натуральная грива распустилась!

Задержки, комплексы, ой, тяжело мне. Противный период, когда я еще не вошла в новое состояние. Но прусь несгибаемо! Тело, вроде уже привыкшее, штормит. Внимание разделяется, меня несет в черноте, разрезая дисками, разряжаясь молниями, рассыпая искрами. Звуки непривычной вибрации – голова сейчас лопнет, ум визжит: «Остановись, сейчас стошнит!» Внутренняя борьба: «Фиг тебе, дрожащая». Набрав побольше воздуха, кричу: «Я открываюсь силе!»

Все пространство пошатнулось, и там, из черноты, из всех дисков, зигзагов, искр стало формироваться что-то. Длинный хвост, уходя далеко в даль, приближается вплотную, и ***она***, ***Сила***, заглядывает мне в лицо! Если в том состоянии есть это лицо, то оно, наверно, у меня вытянулось от изумления и восхищения. Мы как будто наблюдали друг за другом, и потом у Силы сформировалось тоже своеобразное лицо и оно вытянуло ко мне раздвоенный язык... Опять набираю воздух, произношу: «Я доверяю, я отдаюсь Силе!» И в тот момент со стороны вижу, как языкастая голова проходит в огненное кольцо.

Чувствую, как Сила входит в меня, переплавляя. Но уже нет дискомфорта, физическое тело я не чувствую, превратясь в огненную волну лавы. Мои частицы в виде пузырей, линз пыли, до этого хаотично разбросанные во Вселенной, собираются и тугой струей меня несет куда-то в центр. Скорость запредельная, свист в ушах. Сила меняет мою плотность: из упруго-огненной я становлюсь паром, обжигающим, замораживающим, пластичным, как вода, и крепким, как скала! Несет так быстро, не успеваю расшифровать, но хочу! Усилие: «Я управляю Силой!»

Вокруг все замедлилось – галактики, ядра, или я ускорилась? Сила, несшая меня, умягчается, давая возможность что-то зафиксировать. А потом, как будто отделившись, часть из меня выходит, превращаясь в нечто звездное, упругое. Наверное, так выглядит поток. И приглашает меня сесть на него, для дальнейшего путешествия. Как Иванушка на сером волке, лечу к центру Вселенной...

Потом расскажу дальше...

Щука

Сегодня делаю йогу и вдруг понимаю, что делаю ее внутри эластичного мешка. Мешок в виде серой дымки, ощущаю его всеми частями тела. Он растягивается, послушный моим движениям. Временами отходит, и я чувствую себя достаточно свободно, а временами сжимается под воздействием «грубой» Силы. Это ведь, наверно, какое-то тело... Надо будет посмотреть, что ж я на себя надела от кутюр.

Всплывает «Мастер и Маргарита» по телику. Диалог Понтия Пилата и Иешуа. Запах ладана. Иерусалим. Храм Гроба Господня. Сумеречное помещение с гробом. Что-то изображение сильно дрожит... Пожалуй, я лягу. Женщина в пламенном, богато расшитом одеянии, в бешеном танце вертится вокруг своей оси. Вид сверху... Завораживающее зрелище: юбки множатся алыми спиралями, заполняющими пространство. Пекло. Взрыв... Прихожу в себя, ощущая рассыпанной мелким золотым бисером по всей комнате.

О тренингах Волшебников

Все наши семинары обучают конкретным техникам, которые позволяют делать. То, что работает, всегда оказывается простым.

Р. Бэндлер «Используйте свой мозг для изменений»

В Москве на базе медицинского центра **«Помоги себе сам»** (телефоны **499-7428359, 499-7428358, 499-1791020, набирать с кодом (499)**) авторами этой книги регулярно проводятся **трехдневные тренинги** (пятница с 18.00 до 22.00 и суббота-воскресенье с 11.00 до 21.00), на которые приглашаются как москвичи, так и иногородние. В 2010 году тренинги намечены на 19.03–21.03, 28.05–30.05.

Студентам предоставляются скидки, размеры которых определяют организаторы семинаров. Приводить детей младше 11 лет нецелесообразно.

Всю необходимую информацию можно получить по **телефонам: 499-7428359, 499-7428358, 499-1791020 (набирать с кодом (499))** или непосредственно в магазине-клубе «Помоги себе сам»: м. «Текстильщики», Волгоградский проспект, 46/15, культурный центр «Москвич» (бывший ДК «АЗЛК»), офис 333.

С предложениями о **выездных тренингах** обращайтесь по электронной почте: **<g_u_rangov@mail.ru>** и **<d_o_lohov@aport.ru>**

Приглашаем вас посетить нашу интернет-страничку:

http://www.simoron.ru/

Замечательным виртуальным тренингом является участие в конференции волшебников: **http://www.simoron.ru/forum/**

Особенно это актуально для тех, кто живет в дальнем зарубежье.

Список городов, в которых проводится семинары Папы и Бороды и контактная информация их организаторов

Алматы
narina228@mail.ru
(3272) 612066, моб. 8-777-2265895
Марина

Архангельск
o_luk@mail.ru
8-911-5546815
Ольга

Астана
shakty15@mail.ru
8-701-4150150, (3172) 226064
Лариса

Барнаул
yaroslavazv@mail.ru

8-923-719-0045
Ярослава

Вильнюс
e.baltija@gmail.com
+37065549170, +37060195905
Эдита

Владимир
8-920-9245171
Павел

Волгоград
diamondleoven@mail.ru
8-902-3626921, 8-919-9849375
Вениамин

Воронеж
nina-ozarenie@list.ru
моб. (4732) 930032, 778988 дом.
Нина

Екатеринбург
padre27@mail.ru
(343) 2452528, моб. 8-904-3845533
Сергей

Иваново
89109802424
Маша

Ижевск
svetlayam@mail.ru
(3412) 472323
Светлана

Иркутск
k140575@rambler.ru
(3952) 341960 (звонить с 10 до 22 по иркутскому времени),
8-924-6073207 или моб. 8-952-6154144
Катя

Йошкар-Ола
8-917-2776863
Лариса;
8-927-8820618
Любовь

Казань
svetlayam@mail.ru
Светлана;
8-917-2776863
Лариса.
Или звоните Светлане в Ижевск (3412) 472323

Караганда
ikei@topmail.kz
(3212) 563157, 8-701-3361834
Ирина;
8-701-6649217
Ольга

Кемерово
liven2500@yahoo.com
8-909-5106512
Алена

Киев
svetachka_8@ukr.net
(+3)8 093 467 03 58
Светлана;
htn@ukr.net
(+3)8 097 436 23 56
Татьяна;
neteliya@ukr.net
(+3)8 097 344 17 02
Наталья

Кишинев
+37379730300
Илона

Красноярск
maina@pochta.ru
(391) 2016698, 8-913-5174683
Маина

Магнитогорск
litvinenko-e@mail.ru
8-951-2490574
Елена;
8-904-9735442
Юля

Минск
truhanlena2002@hotmail.com
2484634, 2145587, 8-029-7756777, 8-029-3334777
Дмитрий, Елена, Светлана

Мурманск
voronovich_555@mail.ru
8-906-2864181
Владимир

Нижний Новгород
shastalka@yandex.ru
8-903-8469993
Наталия

Новокузнецк
shishkina-vika@mail.ru
8-904-3787795
Екатерина;
8-951-1650646
Виктория

Новосибирск
advakatessa@mail.ru
8-913-9226621
Ляля

Одесса
http://www.simoron.at.ua

simoron.od@gmail.com
+38(048)702-48-49
Андрей

Омск
bespalova.nataly@mail.ru
(3812) 725890, 8-913-9722590, 8-908-1106000
Наталья

Павлодар
tonij27@mail.ru
679759, 8-705-1531742
Антонина

Пенза
tmaly@mail.ru
(8412) 401661, 8-905-0156949
Татьяна

Рига
dta@mailbox.riga.lv
8-10-(3712) 9509564
Ирина

Ростов-на-Дону
Animala@mail.ru
(863) 2721871, 8-905-4398573
Марго

Самара
antre-solka@yandex.ru
8-927-601-07-25
Анна;
nnn321@yandex.ru
8-902-335-60-85
Наталья

Санкт-Петербург
arishulya_k@yahoo.com
(812) 8-904-5179999, 5158836
Ариша;

8-911-2370239
Вова

Севастополь
meridial@list.ru
(0692) 940594, +38-067-6533837, +38-050-3988081
Алексей

Сургут
melodiya14@yandex.ru
8-922-6523598
Лена

Сызрань
(8464) 357806, 8-927-2690626
Альбина

Таганрог
jonatan-d@mail.ru
8-918-5562640
Наталья;
8-918-5290434
Алла

Ташкент
svetlana-mss@mail.ru
8-10-(99871) 7016965, 2601758
Светлана

Тольятти
(8482) 266651
Татьяна

Томск
ksenia_k2905@mail.ru
8-913-8070027
Оксана

Тюмень
I-am27@yandex.ru
8-904-4907727, 8-912-3822588

Светлана;
8-919-9512947
Ольга

Усть-Каменогорск
pakc@mail.ru
8-777-149-13-29; 8-702-49-39-777
Светлана

Уфа
guzelchulpan@rambler.ru
8-919-1457148, 8-937-3356842
Гузель;
Yanova82@mail.ru
8-903-3556449
Айгуль

Чебоксары
8-917-9173224
Лариса;
(352) 523573
Ирина

Челябинск
oktiabr30@mail.ru
(351) 7293809, 8-912-7917257
Люба

Фестивали по йоге и танцам в 2010 году

Главные гвозди фестивалей: **медитативная йога, шаманское дыхание, энергетические практики, танцы, зикры.**

05.06 (сб.) – 12.06 (сб.) Фестиваль **под Одессой** (Кинбурнская коса)

Одесса simoron.od@gmail.com +38 (048) 702-48-49 Андрей

16.06(ср.) – 22.06 (вт.) Фестиваль **под Питером** (Комарово)

Санкт-Петербург

arishulya_k@yahoo.com (812) 8-904-5179999, 5158836, Ариша; 8-911-2370239 Вова

25.06 (пт.) – 30.06 (ср.) Фестиваль **под Казанью**

Казань

svetlayam@mail.ru Светлана, 8-917-2776863 Лариса. Или звоните Светлане в Ижевск (3412) 472323

07.07 (ср.) – 14.07 (ср.) Фестиваль **на Байкале** (Сибирская Ривьера – бухты Песчаная и Бабушка)

Иркутск

k140575@rambler.ru (3952) 341960 (звонить с 10 до 22 по иркутскому времени), 8-924-6073207 или 8-952-6154144 моб. Катя

17.07 (сб.) – 25.07 (вс.) Фестиваль **в Горном Алтае**
Барнаул
yaroslavazv@mail.ru 8-923-719-0045 Ярослава

03.08 (вт.) – 10.08 (вт.) Фестиваль **на Иссык-Куле**
Алматы
narina228@mail.ru (3272) 612066, моб. 8-777-2265895 Марина

21.08 (сб.) – 27.08 (пт.) Фестиваль **в горах Кавказа**
Таганрог
jonatan-d@mail.ru 8-918-5562640 Наталья, 8-918-5290434 Алла.

02.09 (чт.) – 09.09 (чт.) Фестиваль **в Крыму** (Форос)
Севастополь
+38 (067) 653-38-37, 8 (0692) 940594 Алексей meridial@list.ru
+38 (050) 210-76-96 Святослав sostoyanie@i.ua

Всю подробную информацию по фестивалям можно будет узнать у организаторов на местах.

Заглядывайте также в форум волшебников на нашей страничке в Интернете: **http://www.simoron.ru/forum/**

Научно-популярное издание

В. Гурангов, В. Долохов

СОКРОВИЩА ЭКСТАЗА
ПУТЕШЕСТВИЕ ПО ЭНЕРГЕТИЧЕСКИМ ОРГАЗМАМ
Второе внимание

Ответственный редактор *Е. С. Розанова*
Литературный редактор *К. А. Емельянова*
Редактор *О. Д. Ворон*
Младший редактор *А. В. Черных*
Технический редактор *О. Л. Серкина*
Корректор *И. Н. Мокина*
Компьютерная верстка *А. С. Грених*

ООО «Издательство Астрель»
129085, г. Москва, пр-д Ольминского, 3а

ООО «Издательство АСТ»
141100, Московская обл., г. Щелково, ул. Заречная, д. 96

Отпечатано с готовых диапозитивов
в типографии ООО «Полиграфиздат»
144003, г. Электросталь, Московская область,
ул. Тевосяна, д. 25

РЕГИОНЫ:

Издательская группа АСТ www.ast.ru
129085, Москва, Звездный бульвар, д. 21, 7-й этаж
Информация по оптовым закупкам: (495) 615-01-01, факс 615-51-10
E-mail: zakaz@ast.ru